습관적 몰입

HYPERFOCUS

삶을 낭비하지 않는 초집중의 기술

습관적 몰입

크리스 베일리 지음 | 소슬기 옮김

RHK
알에이치코리아

생산적으로 살기 위해서는 시간 관리가 아니라 집중력 관리가 필요하다. 더 많은 내용을 알려주고 싶은데, 방금 집중을 놓쳐서 잊어버렸다. 다행히도 눈길을 사로잡는 이 책이 큰 도움을 줄 것이다. 크리스 베일리는 집중력을 높이고 몰입을 방해하는 순간을 찾기 위해 데이터 기반의 실질적인 방법과 통찰력을 발휘한다.

애덤 그랜트, 와튼스쿨 조직심리학 교수 · 『싱크 어게인』 저자

상당히 매력적인 책. 집중력의 한계를 알리고 주변 환경을 몰입에 더 적합하게 만드는 데 도움을 준다. 저자는 작업을 최적화하고, 우선순위를 결정하고, 방해 요소를 최소화하는 법을 가르쳐 준다.

「뉴욕 타임스」

『습관적 몰입』은 집중력을 잃은 상태가 현대 생활의 모든 영역에 퍼져 있는 만성적 문제라고 말한다. 실용적이고 폭넓게 적용 가능한 매뉴얼이 담겨 있어 업무에 활용하기 좋으며 집중력을 되찾고자 하는 사람들에게 꼭 필요하다.

「퍼블리셔스 위클리」

집중력 관리에 관한 흥미로운 안내서다. 크리스 베일리는 우리가 효과적으로 더 많은 것에 집중하고 새로운 것을 창조하기 위한 방법을 알려준다. 그의 책은 이론뿐만 아니라 실용적이고 자세한 사례들로 가득 찬 멋진 도구 상자다. 이 아이디어를 시도해 보기를 고대하고 있다.

리카이푸, 前 구글 차이나 대표 · 시노베이션 벤처스 CEO

집중력은 21세기에서 가장 중요한 자산일 수밖에 없다. 삶의 모든 것, 즉 경험은 집중력에서 비롯된다. 『습관적 몰입』은 최신 과학적 인사이트를 활용하여 우리 모두가 주의력을 어떻게 관리하고 능력을 향상하며 즐길 수 있을지 보여준다. 이 책은 주의를 기울여야 할 가치가 있다.

데이비드 버커스, 『친구의 친구』 저자

내가 당신에 관해 하나를 맞춰보겠다. 당신은 이 책을 읽을 시간이 없다(나와 같다). 아니면 다른 책이라도 읽을 시간이 없다. 누군들 더 이상 책을 읽을 시간이 있겠는가? 흠, 완벽하다. 왜냐하면 그것은 당신이 '그 병'에 걸렸다는 것을 의미하기 때문이다. 그리고 지금 당신은 치료제를 들고 있다.

닐 파스리차, 『아무것도 하지 않고도 모든 것을 얻는 법』저자

인생에서 필수적인 요소를 추구하기 위해 필요한 2가지 집중력이 있다. 바로 '명사'로서의 집중력(한 곳에 고정된 의식)과 '동사'로서의 집중력(점을 이어가는 지속적인 과정)이다. 이 책에서는 그 2가지를 뛰어난 글쓰기와 그림 자료를 통해 확실히 설명하고 있다. 정말 훌륭한 책이다.

그렉 맥커운, 『에센셜리즘』저자

현대 사회의 주요 주제인 '집중력'을 높이고 싶은 사람을 위한 필독서다. 『습관적 몰입』은 주의력을 활용하는 방법, 강화하는 방법, 그리고 즐기는 방법을 알려준다. 크리스 베일리에게 집중하라. 이 책은 집중력을 가치 있게 사용할 수 있도록 만들어 주며 귀중한 가치가 있다.

피터 브레그먼, 『팀장 감정 수업』저자

『습관적 몰입』은 우리의 주의력과 방해 요소들 그리고 최상의 해결 방법을 세밀하게 분석하는 데 뛰어나다. 우리 모두는 이 책을 통해 어떻게 집중하는지, 언제 어디에 집중하는지, 그리고 무엇에 집중하는지 파악하고 개선할 수 있다. 탁월하며 눈에 띄는 책이다.

데이비드 앨런, 『쏟아지는 일 완벽하게 해내는 법』저자

비즈니스 관련 자기계발을 찾는 이들과 바쁘게 사는 모든 사람에게 제격이다.

「북리스트」

차 례

1부 초집중의 기술, 하이퍼포커스

    자동조종 기능 | 자동조종 기능과 함께한 하루 | 일의 4가지 종류

    집중력의 범위 | 주의집중 영역이란 | 무엇이 우리의 주의집중 영역을 채울까 | 한 번에 할 수 있는 일의 개수 | 주의집중의 과부하 | 집중하지 못한 대가 | 몰입으로 가는 길

2부 창조성의 기술, 스캐터포커스

우리는 더 많은 일을 동시에 처리하려고 애쓰면서,
중요한 일을 단 한 가지도 끝내지 못한다.

0

잃어버린 집중력을
찾아서

나는 지금 캐나다 온타리오주 킹스턴의 작은 식당에 있다. 식탁 위의 날붙이가 부딪히는 소리, 사람들의 작은 대화 소리를 들으며 이 글을 쓰고 있다.

나는 늘 사람을 관찰하길 좋아했다. 사람을 관찰하면 눈여겨볼 것이 많다. 주변에 다른 사람이 있거나 없을 때 사람들이 어떻게 차려입고, 걷고, 대화하고, 행동하는지 말이다. 붐비는 카페나 작은 식당에서 입자 가속기 속 입자들처럼 다양한 사람이 오가는 모습을 바라보면 재미있다. 어떤 남자는 친구와 이야기하다가도 여자 직원에게 말을 걸 때면 다른 모습을 보인다. 식당 직원은 대가족이 앉아 있는 탁자와 젊은 연인이 앉아 있는 탁자에 각기 다른 모습으로 음식을 나른다.

사람들을 유심히 보면서 그 사람이 무엇에 집중하는지에 대해 많은 것을 발견했다. 우리는 매 순간, 그저 혼자만의 생각에 잠겨 있는 동안에도 무언가에 집중한다. 식당 안을 훑어보자.

내 왼쪽 자리에 있는 20대 여성 두 명을 유심히 보니, 서로에게 집중하기보다는 대체로 스마트폰에 집중한다. 한 차례 문자를 보낸 다음, 화면이 아래로 가게 해서 스마트폰을 탁자에 내려놓는다. 하지만 이 행동은 상당히 무의미해 보인다. 30초 만에 다시 스마트폰을 집어 들기 때문이다. 두 사람이 하는 말을 전부 알아듣지는 못하겠지만, 그 대화가 겉돈다는 것은 알 수 있다. 서로 함께 있지만 관심은 다른 데 있는 것이다.

저 맞은편에는 연인이 있다. 연인은 뜨거운 커피를 마시고 버터밀크 팬케이크를 먹으며 대화에 몰두한다. 처음 도착했을 때는 다소 사소한 이야기를 하더니, 이윽고 활기차게 대화하기 시작한다. 앞서 말했던 이들과 달리 이 연인은 자리에 앉은 뒤부터 오직 서로에게만 집중한다.

에드 시런Ed Sheeran의 노래가 스피커에서 흘러나오고, 연인들과 조금 떨어진 자리에 있는 두 남자에게 관심이 간다. 한 명이 주문하는 사이, 다른 한 명은 발로 가볍게 박자를 맞춘다. 발로 박자를 맞추는 남자는 '흘러나오는 노래, 친구가 뭘 주문하는지, 자신은 아침으로 뭘 먹을지' 이 3가지에 골고루 관심이 있는 듯하다. 메뉴를 고르고 나니 달걀을 어떻게 요리할지 종업원이 묻는다. 그러자 남자는 고민하는데, 평소엔 달걀을 어떻게 먹는지 되짚어보는 듯하다. 그러고는 스크램블드에그를 주문한다.

바에서는 처음 만난 세 남자가 지난밤 있었던 미식축구 경기의 하이라이트 장면을 보면서 잡담을 나눈다. 이 사람들을 포함해 세계의 수많은 사람들이 28cm짜리 소가죽 공을 응시하고 있다는 것이 정말 흥미롭다. 바로 그때, 이 중 한 명이 고개를 갸우뚱하며 생각에 잠긴다. 그러다가 충격파가 몸을 관통하고 지나간 듯 주머니에서 메모지를 꺼내 서둘러 무언가를 적는다. 미식축구 하이라이트 소리를 배경으로 몽상에 빠져 있다가 갑자기 어떤 생각이 떠오른 듯 하다. 그 순간 깨달음이 찾아온 것이다.

난 지금 노트북을 앞에 두고 자리에 앉아 있다. 오늘 아침에는 커피를 마시고 감자튀김을 먹으면서 일했는데, 더 깊이 몰입했으며 에너지도 더 넘쳤다. 아침 명상이 도움이 된 듯하다. 내가 계산한 바에 따르면 아침 명상을 하면 평소보다 글을 40%가량 더 많이 쓸 수 있다. 그리고 스마트폰은 집에 두고 왔는데, 그렇게 해야 방해받지 않고 글을 쓸 수 있고 식당까지 걸어가는 데 집중하며 이런저런 생각을 할 수 있기 때문이다. 나중에 이야기하겠지만 새롭고 신선한 아이디어를 떠올릴 수 있는 가장 강력한 방법 중에는 인터넷 접속을 끊는 것이 있다. 식당 스피커에서 나오는 음악은 귀에 쏙 들어오지만 집중을 방해할 정도는 아니다. 그렇다고 음악이 좋아서 여기에 온 것은 아닌데, 내가 제일 좋아하는 카페 대신 이 식당에 온 이유는 와이파이가 없기 때문이다. 인터넷 연결 상태를 유지하는 것은 우리의 집중력과 생산성을 가장 악질적으로 해치는 방법이다. 앞서 한 이야기에서 알 수 있듯 주변 환경 때문에 다소 어수선한 느낌을 받긴 하지만, 덕분에 서문에 쓸 만한 좋은 소재를 얻었다.

이 식당의 풍경은 내가 방금 깨달은 사실, 즉 우리는 언제 어디서나 무언가에 집중하곤 한다는 사실을 잘 보여준다. 이 사실을 깨닫고 나면 이것으로부터 벗어날 수 없다. 이 순간 이 행성에 깨어 있는 사람이라면 아침을 먹고 있든, 일하고 있든, 가족과 시간을 보내고 있든 무언가에 집중하고 있을 것이다. 어디를 가고 무엇을 하든, 심지어 머릿속에서 생각하는 때라도 우리는 무언가에 관심을 주며 살아간다.

어떻게 하면 더 잘 집중할 뿐 아니라 더 분명하게 생각할 수 있을지에 대해 연구하기 시작한 지도 수년이 지났다. '생산성 전문가'로 활동하며 생계를 꾸리는 사람으로서 인정하기 힘들지만, 최근 내가 점점 더 산만해지고 있다고 느끼기 시작했다. 특히 전자기기를 모으게 되면서부터 말이다. 전에 없이 바빴는데도 성취한 것은 너무 작았다. 지루해서 가만히 있질 못하거나 의욕이 없을 때가 점점 늘었고, 최대한 많은 일을 매 순간 스스로에게 밀어 넣으려 했다. 여러 일을 한꺼번에 하려고 할 때 머리가 잘 돌아간 적이 없다는 걸 알면서도 그렇게 해야 한다는 압박을 받았다. 간소하게 1~2가지 일에 집중하려고 노력하기보다는 이메일 창을 열어두고 스마트폰을 책상에 둔 채 일하는 것에 훨씬 마음이 끌렸다. 이 책은 내 필요 때문에 탄생했다. 즉, 나는 내가 필요해서 이 책을 썼다.

나는 새 아이디어가 떠올라 흥분되면 보통 그 주제에 관한 책을 수십 권 주문하고 공붓벌레처럼 파고든다. 가장 최근에는 집중과 몰입이라는 주제를 열정적으로 파고들었다. 어떻게 하면 집중을 방해하는 주변 요인들을 가장 잘 관리할 수 있는지, 한 번에 여러 가시 일을 한다면 어떻게 더 효율적으로 할 수 있는지, 몰입을 방해하고 일을 미루게 만드는 저항감은 어떻게 물리칠 수 있는지, 한편 어떻게 하면 되도록 집중하지 않고 진정으로 휴식을 취하며 재충전할 수 있는지 등에 대해서 말이다. 책을 읽으면서 나는 수많은 정보를 발견했다. 하지만 이 조언들은 대개 서로 모순되었고, 결과적으로 내 일과 삶을 이끌어 나가는 데 도움이 되진 않았다.

그래서 실제 과학 연구로 눈을 돌렸다. 수많은 학술 연구와 수십 년 동안 쌓인 문헌을 살피며 가장 잘 몰입하는 방법을 배웠다.[1] 가능한 한 많은 연구 사례를 찾아 신중하게 읽으면서 내 컴퓨터 속 '몰입' 폴더는 거대해져 갔다. 수만 단어를 메모했고 그중에서 가장 실용적이고 전략적인 교훈을 찾아내기 시작했다. 주의가 왜 쉽게 흐트러지는지, 몰입을 방해하는 것들이 넘치는 세상에서 어떻게 마음을 단단히 먹고 집중할 수 있는지 알아내기 위해 집중에 관해 연구하는 세계적인 석학들에게도 자문하기 시작했다. 그리고 내가 정말로 몰입 상태를 유지할 수 있을지 확인하기 위해 스스로를 대상으로 삼아 실험하기 시작했다.

이때 내가 발견한 것들이 일하는 방식은 물론 살아가는 방식까지 완전히 바꾸었다. 나는 생산성뿐 아니라 전반적인 행복을 위해서도 집중하기 시작했다. 놀랍게도, 창의성과 생산성을 아주 빠르게 키우기 위해선 '집중하지 않기'를 터득하는 것도 하나의 방법이라는 걸 알게 됐다. 킹스턴의 식당에서 내가 했던 것처럼 어떤

---

1 연구 논문을 처음부터 끝까지 읽는 일은 말처럼 쉽지 않다. 하지만 특정 주제에 관심이 있다면 꽤 할 만하다. 연구에 따르면 논문이나 기사를 읽을 때 우리가 집중하는 이유는 글이 어려워서가 아니라 그 내용에 흥미가 있기 때문이다.

것에 특별히 집중하기보다 마음을 산만하게 내버려 두면 기존의 아이디어들이 더 수월하게 연결되고 새로운 아이디어가 떠오른다.

오늘날의 우리는 주의를 방해하는 요소가 유례없이 많은 세상에 살고 있다. 연구에 따르면 우리는 컴퓨터 앞에서 일을 시작한 지 평균 40초 만에 주의를 다른 데로 돌리거나 집중하길 멈춘다 (물론 업무에 집중할 때는 40초보다 훨씬 오랫동안 최선을 다해 일한다). 나는 멀티태스킹을 업무 처리 비법으로 보는 대신 업무를 끊임없이 방해하는 함정으로 여기기로 했다. 우리는 더 많은 일을 동시에 처리하려고 애쓰면서, 중요한 일을 단 한 가지도 끝내지 못한다. 그리고 한 번에 중요한 일 하나에만 깊게 집중할 때, 즉 '하이퍼포커스'에 들어갔을 때 가장 생산적이라는 사실을 깨닫게 되었다.

무엇보다도 직장에서든 집에서든 더 창의적이고 행복하고자 한다면 집중력이야말로 우리가 삶에 투입할 수 있는 가장 중요한 자원이라는 것을 깨달았다. 집중력은 한정적이므로 이 집중력을 영리하고 신중하게 투자할 때 더 깊이 집중하고 더 명확하게 생각할 수 있다. 현대 사회에서는 산만한 환경에서 뇌를 많이 쓰는 지식 노동을 하는 경우가 많기 때문에 언제든 습관처럼 집중하고 몰입할 수 있는 기술이 반드시 필요하다.

이 책은 내가 탐사했던 집중과 몰입의 길로 여러분을 안내한다. 나는 글로 배운 멋진 사실뿐 아니라 실전에서 직접 시험해 본 아이디어들을 여러분의 삶에 적용하는 방법도 이 책을 통해 함께 나누고자 한다. 하지만 연구의 내용이 아무리 훌륭해도 여러분이 행동하지 않으면 거의 쓸모가 없다. 그런 의미에서 이 책이 '자기 계발서'라고 본다. 집중하는 방법 뒤에 있는 훌륭한 연구들을 살펴볼 뿐 아니라, 거기서 얻은 통찰을 일상에 적용하면서 어떻게 집중하는 것이 생산성과 창의성을 키우기에 알맞은지 짚어보기 때문이다.

이 책의 내용은 이미 한 사람(나)을 바꿨고, 여러분 역시 바꿀 수 있다고 생각한다. 겉으로 보기에는 결과가 다소 마술처럼 보일 수도 있겠지만, 마술은 그 원리를 알고 나면 더 이상 신비롭지 않다.

집중력은 좋은 삶을 사는 데 필요한
가장 중요하면서도 한정적인 재료다.

0.5

이 책에
더 몰입하는
7가지 방법

이 책을 읽는 것은 당신의 집중력을 시험해 볼 첫 번째 기회다. 책에 더 많이 주의를 기울일수록 더 많은 것을 얻을 것이다. 우선 책을 읽으며 더 집중할 수 있는 7가지 방법을 알아보자.

그보다 먼저 짚고 넘어갈 게 있다. 내가 연구하면서 깨달은 점이 하나 있다면, 생산성은 개인차가 무척 크다는 것이다. 모든 사람은 저마다 고유한 체계 속에서 다른 일상을 보내기 때문에 생산성을 높이기 위한 전략이 각자의 삶과 딱 맞아 떨어지지는 않을 것이다. 아래의 조언 중 따르고 싶지 않은 것도 있겠지만, 집중하기 위한 전략을 최대한 많이 실험해 보고 효과가 있는 방법을 여러분의 삶에 적용하길 바란다.

▮ 스마트폰을 치워라

일하기 싫은 생각이 조금이라도 들면, 집중할 만한 새로운 것들을 찾기 마련이다. 스마트폰이 좋은 사례다. 스마트폰에서는 우리 뇌가 군침을 흘릴 만한 한입 크기의 정보가 끊임없이 쏟아져 나온다.

스마트폰은 주머니 속에 담긴 집중력 블랙홀이다. 나중에 자세히 이야기하겠지만, 이처럼 주의를 빼앗고 집중을 방해하는 것들은 유혹당하기 전에 처리하는 게 상책이다. 책에 집중하고자 한다면 스마트 기기를 다른 방에 두길 권한다.

스마트폰이나 태블릿 PC가 손 안에 없는 상황에 뇌가 적응하려면 시간이 조금 걸릴 수도 있지만, 초기에 오는 그 저항감을 의지로 극복할 만한 가치가 있다고 장담한다. 중독적이며 반짝이는 전자 기기를 포함하여 특정한 무언가에 의존하는 일은 결코 건강하지 않다.

이와 관련된 간단한 실험이 있다. 하루나 이틀 동안 스마트폰을 몇 번이나 본능적으로 꺼내는지 주의해서 세어보자. 무슨 이유로 스마트폰에 손을 뻗게 되는가? 엘리베이터를 타는 시간이 길어 그동안 다른 데로 주의를 돌리고 싶어서? 분기별 예산을 계획하는 것처럼 지루한 일을 회피하기 위해서? 습관적으로 스마트폰에 손을 대는 빈도를 알게 되면, 어떤 일을 가장 하기 싫어하고 그때 어떤 느낌을 받는지에 관한 통찰을 얻을 수 있다.

2 환경을 바꿔라

고개를 들어 주위를 보자. 어디서 이 책을 읽고 있는가? 책을 읽는 동안 주의를 빼앗기거나 방해받을 가능성은 얼마큼이고, 집중을 방해하는 것들을 피할 곳은 있는가? 아니면 기차나 지하철처럼 환경을 통제하기 어려운 곳에서 책을 읽고 있는가?

환경을 바꾸는 것은 더 잘 집중할 수 있는 아주 좋은 방법이다. 집중 상태를 가장 잘 유도하는 환경은 간섭이나 방해를 가장 적게 받는 곳이다. 가능하면 그런 장소로 이동하길 바란다. 길가에 있는 카페든, 도서관이든, 집에서 더 조용한 방이든 말이다.

3 주의를 빼앗는 생각들을 목록으로 작성하라

스마트폰을 멀리 두고 조용한 정원에서 책을 읽는다 하더라도 주의를 빼앗는 것들은 항상 나타날 것이다. 외적인 요인만이 문제는 아니다. 책을 읽는 동안에도 마트에서 뭘 살지 고민하는 뇌처럼 내부에서 작용하는 요인도 있기 때문이다.

나는 집중해야 할 때마다 펜과 공책을 가지고 다닌다. 잡다한 생각이 떠오르면 전부 공책에 적어둔다. 이 공책에는 마무리해야 할 일, 잊으면 안 되는 업무, 새로운 아이디어 등이 있다.

책을 읽는 동안 주의를 빼앗는 생각의 목록을 계속 작성하다 보면 갑자기 떠오른 중요한 일들도 놓치지 않을 수 있다. 아차 하는 순간에 잊어버리지 않게 그것들을 적어두면 지금 하고 있는 과제에 금방 다시 집중할 수 있을 것이다.

④ 이 책이 읽을 가치가 조금이라도 있는지 질문하라

우리는 책을 읽는 행위를 포함하여 지금 하고 있는 일들이 지닌 가치에 대해 질문하지 않은 채 습관적으로 행동한다.

일상적으로 열중하는 것들에 가치가 얼마나 있는지 가늠하는 시간을 갖자. 내가 유용하다고 느낀 전략은 책과 텔레비전 프로그램, 팟캐스트 방송 등에 관한 소개를 나의 시간과 집중력을 가져가려는 '영업 행위'로 보는 것이다. 자기 자신에게 물어보자. 그런 것들에 열중하고 난 뒤, 시간과 집중력을 만족스럽게 투자했다고 느낄 수 있을까?

우리는 무엇에 집중하느냐에 따라 달라진다. 집중력은 좋은 삶을 사는 데 필요한 가장 중요하면서도 한정적인 재료다. 그러니 진정 집중할 만한 가치가 있는 일에 열중해야 한다. 자신이 무슨 일을 하는지 의식하고 있다면 여러분은 전보다 더 많은 시간을 할 일에 할애할 수 있게 된다.

⑤ 책을 읽기 전에 카페인을 섭취하라

인체가 카페인을 분해하는 데는 8~14시간이 걸린다. 그렇기 때문에 너무 늦은 오후에 카페인을 섭취하는 것은 권하지 않는다. 하지만 적당한 시간에 커피나 차를 마시면서 책을 읽어보자.

카페인은 집중력을 높이는 데 유용하다. 보통 오후 늦게 신체가 이 각성제를 분해하고 나면 에너지를 당겨쓴 비용을 치러야 하긴 한다. 다만 그 비용은 대개 치를 만한 가치가 있어 보인다. 카페인은 측정 가능한 다수의 측면에서 정신과 신체의 성능을 증진시키기 때문이다. 이 에너지 증진제를 지혜롭게 사용해 보자.

6 펜이나 형광펜을 쥐어라

정보를 소화하는 방법에는 2가지가 있다. 수동적인 방법과 능동적인 방법이다. 내 약혼자가 싫어하는 나의 습관 중 하나는 책을 읽을 때마다 첫 번째 쪽을 찢어서 책갈피로 쓰는 것이다(내 약혼자는 그 행동이 모독이라고 하고, 나는 서점에 가면 똑같은 책이 더 있다고 대꾸한다). 이것은 대규모 파괴 행위의 시작일 뿐이다. 나는 펜과 형광펜도 손에 들고 읽는데, 책에 표시하기 위해서다. 이 책에 주석이 얼마나 많은지만 봐도 내가 책에 표시하는 일을 얼마나 좋아하는지 알 것이다. 그렇게 한 번 다 읽고 나면, 두 번째로 훑으면서 형광펜으로 표시한 부분만 다시 읽고 가장 중요한 정보를 확실하게 소화한다. 할 수 있으면 옆 사람을 붙들고 정보를 공유하면서 더 완전하게 이해한다.

나는 이 책을 읽는 동안 여러분도 형광펜과 펜으로 줄을 긋고, 가장 좋은 아이디어를 뽑아내고, 그 아이디어를 염두에 두며 행동 지침으로 삼길 바란다. 아마 내가 글을 잘 썼다면, 여러분은 이 책에 많은 표시를 하게 될 것이다.

7 집중력의 한계를 인정하라

집중력에는 한계가 있다. 집중하는 범위를 넓힐 수는 있지만, 시간이 지나면 주의가 산만해지고 만다. 책을 읽을 때도 여러분의 마음은 책에 있는 단어에서 멀어지고, 머릿속의 딴생각으로 흘러갈 것이다. 이런 현상은 지극히 정상이고 인간적이다. 나중에 살펴보겠지만, 이런 방황은 잘 이용하면 놀라울 만큼 강력한 힘을 발휘한다.

집중이 안 된다는 느낌이 들면 책을 잠시 놓고 당분간은 상대적으로 머리를 쓰지 않는 일을 하자. 설거지를 하거나 사람을 관찰하거나 집을 청소하면 효율적으로 집중력을 재충전할 수 있을 것이다. 다시 집중할 수 있게 되면 새로운 마음으로 책을 읽자. 단, 쉬는 시간에도 머리에 떠오른 아이디어를 기록할 수 있게 해놓자.

1부

초집중의 기술,
하이퍼포커스

자동조종 상태로 일을 하게 되면 불필요하고
주의를 빼앗는 일에 빠지기 쉬우며,
주로 마감이 닥쳤을 때만 필요하고
목적이 있는 일에 시간을 쓰게 된다.

1

자동조종에서
벗어나기

자동조종 기능

지금 여러분은 이 책에 집중하고 있을 것이다. 그런데 어떻게 여기까지 도달하게 되었나?

내 서재에 있는 책들은 대부분 친구가 추천해 줬거나, 저자가 팟캐스트 방송에 나왔거나, 비슷한 분야의 책을 좋아해서 알게 된 것들이다. 우리 중 대다수는 삶에서 어떤 요소를 개선하고 싶은지 계획하지 않은 채 그저 그 책이 도움 될 것 같아서 읽기 시작한다. 그리고 이런 책을 읽어야겠다고 결심하는 이유는 대개 여러 사건이 겹치기 때문이다.

내가 최근에 읽었던 책을 예로 들어보자. 어느 날 나는 택시를 타고 가다가 라디오에서 한 책의 저자 인터뷰를 들었다. 이후에 친구가 그 책에 관해 두 번이나 트위터에 올렸다. 이런 언급을 여러 번 접하면서 결국 그 책을 사야겠다고 마음먹었다. 이 전체 과정은 내가 의도한 것이 전혀 아니다.

우리는 매번 무언가를 자세히 계획해서 결정하지는 않는데, 이런 방식은 대체로 도움이 된다. 나는 자동조종 기능Autopilot Mode을 켠 상태에서 책을 사야겠다고 결정한 적이 많다. 자동조종 기능 덕분에 우리는 살면서 필요한 일들을 해낸다. 예를 들어 이메일에 답장할 때마다 새로 워드 문서를 열어서 초고를 작성해야 한다고 상상해 보자. 그러면 초안을 몇 차례 다시 읽고, 다른 사람에게 보내서 개선할 점은 없는지 물어보고, 한두 번 프린트해서 꼼꼼하게 점검하기까지 몇 시간을 보낸 다음에야 '좋아, 잘 썼어!'라는 감탄을 내뱉을 것이다. 중요한 과제를 할 때는 이 방법이 생산적일 수도 있지만, 모든 이메일을 이렇게 써야 할까? 케첩을 사거나 쓰레기를 내놓거나 이를 닦을 때도 이 정도로 신중하게 행동한다고 생각해 보자.

우리가 하는 행동의 40%는 습관적으로 이뤄진다. 그리고 이런 행동을 할 때는 대개 신중하게 주의를 기울일 필요가 없다. 여러분이 승려이거나 종일 명상하는 여유를 누릴 상황이 아니라면, 시간을 100% 의도대로 보내기란 불가능하다.

하지만 어떤 결정은 의도적으로 내릴 만한 가치가 있다. 무엇에 집중할지를 생각하는 것도 그 결정 중 하나다.

우리는 보통 자동조종 기능을 켠 채로 무언가에 주의를 기울인다. 상사에게 이메일을 받으면 본능적으로 하던 일을 멈추고 거기에 답한다. 내 사진을 누군가 인터넷에 올리면, 자기 모습이 어떻게 보이나 점검한 다음 댓글을 클릭해서 사람들이 무슨 말을 써놨는지 읽는다. 동료나 연인과 대화할 때는 상대가 말을 다 마치기도 전에 머릿속으로 영리한 대답을 구상하는 데 자동으로 집중한다(매우 과소평가받는 기술이 있다. 바로 다른 사람이 말을 끝낼 때까지 기다린 다음에 말을 시작하는 것이다).

30초 정도 소요되는 간단한 연습이 있다. 다음 질문에 솔직하게 대답해 보자. 당신은 하루 동안 얼마나 자주, 어디에 집중할지를 '선택'하는가? 다시 말하면, 무엇을 하고 싶고 그것을 언제 할지 미리 결정하는 데 공을 들여 투자하는 시간이 대략 얼마큼인가?

대부분의 사람은 이 질문에 대한 답을 아주 잘하지는 못한다. 우리는 바쁘게 살고 있으며 보통은 집중할 대상을 가끔 의도적으로 고를 뿐이다. 딴생각에 빠져 있다가 퍼뜩 정신이 들 때나, 꾸물대고 있다고 느낄 때나, 똑같은 애플리케이션이나 웹 사이트 서너 개를 번갈아 가며 쓰는 함정에 빠졌을 때나, 멍하게 아이를 돌보고 있다가 정신을 차릴 때 말이다.

자동조종 상태를 빠져나오면 정말 해야 할 일이 무엇인지 생각하고 그 일에 집중하도록 신경 세포를 재편하게 된다. 자동조종 상태로 들어가면 일정한 속도로 일하고 생활하는 데는 도움이 되지만, 집중력은 우리가 가지고 있는 가장 한정적이고 제약이 따르는 자원이다. 집중력을 잘 관리할수록 목적의식이 더 분명해지며, 더 생산적이고 더 창의적으로 살 수 있다.

자동조종 기능과
함께한 하루

불행히도 우리가 살면서 보내는 다양한 환경은 저마다의 안건으로 우리의 관심을 요구하면서, 각종 경보를 울리고 알림을 보내며 삑삑거리고 윙윙댄다. 이렇게 꾸준히 방해받다 보면 어느 것 하나에 제대로 몰두할 수 없다. 결국, 머지않아 무척 시급해 보이는 다른 알림을 받게 되기 때문이다.

여전히 이 책을 읽고 있다면 여러분은 평범한 사람보다 집중력이 좋을 것이다. 책을 읽으려면 상당한 주의를 기울여야 한다. 그 때문에 주의력이 희소한 자원이 되어갈수록, 주의를 다른 데 빼앗기지 않으면서 독서에 몰두할 수 있는 사람이 줄어들고 있다. 지금 이 문단을 읽는 데 얼마나 주의를 기울이고 있는가? 100% 집중하고 있는가? 85%인가? 50%인가? 시간이 지날수록, 특히 한 환경에서 다른 환경으로 이동하는 동안 집중하는 수준은 어떻게 변하는가? 이 책에 있는 문장을 머릿속으로 생각하며 초점 없는 눈으로 책을 훑은 적은 얼마나 자주 있는가?[1] 가장 노련하고 집중력이 좋은 독자조차 이렇듯 산만해지는 경험을 하기 마련이다.

---

1 연구에 따르면 흥미롭게도 마음이 방황할 때 우리의 눈은 책을 더 천천히 훑는다. 우리 눈과 정신은 '단단히 연결된' 것이다. 책을 훑어보는 속도가 언제 느려지기 시작하는지 인지한다면 방황하는 마음을 훨씬 쉽게 붙잡을 수 있을 것이다. 미래에 기술이 발달하면 태블릿 PC나 전자책 리더기가 우리가 산만해지는 기미를 인식할 것이다.

집중하는 데 어려움을 겪는 경우는 흔하다. 우리가 일상생활에서 집중력을 통제하지 못하는 사례는 수없이 많다. 다음과 같이 예를 들어보겠다.

- 밤에 침대에 누웠는데 생각이 끊이질 않는다. 아침에 할 일이 있어서 자고 싶은데, 온종일 겪은 일이 머릿속에서 되살아난다.
- 갑자기 당황스러운 기억이 떠오른다. 이런 생각은 어디서 올까?
- 샤워하며 잡념에 빠져 있을 때 떠올랐던 멋진 아이디어와 통찰이 정작 필요한 순간에는 생각나지 않는다.
- 부엌이나 침실에 들어온 이유를 자주 잊어버린다. 왜 처음 생각했던 목적을 잊었을까?
- 집중하고 싶은 대상에 집중할 수 없다. 마감 기한이 없는 리포트를 쓸 때처럼 말이다. 왜 우리는 할 일을 미루거나 비생산적인 일에 집중하면서 시간을 생산적으로 쓰지 않을까?
- 침대에서 스마트폰 애플리케이션 5개를 반복해서 실행하며 새로 올라온 것이 있는지 확인하고 또 확인하다가 무아지경 상태에서 깨어난다. 인터넷에서도 똑같이 무의식적인 순환에 빠질 수 있다. 새 웹 사이트와 메신저, 소셜 미디어 사이를 오간다.
- 특정 문제가 해결되거나 사라질 때까지 걱정을 멈출 수 없다.

이 책을 통해 의식적으로 집중하는 법을 배우면 위의 일탈을 잘 이해하게 될 것이고 그 예방법도 알 수 있다.

일의 4가지 종류

집중력을 관리하는 것은 넷플릭스Netflix에서 무엇을 볼지 고르는 일과 여러모로 닮았다. 넷플릭스 웹 사이트에 들어가면, 시청 가능한 여러 프로그램 중에서 단 몇 편만 강조한 화면이 처음으로 뜬다. 넷플릭스 홈페이지는 갈림길과 비슷하다. 앞으로 난 길이 2개가 아니라 수천 개라는 점만 빼면 말이다. 그중에서 어떤 길을 선택하면 행복을 느낄 것이고, 어떤 길을 선택하면 정신없이 웃을 것이고, 어떤 길을 선택하면 유용한 사실을 배울 것이다.

무엇에 주의를 기울일지 결정하는 일도 마찬가지로 갈림길을 보여준다. 다만 그 길의 끝에는 셀 수 없이 많은 것이 있으며, 우리는 그중에서 무엇에 집중할지 결정할 수 있다. 지금 여러분은 이 책에 푹 빠져 있다. 하지만 책이나 전자책 리더기에서 눈을 돌리면 대신 주의를 기울일 만한 대상이 많이 보일 것이다. 어떤 대상은 다른 것보다 더 의미 있고 생산적이다. 이 책에 집중하는 것은 아마 스마트폰이나 벽, 어딘가에서 흘러나오는 음악에 집중하는 일보다 더 생산적일 것이다. 만일 친구와 아침 식사를 하고 있다면, 그 친구에게 집중하는 것이 한쪽에 틀어놓은 미식축구 하이라이트 장면을 보는 것보다 훨씬 가치 있을 것이다.

집중할 만한 잠재적 대상이 외부 환경 속에 얼마나 있는지 모두 세어보면, 그 선택지의 수는 정말 압도적으로 많다. 심지어 머릿속에 있는 기억과 아이디어, 사소한 정보는 포함하지 않았는데도 말이다.

자동조종 기능이 유도하는 대로 어딘가에 집중하면 중요한 일을 놓친다. 주변 환경에서 가장 긴급하고 자극적인 것이 가장 중요한 일인 경우란 드물기 때문이다. 따라서 자동조종 기능을 끄는 것이 먼저다. 선택지 중 가장 중요한 대상에 주의를 기울이고 집중 상태를 유지하는 일은 하루를 통틀어서 우리가 내릴 결정 중에서 가장 중요하다. 무엇에 집중하느냐에 따라서 우리는 달라진다.

집중하는 대상을 전부 이해하는 데는 다음의 표처럼 일을 분류하는 것이 도움이 된다. 여기서는 주로 업무와 관련지어 집중력을 논할 예정이지만, 이런 규칙들은 그 외 일상에도 마찬가지로 적용할 수 있다.

	매력적이지 않음	매력적임
생산적임	필요한 일	목적이 있는 일
비생산적임	불필요한 일	주의를 빼앗는 일

일의 4가지 종류

집중 대상을 분류할 때는 2가지 주요 기준을 고려해야 한다. 과제가 생산적인지(그 일을 함으로써 많은 것을 성취할 수 있는지) 아닌지, 그리고 과제가 매력적인지(재미있는지) 매력적이지 않은지(지루하고 불만스럽고 어려운지) 말이다.

이 표는 앞으로 자주 등장할 예정이니만큼 4가지 부류에 속하는 과제를 빠르게 살펴보려 한다.

'필요한 일'은 그닥 매력적이진 않지만 생산적인 일을 포함한다. 분기별 예산에 관한 부서 회의나 업무 전화가 이 범주에 속한다. 우리는 스스로를 채찍질하며 이런 종류에 해당하는 일을 하곤 한다.

'불필요한 일'은 비생산적이고 매력적이지도 않은 일을 포함하며, 책상에 있는 서류나 컴퓨터에 있는 파일을 다시 정리하는 일을 예로 들 수 있다. 우리가 이런 일에 신경을 쓰는 때는 다른 일을 미룰 때이거나 필요한 일이나 목적이 있는 일을 하기 싫을 때다. 불필요한 일을 하는 데 시간을 보내면 계속 바쁘게 지낼 수는 있지만, 실제로 무언가를 성취하지 않는다면 분주하게 일해봐야 활동적으로 게으름을 피우는 것에 지나지 않는다.

'주의를 빼앗는 일'은 자극적이고 비생산적인 일을 포함하며, 이런 일은 생산성을 빨아들이는 블랙홀이다. 소셜 미디어, 거의 모든 종류의 메신저 대화, 웹 사이트, 업무 시간에 나누는 잡담 등 수익성이 낮고 집중을 방해하는 모든 것이 여기에 속한다. 이런 활동은 재미는 있겠지만 대개는 조금씩만 해야 한다. 집중력을 잘 조절하게 될수록 이 방면으로는 시간을 덜 쓰게 될 것이다.

이제 표에서 남은 칸은 '목적이 있는 일', 즉 생산성이 높은 일이다. 우리는 이런 일을 하기 위해 태어났으며, 이 일을 할 때 가장 열중하고, 가장 큰 반향을 일으킨다. 이 칸에 해당하는 일은 매우 적다. 내가 만났던 사람의 대부분은 이런 일이 많아봐야 3~4개라고 했다. 이 부류에 속하는 일을 잘하려면 보통 뇌를 더 많이 써야 하며, 그중 몇몇 일들은 여러분이 다른 사람보다 잘하는 경우도 있다.

배우가 가장 목적의식을 불태우는 일은 아마 최종 리허설과 공연일 것이다. 재무 상담사는 고객을 만나거나 산업 동향을 공부하는 일에 목적의식을 가질 것이다. 연구원은 연구를 설계해서 진행하고, 가르치고, 연구비를 지원받는 일 등을 가장 중요하게 생각할 것이다. 내가 가장 중요하게 생각하는 일은 책과 기사를 쓰고, 연구 결과를 읽으며 새 아이디어를 얻고 강연하는 것이다. 여러분이 개인적으로 목적을 갖고 하는 일에는 아이와 시간을 보내거나, 부업을 하거나, 자선 단체에서 봉사활동을 하는 것 등이 있을 것이다.

완벽하게 생산적인 사람은 이 표에서 위 두 칸에만 집중할 것이다. 하지만 일이 그렇게 간단하다면 이 책은 필요 없을 것이다. 다들 경험했겠지만, 필요하고 목적 있는 일이라는 범위 안에서 머무르기란 말처럼 쉽지 않다. 우리는 매일 네 칸에 있는 일 모두에 집중한다. 자동조종 상태로 일을 하게 되면 불필요하고 주의를 빼앗는 일에 빠지기 쉬우며, 주로 마감이 닥쳤을 때만 필요하고 목적이 있는 일에 시간을 쓰게 된다.

이 책에 나오는 연구를 삶에 적용하면서 나는 흥미로운 경험을 겪었다. 시간이 갈수록 자동조종 상태로 보내는 시간이 줄어들기 시작했고, 목적이 분명하고 가장 필요한 일에 더 집중하는 자신을 발견한 것이다. 여러분도 집중하는 데 신경을 쓸수록 나와 같은 경험을 할 것이다.

생산성을 즉각 개선할 방법이 여기 있다. 앞서 표에서 분류한 4가지 기준에 맞춰 자신의 일을 나눠보는 것이다. 이 간단한 작업만으로도 어떤 일이 정말로 중요한지 아주 잘 인지할 수 있다. 앞으로도 이 표를 계속 언급할 예정이므로, 다음 쪽의 빈 표에 여러분의 일을 종류에 따라 분류해 두면 도움이 될 것이다.

	매력적이지 않음	매력적임
생산적임	**필요한 일**	**목적이 있는 일**
비생산적임	**불필요한 일**	**주의를 빼앗는 일**

일의 4가지 종류

무엇에 관심을 기울일지 정하지 않으면,
우리는 완전히 혼란에 빠진다.

윌리엄 제임스William James

네가 어디에 집중하는지가 네 현실을 결정한단다.

쾨이곤 진, <스타워즈 에피소드 1: 보이지 않는 위험>

2

집중력의 한계

집중력의 범위

집중력은 행복한 생활과 일을 완수하는 데 필요한 가장 강력한 도구지만, 크게 2가지 제약을 받는다.

먼저, 우리가 집중할 수 있는 대상은 그 수가 한정적이다. 아무리 많아봤자 생각보다는 적을 것이다. 동시에 더 많은 일에 집중할 수 있었다면, 현재 훨씬 많은 일을 할 수 있었을 것이다. 피아노를 치는 동안 전화번호를 외우고, 동시에 2가지 대화를 나누면서 스마트폰으로 이메일 답장을 보내는 것처럼 말이다. 현실적으로 동시에 잘 해낼 수 있는 일은 많아봐야 1~2가지다.

뇌는 주변 환경으로부터 매초 꾸준하게 정보를 받는다. 이 순간 시각 정보와 청각 정보를 비롯해 얼마나 다양한 정보를 받는지 떠올려 보면, 집중할 수 있는 항목이 무수히 많다는 사실을 깨달을 것이다. 버지니아대학 심리학과 교수인 티모시 윌슨Timothy Wilson

은 우리 뇌가 감각기관을 통해 받는 정보가 초당 1100만 '조각'이라고 추정했다.

그런데 한 번에 의식적으로 소화하고 집중할 수 있는 양은 그 조각 중 얼마큼일까? 40조각이다. 400만도 아니고 4만도 아닌 40조각 말이다.

우리는 무엇에 집중할지 고른 다음, 굵은 정보 줄기로부터 효율적으로 정보를 조금씩 빨아들인다. 예를 들어 하나의 주제로 대화를 나눌 때는 주의력이 상당히 많이 든다. 따라서 2개 이상의 대화를 동시에 나눌 수는 없다. 유명한 심리학자 미하이 칙센트미하이Mihaly Csikszentmihalyi가 주장하는 바에 따르면, 우리는 단순히 대화를 해독하여 이해하는 데만도 주의력을 절반 이상 소모한다. 상대방이 내뱉는 단어를 해석할 뿐 아니라 그 말 뒤에 숨은 의미도 분석해야 하기 때문이다. 또 대화하는 동안 남은 주의력을 셀 수 없이 많은 곳들에 사용한다. 내일 해야 하는 업무나 머릿속에 무작위로 떠오르는 생각, 상대방 뒤에서 빛나는 조명, 상대방의 음색, 다음에 무슨 말을 할지 등에 말이다. 하지만 상대의 말을 듣고 그 의미를 뽑아내는 데 집중력을 가장 유용하게 사용할 것이다.

집중력이 받는 두 번째 제약은 집중력을 쓰고 나면, 단기 기억에 정보를 매우 조금 저장한다는 점이다. 정보를 임시로 저장하는 능력은 실제로 강력한 힘을 발휘하는데, 덕분에 우리는 일을 하는 동안 자신이 무엇을 하고 있는지 생각할 수 있다. 숫자를 자릿수에 맞춰 계산하는 일처럼 문제를 해결하는 것이든, 헬스장에서 가장 좋은 운동 순서를 정하는 것처럼 미래를 계획하는 일이든 말이다. 임시 기억 장치가 없으면 우리는 주변에서 어떤 일이 일어났을 때 아무 생각 없이 반응할 것이다.

그런데 이때 단기 기억에 정보를 저장할 때 뇌가 수용할 수 있는 매직 넘버는 40에서 4로 줄어든다. 간단한 실험이 있다. 다음에 나열된 이름을 읽고 한번 외워서 써보자.

- 아딘
- 릭
- 리안
- 루신다
- 루이스

- 마틴
- 켈시
- 신시아
- 드와이트
- 브라이스

이 이름을 외우고 잠시 후에 써보라고 한다면 어떤 사람은 3개밖에 못 쓰고 어떤 사람은 5~7개까지 적을 것이다. 하지만 평균적으로는 4개다.

이런 맥락에서 볼 때 4라는 숫자는 특별한 정보 덩이를 가리킨다. 예컨대 몇몇 이름을 덩이와 연관지을 방법을 찾는다면, 그 이름들을 더 확실하게 외우고 잘 기억할 수 있을 것이다. 목록에 나열한 이름과 동명인 친구를 떠올려 보는 것도 여기에 해당한다. 나는 위의 이름 10개를 전부 너끈히 기억할 수 있다. 내가 똑똑해서 그런 것이 아니다. 이번 주에 이메일을 가장 많이 보냈던 사람 10명을 뽑아서 그 이름으로 목록을 만들었기 때문에 연관지어 기억하기가 수월했을 뿐이다.

우리는 이 '덩이 짓기chunking'라는 개념을 이용하여 실용적인 것들을 얼마든지 기억할 수 있다. 오늘 아침 나는 오디오북을 들으면서 장을 봤는데, 한 번에 기억하기엔 어려운 식료품들을 사야 했다. 살 것은 3가지로, 병아리콩으로 만든 소스와 셀러리, 크래커였다. 가게에 들어가면서 나는 삼각형을 떠올리고 3가지 물건을 꼭짓점에 하나씩 두었다. 그러자 쇼핑 리스트를 따로따로 기억하느라 고생하지 않게 되었다. 이 3가지 재료가 들어가는 요리를 상상하는 것도 같은 효과가 있으며 어쩌면 더 간단할 것이다.

독자적인 정보 조각을 최대 7개까지 단기 기억으로 저장할 수 있다는 사실은 우리 삶을 통해 꽤나 명료하게 확인할 수 있다. 주변 세상만 둘러봐도 우리가 어떻게 정신적인 질서 단위에 맞춰 데이터를 편성하는지 알 수 있다. 숫자 2부터 시작하자. 대중문화에는 짝을 맞추는 것이 얼마나 강력한지 보여주는 사례가 수없이 많다. 한 번에 2개씩은 기억하기 쉽다는 점을 고려하면, 둘씩 묶어놓은 조합이 사방에서 보이는 것도 우연이 아니다. '배트맨과 로빈Batman and Robin', '버트와 어니Burt and Ernie', '캘빈과 홉스Calvin and Hobbes'와 같은 2인조 주인공들부터가 그렇다. 숫자 3도 우리 주의력 범위에 수월하게 잘 맞는다. 올림픽에서는 메달을 3개 수여하고, 어린아이는 『골디락스와 세 마리 곰Goldilocks and the three bears』과, 『세 마리 장님 쥐Three blind mice』, 『아기 돼지 삼형제Three little pigs』를 읽는다. 여기서 끝이 아니다. 우리는 이런 동화를 도입, 전개, 결말에 맞게 세 부분으로 나누기도 하고, '삼세번이다' 같은 말을 자주 한다. 또 아이디어를 4개(사계절), 5개(다섯 가지 사랑의 언어), 6개(육면체 주사위), 7개(일주일, 7대 죄악, 세계 7대 불가사의)씩 묶기도 한다. 전화번호조차 대부분 이런 주의력 범주에 수월하게 들어맞는데, 먼저 숫자 3개(영국에 살고 있다면 4개)를 묶고, 그다음에 네 자리 묶음을 덧붙임으로써 전화번호를 누를 때 전체 번호를 머릿속에 집어넣기 쉽게 만든다. 7개보다 많은 것을 묶은 사례를 찾으려면 더 방대하게 조사해야 할 것이다.

주의집중 영역이란

나는 그 순간에 집중하여 일을 처리할 수 있는 지적 능력을 설명할 때 '주의집중 영역attentional space'이라는 용어를 사용한다. 주의집중 영역은 우리가 인지하고 있는 것들이 모여 있는 공간을 말한다. 정보를 처리하여 임시로 저장할 때 사용하는 뇌 속 저장 기관인 셈이다.

주의집중 영역 덕분에 우리는 여러 정보를 상황에 맞춰 동시에 수용하고 조작하며 연결할 수 있다. 무엇에 집중할지 고르고 나면, 그 정보를 단기 기억으로 저장하고, 주의집중 영역을 활성시켜 일을 계속 진행한다. 주의집중 영역은 집중력과 더불어 우리가 의식적으로 경험하는 일 대부분을 좌우한다. 뇌가 컴퓨터라면 주의집중 영역은 램RAM과 같은 역할을 한다(엄밀히 따지면 연구자들은 주의집중 영역을 '작업기억working memory', 이 영역의 크기를 '작업기억 용량working memory capacity'이라고 부른다).[1]

이 책에서는 주의집중 영역을 상당히 깊게 다룰 것이다. 주의집중 영역은 매우 좁고 한 번에 수용할 수 있는 양이 적으므로 잘 관리해야 한다. 딴생각에 빠져 있거나 특별히 어디에 집중하지 않을 때도 우리의 주의집중 영역은 가득 차 있다. 그러다가 지금 나누고 있는 대화에 집중하면, 그 대화가 주의집중 영역을 완전히 점령한다. 적어도 대화가 흥미롭다면 말이다. 동영상을 틀어두고 저녁 식사를 준비하면 주의집중 영역은 이 2가지 일로 꽉 찬다. 장기 기억으로부터 친구의 생일이나 노래 제목 같은 어떤 기억이나 사실을 되살리면, 그 정보를 주의집중 영역에 임시로 저장했다가 필요할 때 사용한다. 주의집중 영역은 여러분이 인지하는 모든 것을 수용하는, 의식 세계의 전체인 셈이다.

---

1 램 용량이 큰 컴퓨터나 스마트폰은 작동 속도가 더 빠른데, 램이 정보를 더 많이 수용할 수 있기 때문이다. 하지만 램 용량이 클수록 배터리 수명은 줄어들 수밖에 없다. 특히 스마트폰은 더 그렇다. 컴퓨터는 램이 항상 활성 상태이고 램을 통해 정보가 끊임없이 이동하기 때문에 그 과정에서 전력을 많이 잡아먹는다. 주의집중 영역도 아마 마찬가지 이유에서 제한을 받을 것이다. 일부 과학자들이 주장하는 바에 따르면, 이런 제약은 우리가 진화하는 동안 주의집중 영역이 넓어지면서 치렀던 '생물학적 비용'일 수도 있는데, 수용한 정보를 일제히 활용하려면 뇌가 활발하게 작동하면서 에너지를 소모해야 하기 때문이다. 더불어 지난 250만 년 동안 우리가 일상적으로 했던 작업은 오늘날처럼 복잡한 지식 노동이 전혀 아니었다. 우리 뇌는 존재하는 것만으로도 상당한 에너지를 소비한다. 뇌의 무게는 체질량의 2~3%를 차지하지만, 우리가 섭취하는 열량의 20%가량을 소모한다. 우리는 이런 식으로 뇌 용량을 제한받은 덕분에 에너지를 보존함으로써 생존 확률을 높일 수 있었을 것이다.

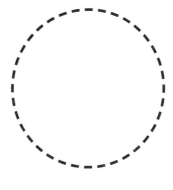

주의집중 영역

　내가 특별히 흥미롭게 여기는 주제는 독서, 그리고 독서가 어떻게 주의집중 영역을 채우는가에 관한 과학 연구이다. 여러분이 이 책에 정말로 집중한다면, 주의집중 영역에 다른 일이 들어올 만한 공간은 거의 없을 것이다. 우리의 주의집중 영역은 문자를 보내면서 운전을 하기에는 충분하지 않은데, 마찬가지로 책을 읽으면서도 문자를 보낼 수 없다. 2가지 일 중 하나만으로도 집중력을 크게 소모하기 때문이다. 책을 읽는 동안에는 잘해봐야 커피는 마실 수 있겠지만, 글에 깊게 몰입한다면 커피가 식어버릴지도 모른다. 아니면 두 일을 동시에 하려다 실패해서 커피를 책에 흘릴지도 모른다.

　글을 읽는 동안 뇌는 열심히 일하며 가공하지 않은 지각 정보 조각들을 사실과 이야기, 교훈으로 바꿔서 기억하고 내면화한다. 이 책에서 나오는 빛 파동을 눈이 인지하면, 머리가 거기에 해당하는 단어를 생성한다. 이 단어는 주의집중 영역을 임시로 채운다. 그다음 여러분은 단어를 연결해서 문장의 기본 요소인 구와 절을 만들기 시작한다. 마지막으로 주의집중 영역을 뇌의 저장 장치로 이용해서 단어의 조합을 완전한 관념으로 묶으면 고차원적인 의미를 추출할 수 있다.

문장 구조에 따라서 여러분은 이 과정에 영향을 받으며 책을 느리게 또는 빠르게 읽는다. 여러 정보 덩이를 조합할 때 대개 한 묶음에 7개가 넘어가지 않게 하듯, 모든 책은 독자의 한정적인 주의집중 영역에 들어가기에 적합한 구조로 되어 있다. 문장은 길이에 한계가 있으며 쉼표도 간간이 끼어 있다. 한 연구에 따르면, 우리는 문장 끝에 마침표가 나올 때 주의집중 영역에 정보를 채우길 중단하고 그때까지 모은 것을 어떤 방식으로든 요약하여 단기 기억으로 저장한다.

여러분의 집중력은 여러분이 읽는 글이나 하는 일과 끊임없이 보조를 맞춘다. 여기 흥미로운 사례가 있다. 어디에 집중하느냐에 따라 눈을 깜박이는 패턴이 달라진다는 것이다. 사람은 보통 1분에 15번에서 20번 눈을 깜박인다. 자연스럽게 집중이 끊길 때마다 눈을 감았다가 뜬다. 읽던 문장이 끝나거나, 같이 대화하던 사람이 잠시 말을 끊거나, 보던 동영상이 잠깐 멈출 때처럼 말이다. 우리는 리듬에 맞춰 자연스럽게 눈을 깜박인다. 글을 읽는 데 집중하기만 해도 뇌의 주의집중 영역이 나머지 부분까지 조종하는 것이다.

무엇이 우리의
주의집중 영역을 채울까

지금 여러분은 무엇으로 주의집중 영역을 채우고 있는가? 다른 말로 하면, 여러분은 지금 무슨 생각을 하고 있는가?

이 책에 대한 생각으로 주의집중 영역을 100% 쓰고 있는가? 그렇다면 책을 더 빠르게 읽을 수 있을 것이다. 옆에 놓인 스마트 폰에 집중력을 3분의 1쯤 쓰고 있는가? 마음 한쪽으로는 이 장을 다 읽고 뭘 할지 생각하거나 집중을 못 하고 걱정거리를 생각하고 있는가? 어떤 염려나 고민이 느닷없이 떠오르는가?

위의 질문에 답하는 일이 어색하게 느껴질 수도 있다. 우리는 평소 무엇에 집중하는지 거의 인지하지 못한 채 대부분의 시간을 보내기 때문이다. 이 과정을 지칭하는 용어가 있다. 상위 자각meta -awareness이다. 무엇을 생각하는지 자각하는 것은 주의력을 관리 하기에 매우 좋은 방법이다. 놀랍게도 우리는 깨어 있는 시간의 47%를 딴생각에 허비한다. 이때 무엇이 주의집중 영역을 차지하고 있는지 더 잘 인식하면 산만해지는 마음을 더 빨리 다잡을 수 있다.

이메일을 쓰고 있든, 회의에 참여하고 있든, 텔레비전 프로그 램을 보고 있든, 가족과 저녁 식사를 하고 있든 우리는 시간과 주 의력의 절반 정도를 눈앞에 없는 대상에 쓰고 만다. 과거를 헤매 거나 미래를 가늠하면서 말이다. 엄청난 시간 낭비이자 주의력 낭 비인 셈이다. 마음을 산만하게 두는 것도 무척 가치 있는 일이기는 하지만 보통은 현재에 집중하는 편이 더 좋다.

> 마음이 무엇으로 가득 차 있는지 알아채는 것, 그것이 바로 마음챙김
> mindfulness이다. 무엇을 생각하고 느끼고 인지하는지 늘 자각하는 일
> 말이다. 마음챙김은 생각에 대해 가치 판단을 하지 않는다는 점에서 중
> 요하다. 마음을 들여다보면 사실도 아닌, 감정에 해로운 상념이 떠오른
> 다는 것을 알게 된다. 머릿속에 자리잡은 부정적인 혼잣말 같은 것 말이
> 다. 누구나 어느 정도는 이런 생각을 하므로 생각나는 것을 전부 진지하
> 게 받아들이거나 지나치게 밀어내서는 안 된다. 내가 가장 좋아하는 작
> 가 데이비드 케인David Cain이 말했듯 '모든 생각을 진지하게 받아들이
> 고 싶겠지만, 그럴 가치가 있는 생각은 많지 않다.'

한 연구에서는 참가자들에게 탐정 소설을 읽으며 범죄를 해결
해 보라고 요청했다. 그리고 딴생각을 하고 있음을 자각하지 못하
는 독자와 의식하는 독자를 비교했다. 그러자 딴생각을 자각하는
참가자들이 훨씬 더 빠르게 문제를 해결하는 것으로 나타났다. 정
신이 산만하다는 것을 인식할 때 우리는 일상적인 일을 훨씬 잘
수행할 수 있다.

1분이라도 자신이 무슨 생각을 하는지 집중하면, 주의집중 영
역에 들어 있는 내용이 끊임없이 바뀐다는 사실을 인지할 것이다.
그리고 주의집중 영역이 진정한 저장 장치이며, 생각과 일, 대화,
과제, 딴생각, 회의 등을 비롯한 집중 대상이 끊임없이 그곳을 지

나간다는 사실을 이해할 것이다. 주의집중 영역이 기분에 따라서 늘었다 줄었다 하는 것도 발견할 것이다. 집중 대상은 들어올 때만큼이나 빠르게 이 영역을 벗어나며, 우리는 보통 이 과정을 인지하지 못한다. 주의집중 영역은 강력한 힘을 내는 만큼 그 내용물의 수명이 짧은데, 평균 10초 정도 기억에 머무른다.

한 번에 할 수 있는 일의 개수

그렇다면 주의집중 영역을 차지하는 일이란 구체적으로 어떤 것일까?

우선 복잡한 일일수록 주의집중 영역을 더 많이 차지한다. 가벼운 대화와 달리 의미 있는 대화는 주의집중 영역을 전부는 아니어도 상당 부분 차지한다. 주의집중 영역에 다른 것을 너무 많이 욱여넣으려고 한다면 의미 있는 대화는 제대로 이어가기 어려워질 것이다. 예를 들어 이야기를 나누는 동안 탁자에 스마트폰을 두면, 새 메시지가 왔을지도 모른다는 생각에 신경이 분산될 수밖에 없다.

모든 일에 주의집중 영역이 많이 필요하지는 않다. 우리 삶과 일은 2가지로 나눌 수 있다. 바로 습관적인 것과 복잡한 것. 전자는 크게 생각할 필요도 없고 주의집중 영역을 최소한으로만 사용해도 수행할 수 있지만, 후자를 해내려면 헌신적으로 집중해야 한다. 여러 전문가는 우리가 한 번에 여러 일을 하지 못한다고 주장

하는데, 집중해야 제대로 해낼 수 있고 주의집중 영역을 크게 할
애해야 하는 일과 관련해서는 그렇다고 할 수 있다. 하지만 습관
과 관련해서는 사실이 아니다. 실제로 습관을 이용하면 동시에 여
러 가지 일을 놀랍도록 잘 해낼 수도 있다. 우리는 2가지 대화를
동시에 나누지는 못하더라도, 오디오북을 들으면서 걷고, 숨 쉬
고, 풍선껌을 씹을 수는 있다. 특히 껌을 씹는 일은 자투리 집중력
으로도 쉽게 할 수 있을 것이다.

손톱을 자르거나, 빨래하거나, 이미 읽은 이메일을 보관함에
담거나 식료품을 사는 것처럼 습관적인 일을 할 때는 더 복잡한
일을 할 때만큼 주의를 기울이지 않아도 된다. 따라서 활동에 제
약을 안 받으면서 동시에 여러 가지 일을 하는 것도 가능하다. 나
는 일요일마다 식사 준비, 손톱 깎기, 집 청소와 같이 개인적이고
다소 기계적인 '유지 보수 일'을 한 덩어리로 묶어 정해둔 시간 동
안 팟캐스트 방송이나 오디오북을 들으면서 해치우길 좋아한다.
이 일은 분명 내가 가장 좋아하는 주간 의식 중 하나이다. 여러분
도 출퇴근길에서 이동하는 동안 오디오북을 듣는다면, 다른 습관
적인 일 덕분에 여유가 생긴 집중력을 책을 이해하는 데 쓸 수 있
을 것이다.

습관은 주의집중 영역을 매우 조금 차지하는데, 그 일을 시작
한 다음에는 생각할 거리가 거의 없기 때문이다. 인지신경과학자
이자 『뇌의식의 탄생Consciousness and the Brain』 저자 스타니슬라
스 데하네Stanislas Dehaene가 내게 이야기했듯 '피아노를 연주하거
나, 옷을 입거나, 수염을 깎거나, 익숙한 도로를 운전하는 일과 같

은 습관을 살펴보면, 이런 일은 무의식적으로 할 수 있으며 어떤 의식적인 생각을 방해하지도 않는 듯하다.' 데하네가 말한 바에 따르면 습관적인 일은 어느 정도는 의식적으로 시작해야 할 수도 있지만, 그 행동을 시작하고 나면 남은 과정은 자동으로 하게 된다. 샤워를 언제 할지 결정하는 것은 의식적인 과정이지만 비누칠을 하고 물로 씻고 수건으로 몸을 닦는 과정은 별 생각 없이 습관적으로 할 수 있는 것처럼 말이다. 데하네는 이런 과정이 뇌의 '연속 활동'에 따라 이루어진다고 추측했다. 뇌는 우리가 습관적인 일을 한 번에 여러 개를 하려고 할 때도 도움을 준다. 뇌는 논리를 담당하는 전전두엽 피질prefrontal cortex로 가던 혈류의 방향을 바꿔 일상적이고 습관적인 일을 하도록 도와주는 기저핵basal ganglia 으로 보낸다.

주의집중 영역은 서로 관련 없는 일을 하고 있을 때 더 많은 일을 수용할 수 있다. 예를 들어 빨랫감을 분류해서 넣는 동안 통화를 한다고 생각해 보자. 이런 활동은 몇 가지 감각을 이용한다. 빨랫감을 분류할 때는 운동 감각과 시각을 이용하고, 전화할 때는 청각을 이용한다. 이런 일을 처리할 때는 사용하는 뇌 부위가 다르므로, 같은 정신적 자원을 나눠서 쓸 필요가 없다. 물론 주의집중 영역에는 한계점이 존재하며, 습관적인 일을 동시에 너무 많이 하면 주의집중 영역에 과부하가 걸릴 것이다. 완전히 자동적이지 않고 자주 의식적으로 개입해야 하는 일을 할 때면 더욱 그렇다. 결국 요점은 이렇다. 우리는 집중해야 하는 일보다 습관적인 일을 주의집중 영역에 훨씬 많이 집어넣을 수 있다.

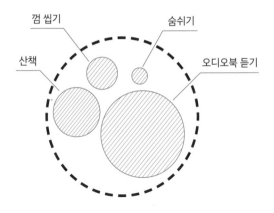

껌 씹기

숨쉬기

산책

오디오북 듣기

습관적인 일로 이루어진 멀티태스킹

책을 읽거나, 깊은 대화를 나누거나, 상사에게 제출할 경과 보고서를 준비하는 일처럼 습관적으로 할 수 없는 일은 주의집중 영역을 훨씬 많이 차지하는데, 이런 일들을 잘하려면 상황에 알맞게 정보를 의식적으로 처리해야 하기 때문이다. 만약 습관에 기대어 배우자와 대화를 이어가려 한다면, 대화를 이해하거나 기억하는 대신 '맞아, 그래' 따위의 무성의한 말만 반복하게 될 것이다.

1장에서 설명했던 4가지 범주에 따라 일을 나눠본 사람이라면, 꼭 필요한 일과 목적이 있는 일은 습관처럼 할 수 없다는 사실을 눈치챌 것이다.[2] 어떤 일이 생산성이 높은 이유는 바로 습관적으로 할 수 없기 때문이다. 이런 일에는 집중해서 머리를 쓰고 고유

---

2 중요한 일을 습관처럼 할 수 있다는 것은, 어쩌면 그 일을 다른 사람에게 위임하거나 그 일에 주의력을 덜 쓰도록 의식적으로 노력해야 한다는 암시일 수 있다.

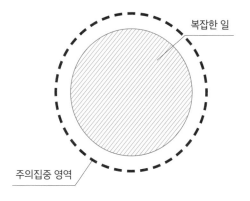

복잡한 일

주의집중 영역

한 기술을 사용해야 하기 때문에 더 많은 것을 성취할 수 있다. 반면 습관적인 일은 아무 생각 없이도 할 수 있다. 주의를 빼앗기면 큰 대가가 따르는 이유 중 하나다. 사무실에서 긴 하루를 보낸 후 친구와 저녁 식사를 하는 대신 유튜브의 짧은 영상들을 본다고 생각해 보자. 우리의 주의를 빼앗아가는 일들은 매력적이고 자극적이지만, 가장 생산적인 일에 투입할 귀중한 시간과 집중력을 앗아갈 것이다.

습관적인 일과는 달리 복잡한 활동 2가지를 동시에 주의집중 영역에 넣을 수는 없다. 우리가 집중할 수 있는 정보 조각은 4개뿐이고, 복잡한 일 하나를 하려면 집중력의 대부분을 소모해야 한다는 점을 기억하자. 우리는 이 한계를 넘지 않는 만큼만 동시에 일을 처리할 수 있다. 우리는 적당히 복잡한 일에도 집중력 대부분을 소모하기 때문에, 잘해봐야 습관적인 일과 더 복잡한 일을 짝지어 할 수 있을 뿐이다.

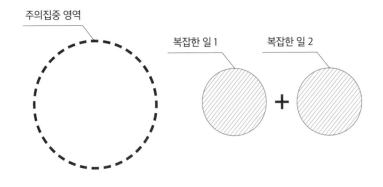

주의집중 영역

복잡한 일 1

복잡한 일 2

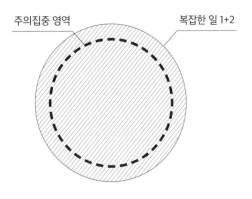

주의집중 영역

복잡한 일 1+2

멀티태스킹이 불가능한 경우

어떤 일이 주의집중 영역을 얼마나 차지할지는 쉽게 예측할 수 없다. 운전을 예로 들면 운전 전문가는 운전을 배우는 학생보다 주의집중 영역을 훨씬 덜 소비할 것이다. 주어진 일을 경험해 봤다면 그때그때 상황에 맞춰 정보를 더 잘 조합할 수 있을 것이고, 더 자유롭게 다른 일에도 집중할 것이다.

또 다른 변수로는 주의집중 영역의 실제 크기가 있는데, 그 크기는 사람마다 제각각이다.

요약하면, 일반적으로 주의집중 영역에 수월하게 담을 수 있는 일의 조합은 3개다.

▨ 습관적인 일 몇 가지

우리는 달리면서도 호흡에 신경 쓰고, 심장 박동 수에 주목하고, 동시에 음악을 즐길 수 있다. 앞서 이야기했듯 이런 습관은 시작할 때 집중이 필요하고, 현 상태를 유지하기 위해(예를 들어 음악을 듣다가 곡을 바꾸기 위해) 개입해야 할 때 또 한 번 집중해야 한다.

▨ 복잡한 일 하나와 습관적인 일 하나

주의집중 영역은 강력하지만, 매우 제한적이다. 우리는 잘 해봐야 소소하고 습관적인 일에 더해 집중력을 크게 소비하는 다른 활동 하나를 할 수 있다. 팟캐스트 방송이나 오디오북을 들으면서 유지 보수 일을 하거나, 스마트폰으로 단순하고 반복적인 게임을 하면서 오디오북을 듣는 것처럼 말이다.

하지만 습관적인 일로 남는 주의집중 영역을 채우는 것은 주의력을 가장 좋게 사용하는 방법이 아니다. 가능하다면 주의집중 영역을 넘치게 채우지 않는 것이 좋다.

3 복잡한 일 하나

여러분이 할 수 있는 가장 생산적인 일, 다시 말해 그 일에 시간을 쏟을 때마다 훨씬 더 많은 것을 성취할 수 있는 일이 이 분류에 들어간다. 이런 일에 시간과 주의력을 더 많이 쓸수록 더 생산적인 사람이 된다.

복잡한 일이 차지하는 주의집중 영역은 시간이 흐르면서 크기가 달라진다. 예를 들어 상사와 논의 중이라면 대화 내용에 맞춰 주의집중 영역이 늘었다 줄었다 할 수도 있는데, 덕분에 산만해지기도 하고 대화가 복잡해지면 집중하기도 한다. 부서 회의에서는 수동적인 관찰자로 대기하다가 지명을 받고 즉각 보고를 할 수도 있다.

복잡한 일을 하는 동안 주의집중 영역에 여유를 조금 두면 다음 2가지 일을 할 수 있다.

먼저 영리하게 일하고 자동조종 상태를 피할 수 있다. 일을 완료하려면 어떻게 접근하는 게 가장 좋을지 깊이 생각해 볼 여유가 생긴다. 또 집중력을 한계까지 사용하고 있다면 떠올리지 못했을 아이디어가 생각날 것이다. 예를 들면 앞으로 할 발표에서 도입부를 버리고 곧장 본론으로 들어가야겠다고 떠올릴 수 있다.

또 이렇게 여유를 두면 어디에 먼저 집중해야 하는지 우선순위를 인지하면서 일할 수 있다. 그러면 마음이 주어진 일을 떠나 방황하더라도 다시 돌아오기 수월하다. 동시에 일이 갑자기 복잡해질 때를 대비할 수도 있다.

주의집중의 과부하

주의집중 영역에 일을 알맞게 적당량 두는 것은 생산성을 높이는 기술이자 투자이다. 집중력에 과도한 부담을 주면 꽤 심각한 대가를 치를 수도 있다.

부엌이나 거실에 들어갔는데 왜 거기에 갔는지 잊어버린 적이 있는가? 그렇다면 '주의집중 과부하attention overload'라는 함정에 빠진 것이다. 무심결에 틀어놓은 텔레비전, 무작위로 떠오르는 상념, 방금 읽었던 영화 정보 등 주의집중 영역에 너무 많은 것을 욱여넣으려 한 나머지 원래 목적이 들어갈 자리가 충분히 남지 않은 것이다. 원래는 거실에 두고 온 메모지를 가지러 갔던 것인데 말이다.

퇴근길에 일 생각이 마음을 짓누를 때도 마찬가지다. 이런 상황에서는 머릿속이 더 꽉 찰지도 모른다. 라디오에서 나오는 말을 이해하는 동시에 그날 직장에서 일어났던 일을 곰곰이 생각하면서 집까지 운전하는 데 필요한 여러 습관적인 행동을 자동조종 기능을 켠 채 연속해서 하기 때문이다. 집에 오는 길에 빵을 사려고 계획했지만, 아마 그 작고 단순한 목표조차 수용할 만한 공간이 없을 것이다. 결국 다음 날 아침을 차릴 때에서야 어제 빵을 사왔어야 했음을 깨닫게 된다.

우리는 가능한 한 의도를 갖고 일해야 한다. 일할 시간이 모자란다면 더욱 그렇다. 의도가 있으면 우선순위를 정할 수 있고 따라서 주의집중 영역에 부담을 지우지 않을 수 있다. 이렇게 하면

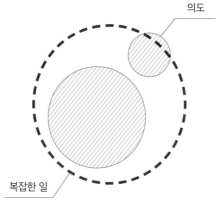

의도

복잡한 일

의도를 의식하며 일하기

마음도 더 차분해진다. 과식하고 나면 불편한 느낌이 드는 것처럼 주의집중 영역을 너무 많은 일로 가득 채우면 침착함을 잃을 수 있다.

주의집중 영역에는 많아봐야 현재 처리하고 있는 2가지 중요한 일, 즉 달성하고자 하는 의도와 지금 하는 일보다 많은 것을 담아서는 안 된다. 모든 시간을 이렇게 사용하기란 불가능하고, 특히 일에 매몰됐을 때는 더욱 그러기가 힘들 것이다. 그러나 의도를 염두에 두고 있으면 실제로 완수하려는 목표에 몰입하고 있다는 자신감을 얻을 수 있다.

자동조종 상태로 중요한 일을 하고 있다면, 주의집중 영역을 너무 꽉 채우고 있는 중일 것이다. 한 걸음 물러나 주의력을 관리하지 않으면 주의집중 영역이 과부하되어 넘치게 된다. 익숙한 사례 몇 가지를 살펴보자.

- 장을 보면서 아기를 돌본다.
- 걸으면서 문자를 보낸다. 오늘 아침만 해도 나는 어떤 사람이 이러다가 우편함에 부딪히는 모습을 봤다.
- 누군가 말을 걸어서, 혹은 단순히 멍하게 있다가 보고 있던 영화나 텔레비전 프로그램을 되감는다.
- 무언가에 관해 골몰히 생각하거나 텔레비전을 보고 있다가 요리에 베이킹파우더 대신 베이킹소다를 넣는다.
- 팝콘을 습관적으로 집어 먹다가 배가 아프다.
- 마트 계산대에서 깜박하고 다음 사람과의 사이에 막대를 안 둔다.

여러분도 비슷한 순간을 많이 겪어봤을 것이다. 이런 일은 절대 피할 수 없을 때도 있는데, 살다 보면 종종 놀라운 상황을 예기치 못하게 겪기 때문이다. 하지만 상당수는 피할 수 있다. 곤란을 겪고 있다고 느낄 때, 이것을 훌륭한 신호로 받아들이고 무엇이 주의집중 영역을 차지하고 있는지 가늠하여 확인하면 된다. 아마 한 번에 너무 많은 일을 하려고 하는 중일 것이다.

과부하를 피하는 가장 좋은 방법은 주의집중 영역을 신중하게 채우는 것이다. 운전해서 집에 오는 길에 라디오를 끄면 하루를 꼼꼼히 살펴볼 수 있고 빵을 산다는 계획도 기억할 것이다. 집에서 텔레비전을 잠시 끄거나 소리를 죽이면 계속해서 텔레비전 프로그램을 이해하지 않아도 되고 메모를 가지러 다른 방에 간다는 사실을 잊어버리지도 않는다. 이렇듯 작은 변화로도 의도하는 바에 주의를 기울일 수 있다.

주의집중 영역을 단순화하면 온종일 의도적으로 일하면서 여유를 유지할 수 있고, 중요하고 의미 있는 일에 시간을 더 쓸 수 있다. 주의집중 영역의 상태는 삶의 상태를 결정한다. 주의집중 영역이 지나치게 붐비면 결국 곤란한 상황에 처할 것이다. 주의집중 영역을 깔끔하게 유지할수록 더 명확하게 생각할 수 있다.

간단히 점검해 보자. 지금 이 순간 무엇이 여러분의 주의집중 영역을 차지하고 있는가? 마음속에 있는 것을 살펴보자. 주의집중 영역이 꽉 찼다고 생각한다면 단순하게 만들자. 주의집중 영역에 있는 일들을 나중에 처리할 수 있게 적어두든, 손에 든 책에 다시 집중하든 말이다.

해야 할 일이 너무 많을 때, 우리는 가능한 한 많은 일을 처리하고 싶은 충동을 자연스럽게 느낀다. 이런 충동은 뇌의 전전두엽 피질(전뇌의 커다란 부분으로 우리가 계획하고, 논리적으로 생각하고, 일을 마무리하는 데 관여한다)이 '새로운 것을 향한 편향성'을 내재하고 있다는 사실에서 기인한다. 우리가 하던 일을 바꿀 때면 도파민dopamine이라는 물질이 나오는데, 쾌락을 유발하는 이 놀라운 화학물질은 피자를 게걸스레 먹어치우거나, 굉장한 일을 성취하거나, 퇴근하고 나서 술을 한두 잔 마실 때 뇌 속을 빠르게 흐른다. 여러분은 앉아서 텔레비전을 보다가 무의식적으로 태블릿 PC에 손을 뻗거나 일하면서 다른 인터넷 창으로 끊임없이 이메일을 확인하고 스마트폰을 꺼낼 때 더 의욕이 생기는 경험을 한 적이 있을 것이다. 새로운 자극을 끊임없이 찾아다니면서 우리는 더 생산적인 듯한 느낌을 받는다. 어쨌거나 그 순간에 일을 더 많이 하는 셈이기 때문이다. 그러나 다시 말하지만, 단순히 더 바쁘다고 해서 더 많이 성취하는 것은 아니다.

대다수의 자기계발 책에서는 우리 뇌가 원시적이며, 따라서 뇌가 일으키는 충동을 이겨내는 법을 배워야 한다는 내용을 의무적으로 논하고 있다. 이 책도 예외가 아니다. 우리 뇌가 천성적으로 지식 노동에 부적합하다는 주장은 불행히도 사실이다. 두뇌 회로는 생존과 번식에 적합하게 짜였기 때문이다. 우리는 도파민이 치솟는 일을 갈망하도록 진화했고, 그 때문에 예전부터 생존 확률을 높여주었던 습관과 행동을 이어왔다. 성관계를 하고 나면 뇌는 자손을 만드는 행위에 대한 보상으로 도파민 1회분을 제공한다. 설탕을 섭취해도 마찬가지인데, 설탕은 열량 밀도가 높아서 덜 먹어도 더 오래 생존할 수 있고, 덕분에 오늘날처럼 환경이 풍족하지 않았던 진화 초기에 유용했기 때문이다.

뇌는 집중력을 형편없이 관리해도 보상을 준다. 우리의 먼 조상들은 자신들의 환경에서 새로운 위협을 찾아냄으로써 생존 확률을 높였기 때문이다. 초기 인류는 어슬렁거리는 호랑이를 경계하지 못할 만큼 불 피우기에 집중하지 못하고 주변에 잠재적 위험이 숨어 있는지 계속해서 살폈다. 덕분에 내일 뜨는 해를 볼 수 있었다. 불도 새로 지피고 말이다!

하지만 오늘날 가까이서 호랑이를 볼 수 있는 곳은 동물원뿐이다. 새로운 것을 향한 편향성은 한때는 인류의 생존에 이로웠지만, 지금은 반대로 불리하게 작용하고 있다. 텔레비전과 태블릿 PC, 컴퓨터, 스마트폰을 포함한 기기들은 우리가 집중할 수 있었던 다른 생산적이고 의미 있는 그 무엇보다도 한없이 자극적이다. 경계해야 할 천적이 없는 우리는 자연스럽게 전자 기기에 집중한다.

이 주제에 관해 수년간 연구한 끝에 나는 '생산성'이 뜻하는 바가 다양해졌다는 사실을 알게 됐다. 생산성이라는 말이 주로 함축하는 상황은 냉정하고, 기업 친화적이고, 효율성에 초점을 맞춘다. 하지만 나는 더 친근한 정의를 선호한다. 생산성은 의도하는 바를 성취하는 것이다. 오늘 계획이 독서하고, 발표를 잘 마치고, 남은 이메일을 확인하는 것이었는데 전부 성공적으로 성취했다면 완벽하게 생산적인 하루를 보낸 것이다. 마찬가지로 하루 동안 편하게 쉬려는 목적에 따라 아무 일도 하지 않는다면 이 역시 완벽하게 생산적인 휴식을 취한 것이다. 바쁘게 지낸다고 해서 생산적으로 되는 것은 아니다. 아무리 바빠도 중요한 무언가를 성취하지 않는다면 소용없다. 생산성은 인생에 더 많은 일을 밀어 넣는 것이 아니라 매시간에 적절한 일을 하는 것이다.

집중하지 못한 대가

근본적으로 멀티태스킹에는 아무 문제가 없다는 말을 반복할 필요가 있다. 한 번에 여러 가지 일을 하는 것은 전적으로 가능하며,

특히 그 일이 직장과 가정에서 습관적으로 하는 일이라면 더욱 쉽다. 하지만 주의 전환과 멀티태스킹을 구분하는 일은 중요하다. 멀티태스킹은 한 번에 하나 이상의 대상에 동시에 집중하는 것이다. 주의 전환이란 하나의 일에서 다른 일로 집중하는 영역을 바꾸는 것이다. 하루를 보내려면 주의를 꼭 전환해야 하는데, 한 가지에만 온종일 집중한다면 그 일이 얼마나 중요하든 생활을 유지하지 못할 것이기 때문이다. 하지만 주의를 너무 자주 전환하는 것도 위험하며, 주변에 새로운 것들과 몰입을 방해하는 것들이 뇌가 다룰 수 있는 수준보다 많다면 더욱 그렇다.

주의집중 영역이 넘치면 자동조종 상태에 빠지는 매우 큰 대가를 치른다. 그 밖의 불이익도 있다. 우선 주의집중 영역을 넘치게 두면 기억력이 영향을 받는다. 스마트폰을 옆에 두고 영화를 보면 내용이 훨씬 덜 기억나는 것을 인지했을 것이다. 나 또한 일상에 전자 기기를 더 많이 들여놓으면서 전반적으로 기억력이 떨어졌다고 느꼈다. 기술은 매 순간 주의집중 영역을 꽉 채우라고 유혹하면서 시간을 빨리 흐르게 만든다. 그 결과 기억도 덜 하게 된다. 어떤 것을 기억하려면 집중해서 얻은 정보를 뇌가 암호로 바꿔서 기억 장치에 저장해야 하기 때문이다.[3]

주의집중 영역에 너무 많은 일을 빼곡히 넣으면, 가장 중요한 일을 세세하게 인지하고 기억할 수 없다. 사람이 동시에 여러 가

---

3 오븐을 끄는 일처럼 최근에 잊어버린 일에 의도적으로 더 집중해야 하는 이유도 바로 이렇다. 공부도 마찬가지다. 정보에 여러 차례 집중하면 더 많이 기억할 가능성이 있다.

지 일을 할 때 뇌는 완전히 다른 부위로 일을 처리한다. 공부를 예로 들어보자. 스탠퍼드대학교 심리학 교수 러셀 폴드랙Russell Poldrack이 설명한 바에 따르면, 우리가 한 번에 여러 가지 일을 하면서 공부를 하면 뇌에서 기술 및 습관을 익히는 데 관여하는 부분인 기저핵에 크게 의존한다. 하지만 더 집중해서 정보를 암호화할 때는 뇌에서 실제로 정보를 저장하고 기억하는 해마에 크게 의존한다.

대화와 식사, 휴가를 비롯한 다른 경험들을 기억으로 남기지 못하면 거기에 시간을 보낸들 무슨 소용일까? 어느 하나에 깊이 집중하지 못하면, 일하면서 눈에 띄는 부분에만 집중하게 되고 나중에는 우리가 어떻게 시간을 보냈는지 잊어버린다. 그러면 장기적으로 생산성에도 영향을 미친다. 처음 실수했을 때 배웠던 교훈을 뇌 속에서 제대로 기억하지 않기 때문이다.

어떤 일에서 다른 일로, 그리고 또 다른 일로 집중 대상을 끊임없이 바꾸다 보면 기억이 형성되지 않을 뿐 아니라 생산성도 떨어진다. 연구에 따르면 주의집중 영역을 자주 가득 채울수록 일을 전환하는 데 시간이 오래 걸리고, 해당 상황과 관계없는 정보를 덜 걸러 내고, 무엇보다 일을 바꾸고픈 충동을 억제하기 어려워진다.

컴퓨터는 새롭게 집중할 만한 요소가 꽉 들어찬 장치라고 봐도 무방하다. 우리는 컴퓨터 앞에서 일할 때면 평균 40초 만에 방해를 받거나 주의를 다른 데로 빼앗긴다. 옆에 둔 스마트폰도 우리를 방해한다는 점을 생각할 때, 이 '40초'는 몹시 중요하다. 당연

40초

우리가 놓치는 생산성

주의 분산 및 방해

히 우리가 일을 가장 잘하는 때는 이 40초 이후이다. 중요한 일은 대부분이 주의를 40초 이상 기울여야 잘 해낼 수 있다.[4]

> 생산성을 높일 수 있는 매우 좋은 방법은 스마트폰에서 앱 관리 애플리케이션을 실행한 뒤 각 애플리케이션의 알림 설정을 어떻게 해두었는지 훑어보는 것이다. 정말로 필요한 애플리케이션을 빼고 나머지는 전부 알림을 끄자. 컴퓨터와 태블릿 PC를 이용하면서도 자주 집중이 끊긴다고 느낀다면 같은 조치를 해두자. 어떤 방해 요인이 진정으로 중요하고 어떤 요인이 40초 기점을 지나가지 못하도록 막는지 생각하자. 애플리케이션 대부분은 알림을 켜둘 필요가 없을 것이다. 그래서 나는 이메일 애플리케이션을 전부 지워버렸다.

4 또 다른 연구에서는 참여자 50명이 얼마나 자주 일을 전환하는지 조사하고 가장 산만한 사람 10명과 가장 덜 산만한 사람 10명이 평균적으로 얼마 동안 집중하는지 계산했다. 가장 산만하게 멀티태스킹을 했던 사람은 29초마다 하는 일을 바꿨고, 가장 덜 산만했던 참가자는 75초마다 바꿨다. 다시 말해, 가장 집중했던 참가자들도 겨우 1분여 동안 일하고 나니 주의가 산만해졌다.

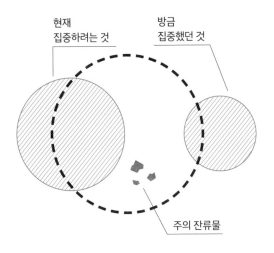

현재
집중하려는 것

방금
집중했던 것

주의 잔류물

하던 일을 자꾸 중단하면 당연히 생산성이 떨어지기도 하지만, 무엇보다 우리는 주의 전환에 서투르다. 오직 하나의 일에만 집중하고 있을 때도 큰 비용을 치러야만 다른 일로 빠르게 넘어갈 수 있다. 워싱턴대학교 조직행동론 교수인 소피 리로이Sophie Leroy에 따르면, 하나의 일에서 다른 일로 매끄럽게 주의를 전환하기란 불가능하다. 리로이는 '주의 잔류물attention residue'이라는 용어를 통해 우리가 다른 활동을 시작한 뒤에도 주의집중 영역에 남아 있는 파편을 설명했다. '회의에 참석하는 동안, 회의 직전까지 처리하고 있던 과제나 할 일들이 계속 떠오를 수 있다. 그러면 주의가 흐트러져서 뇌의 일부는 진행 중인 다른 과제를 생각한다. 현재 해야 하는 일에 전념하기가 그토록 어려운 것도 이런 이유에서다.' 주의 잔류물 때문에 우리는 다음 일로 넘어간 뒤에도 이전 일에 관해 평가하고, 문제를 해결하려 하고, 반추하고, 숙고한다.

다른 일로 좀 더 수월하게 넘어갈 수 있는 때는 지금 이 일을 끝낸 다음뿐이다. 특히 마감 기한 등 시간 제약에 자극을 받아 일을 끝마쳐야겠다고 느낄 때는 고민 없이 일을 처리하고 넘어간다.

여기서 이런 의문이 들기 마련이다. 일을 자주 전환하면 생산성이 얼마나 심각하게 저하될까? 일이 5% 정도 지연되거나 이따금 실수하는 수준이라면 감당할 만할 것이다. 하지만 대부분은 실제로 훨씬 더 큰 대가를 치른다. 한 연구에 따르면 일의 종류를 계속 바꿔가면서 일할 때는 처음부터 끝까지 한 가지 일만 할 때보다 시간이 50% 더 걸린다.

압박이나 마감 기한 없이 일하고 있다면 다른 일을 시작하기 전에 휴식을 취해 주의 잔류물을 제거하자. 생산성 측면에서 볼 때 쉬기에 가장 좋은 때는 큰일을 끝낸 다음이다.

몰입으로 가는 길

'목적'이란 주의집중 영역을 지키는 경비원과 같다. 생산적인 집중 대상은 들어오게 허락하고 주의를 빼앗는 것은 못 들어오게 막아선다. 의도적으로 집중하는 것보다 삶의 질을 전반적으로 높이는 방법은 얼마 없을 것이다.

때론 주의가 산만해지고 주의집중 영역이 넘치기도 하므로 온전히 의도대로 일하고 생활하며 시간을 보낼 수는 없다. 하지만 목적을 의식하며 하루를 보내면 그렇지 않을 때보다 훨씬 많이 성취할 수 있다.

　이번 장에서는 주로 이론적인 내용을 다뤘다. 이번 장의 조언을 실행에 옮기려면 할 일이 몇 가지 있다. 더 자주 목적을 정하고, 환경을 덜 산만하게 바꾸고, 어떤 일에 대한 망설임을 극복하고, 주의를 빼앗는 요소를 제거하고, 집중을 방해하는 생각을 머릿속에서 비우자. 이 부분에 관해서는 다음 장에서도 다룰 테지만, 여기에 어떤 원칙이 숨어 있는지는 여러분이 꼭 이해하며 읽어나가길 바란다.

　평소에 무엇에 주의를 집중할지 선택하고 주의집중 영역을 단순하게 유지한다면 한 번의 시도를 통해 다음과 같은 성과를 이룰 수 있다.

- 의도하는 바를 훨씬 자주 이룬다.
- 주의집중 영역을 관리해서 더 깊게 집중한다.
- 하는 일을 더 깊이 있게 처리할 수 있게 되어 더 많이 기억한다.
- 의도대로 일했음을 확신해서 죄책감과 의구심에 덜 시달린다.
- 중요하지 않은 일에 시간을 덜 낭비한다.
- 집중을 분산시키는 것들에 덜 흔들린다.
- 정신이 훨씬 명료해지며, 스트레스가 줄고 덜 어수선해진다.
- 무엇이 주의를 집중할 만한 가치가 있는지 선택했기 때문에 목적의식을 더 강하게 느낀다(의도적으로 일하면 목적의식이 부족할 때 느끼는 '지루함'도 막을 수 있다).
- 사람들과 보내는 시간에 집중해서 인간 관계를 깊이 발전시킬 수 있다.

집중력의 질을 측정할 방법은 수없이 많지만, 나는 내가 진전하는 과정을 측정하기 위해 3가지 방법을 개발했다. 여러분도 이 책에 있는 전략을 여러분의 삶에 적용하길 바란다. 다음에 제시하는 3가지 문장은 여러분의 상황을 가늠할 수 있는 척도가 될 수 있다.

- 이 일을 위해 의도적으로 보내는 시간은 얼마큼인가?
- 이 일을 할 때 한 번 앉으면 얼마나 오래 집중할 수 있는가?
- 산만해진 마음을 다잡기까지 얼마나 오래 걸리는가?

자, 이제 전략이 필요할 때다.

더 빠르게 많이 일하는 매우 좋은 방법은
중요하지 않은 일에 집중하지 않는 것이다.

3

하이퍼포커스의
힘

하이퍼포커스란

최근에 가장 생산적으로 일했던, 혹은 엄청난 성취를 이뤘던 날을 떠올려 보자. 그날의 여러분은 여느 날과는 다른 상태였을 것이다.

우선 하나의 일에 집중했을 것이다. 어쩌면 마감 기한에 쫓겨서 그럴 수밖에 없었을지도 모른다. 주의집중 영역은 그 일 하나로 가득 찼을 것이다.

또 주의를 빼앗는 것들을 재빨리 피하고 방해받을 때마다 신속하게 제 궤도로 돌아올 수 있었을 것이다. 극도로 집중해서 일하는 동안에는 정신없이 흥분하지도, 끊임없이 일을 바꾸지도 않았다. 평소보다 덜한 수준이라도 여전히 주의가 산만해지기는 했지만, 그럴 때면 재빨리 당면한 일로 주의를 돌렸을 것이다.

하는 일도 크게 어렵지는 않았을 것이다. 무서울 정도로 어렵지도, 습관적으로 끝낼 수 있을 만큼 쉽지도 않았을 것이다. 덕분

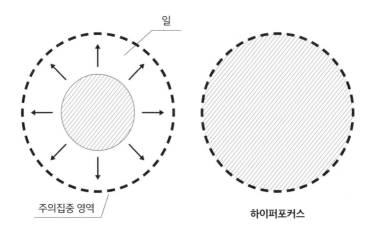

일

주의집중 영역

하이퍼포커스

에 아주 온전히 일에 열중하면서 '몰입' 상태에 들어갔고, 시계를 볼 때마다 체감상 15분 정도밖에 지나지 않은 듯한데 1시간씩 흘러 있었을 것이다. 그렇게 기적적으로 완수했던 일은 여느 날 같았으면 3~4시간은 걸릴 법한 일에 맞먹는다.

마지막으로, 시작이라는 난관을 극복한 다음에는 일을 계속하는 데 거의 저항을 느끼지 않았을 것이다. 열심히 일하고 있는데도 어쨌든 녹초가 되지 않았다. 신기하게도 더 천천히 일하며 하루를 보냈을 때보다 덜 피곤했을 것이다. 배가 고프거나 회의에 참석해야 하거나 퇴근할 시간이 되어 일을 멈춘 다음까지 여전히 의욕이 넘쳤을지도 모른다.

이날 여러분은 뇌가 가장 생산적으로 작동하는 상태, 즉 하이퍼포커스Hyperfocus[1] 상태를 작동시켰다.

하이퍼포커스 상태로 일에 집중하면, 업무나 과제를 비롯한 집중 대상 한 가지가 주의집중 영역을 완전히 채운다.

목적의식을 가지고 의도적으로 집중하면 이 상태로 들어갈 수 있다. 중요한 집중 대상을 선택하고, 일하는 동안 주의를 빼앗는 것들이 나타나면 제거하고, 다시 그 일 하나에만 집중하면서 말이다. 하이퍼포커스란 많은 의미를 동시에 담고 있다. 하이퍼포커스는 의도를 의식하며, 마음을 흐트러뜨리지 않고 재빨리 다시 집중할 수 있으며, 일에 완전히 열중하는 방법이다. 또 이 상태로 있으면 대단히 행복하다. 하이퍼포커스 상태에서는 아마 평소에 일할 때보다 더 편안한 느낌을 받을 것이다. 주의집중 영역을 하나의 업무나 과제에만 완전히 할애할 수 있는 이유는 괴롭거나 초조하지 않기 때문이다. 주의집중 영역이 넘치지 않고, 일도 전혀 혼란스럽지 않다. 하이퍼포커스에 들어갔을 때는 훨씬 생산적이므로 약간 느긋하게 일해도 짧은 시간에 놀랍도록 많은 것을 성취할 수 있다.

오늘날 우리가 일하며 사는 환경은 끊임없이 바쁘므로, 이런 일은 누리기 힘든 사치처럼 느껴질 수도 있다. 하지만 전혀 그렇지 않다. 하이퍼포커스 상태에 있다는 것은 덜 바쁘다는 것을 의

---

1 하이퍼포커스라는 용어는 ADHD 논문에서 유래했으며, 중요한 일이든 안 중요한 일이든 하나의 일에 주의력을 전부 쏟아붓는 상태를 묘사한다. ADHD를 앓고 있는 사람은 집중을 못 하는 것이 아니고 언제 집중할지를 통제하기 어려워하는 것이다. 내가 도입한 하이퍼포커스라는 용어는 극도로 집중한 상태를 가리키는 것은 비슷하지만, 의도적으로 주의를 집중한 상태를 말한다. 중요하지 않은 일에 집중하고 있다면 깊게 집중해 봐야 소용없다.

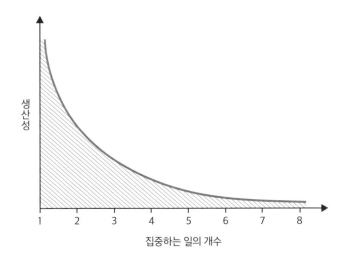

생산성 (y축)

집중하는 일의 개수 (x축)

미한다. 주의집중 영역에 더 적은 대상을 들여놓기 때문이다. 어떤 일을 할지 미리 고르면 현재 중요한 일에 집중하게 된다. 이 선택은 우리가 사는 지식 노동 환경에서 전에 없이 중요한 일인데, 모든 일이 동등하지는 않기 때문이다. 1시간 동안 하이퍼포커스에 머무르면 온종일 여러 가지 일, 그것도 주로 의도적이지 않은 일로 주의집중 영역을 꽉 채워서 지낼 때보다 더 많이 성취할 것이다. 직관에는 어긋나지만, 꼭 필요한 조언을 하자면 이렇다. 시간을 들여야 할 곳이 많을수록 시작하기 전에 어떤 일에 집중할 것이고 몇 가지 일에 주의를 기울일지 선택해야 한다. 너무 바빠서 하이퍼포커스에 못 들어갈 때란 없다.

가장 중요한 일을 할 때는 집중하는 일의 수가 적을수록, 더 생산성이 높아진다.

하이퍼포커스 상태를
효과적으로 활용하는 법

하이퍼포커스에서 나타나는 가장 중요한 특징은 주의집중 영역에 생산적이거나 의미 있는 일이 단 하나만 있다는 것이다. 이것은 단연코 타협할 수 없는 사항이다. 그 이유는 이렇다. 가장 중요한 업무와 과제를 잘 수행하려면 남는 주의력을 전부 동원해야 한다. 습관이라면 주의집중 영역을 가득 채우지는 않지만, 중요한 일들은 대부분 습관적인 일이 아니다.

습관적인 일을 할 때 하이퍼포커스로 들어갈 수 없다는 말은 아니다. 주의를 기울이기에 너무 사소한 일이란 없다. 열심히 노력한다면 페인트가 마르는 것을 지켜보는 것에도 완전히 집중할 수 있을 것이다. 하지만 하이퍼포커스라는 정신적 상태는 습관보다는 복잡한 일을 위해 남겨두는 편이 가장 좋다. 여기에는 2가지 이유가 있다.

첫째, 우리가 하루를 무사히 보내기 위해 발휘할 수 있는 정신력과 의지력에는 한계가 있다. 하이퍼포커스로 들어가려면 그 한도 내에서 정신력과 의지력을 추출해 사용해야 한다. 단순한 일은 주의집중 영역을 아주 조금 차지하기 때문에 하이퍼포커스 상태로 들어갈 필요가 없다.

둘째, 복잡한 일을 하는 동안에는 더 온전히 집중할수록 이익을 본다. 그러나 단순한 일을 하는 동안에는 주의를 완벽히 집중하면 실제로 손해를 본다.

예를 들어 자신이 걷는 모습을 다른 사람이 지켜보고 있다고 알아차려서 완벽하게 걸으려 집중한다고 가정해 보자. 아마 그 즉시 로봇처럼 움직이기 시작하고, 팔다리를 마구 휘두르며 보도 위를 오가는 것처럼 느낄 것이다. 결국 제대로 걷지 못하게 될 것이다.[2]

볼링 경기가 잘 풀렸을 때를 생각해 보자. 왜 평소보다 점수가 잘 나오는지, 본인이 정확히 무엇을 잘하고 있는지 고민하기 시작하지 않았는가? 그 고민을 하면서부터 상대편이 앞서기 시작해 결국 역전당했을 것이다.

여러분은 머릿속에 여러 생각이 가득 차게 되자 평소 습관적으로 하던 일에 주의를 기울이게 되었고, 결국 결과가 나빠졌을 것이다. 능숙하게 타자기를 치는 사람을 분석한 연구에서도 이 같은 현상이 나타났다. 더 주의를 기울여서 타자를 칠수록 속도가 느려지고 실수가 잦아졌다. 습관적인 일을 할 때는 오히려 완전히 집중하지 않는 게 더 좋다.

더 복잡한 일, 예를 들어 보고서를 쓰거나, 면밀하게 팀의 1년 예산을 짜거나, 사랑하는 사람과 의미 있는 대화를 나누는 일처럼 온전히 주의를 기울였을 때 이로운 일을 하이퍼포커스를 통해 수행하자.

그럼 놀라운 일들이 일어난다. 우선, 하나의 일에 집중하기 때

---

2 이런 결과는 부분적으로는 심리학계에서 말하는 조명효과spotlight effect에서 기인한다. 조명효과는 실제로는 전혀 그렇지 않음에도 모든 사람이 자기를 주시하고 있다고 생각할 때 발생한다.

문에 주의집중 영역에 여유가 생겨 본래의 의도를 계속 의식할 수 있을 것이다. 그 결과, 주의를 빼앗기거나 집중에 방해를 받아 탈선할 가능성이 적다. 선로를 이탈할 조짐을 인지할 수 있을 만큼 현 상태를 충분히 의식하고 있기 때문이다.

또 중요한 점은 일하면서 그 일에 관해 깊게 생각해 볼 수도 있게 되었다는 것이다. 하이퍼포커스를 습관으로 만들면 더 많이 배우고 기억할 수 있으며, 마음이 방황하다가도 다시 궤도로 돌아올 수 있고, 문제를 해결하면서 대안적 접근법을 고려할 수 있다. 이 모든 효과 덕분에 일을 완료하는 데 엄청난 시간을 아낄 것이다. 더 빠르게 많이 일하는 매우 좋은 방법은 중요하지 않은 일에 집중하지 않는 것이다.

하이퍼포커스의 4단계

여러분은 언제나 외부 환경과 머릿속에 든 생각 모두에 집중하고 있다. 오직 외부 환경에만 신경을 쓰고 있다는 것은 사실상 자동 조종 상태로 살고 있다는 뜻이다. 교통 신호가 바뀌길 기다리거나, 스마트폰으로 같은 애플리케이션을 번갈아 가며 실행하고 있을 때 이런 상태에 빠진다.

머릿속에 든 생각에만 신경을 쓰고 있을 때는 몽상에 빠져 있을 때다. 스마트폰 없이 가볍게 산책하거나, 샤워하면서 이런저런 생각에 젖거나, 조깅을 할 때 이런 일이 생긴다. 하이퍼포커스 상

태에서는 생각과 외부 환경 모두에 신경을 쓰면서 의도적으로 하나의 대상을 지향한다.[3]

하이퍼포커스 상태로 들어가는 법

과학적으로 볼 때 우리는 집중하기 시작하면서 4가지 단계를 거친다. 우선, 집중한다(생산적인 상태가 된다). 그 후 주의를 다른 데로 빼앗기거나 집중을 방해받지 않았을 때, 내적으로 마음이 방황하기 시작한다. 그리고 산만한 마음을 인식한다. 여기에는 시간이 좀 필요할 수도 있는데, 무엇이 우리의 주의집중 영역을 차지하고 있는지 자주 확인하지 않으면 더욱 그렇다(평균적으로 우리는 1시간에 다섯 번가량 마음이 방황한 사실을 인지한다). 마지막으로 처음 의도한 대상에 다시 집중한다.

하이퍼포커스의 4단계는 이 틀 안에서 만들어졌다. 하이퍼포커스로 들어가려면 다음 단계를 따라야 한다.

1. 생산적이거나 의미 있는 집중 대상을 고른다.

2. 우리 안팎에서 주의를 빼앗는 것들을 가능한 한 많이 제거한다.

---

3 미하이 칙센트미하이가 '몰입' 상태라고 불렀던, 현재 일에 완전히 열중하고 있으며 시간이 훨씬 빠르게 흐르는 상태에는 하이퍼포커스가 선행한다. 칙센트미하이가 설명했듯 이 상태에서의 우리는 다른 모든 것들은 중요하게 여기지 않는다. 하나에만 집중하는 것이 꼭 필요한 이유도 이 때문이다. 여러 일에 신경쓰지 않을 때, 몰입을 경험할 가능성은 기하급수적으로 올라간다. 우리는 하이퍼포커스를 거쳐 몰입에 이른다.

3. 선택한 대상에 집중한다.

4. 계속해서 그 대상에 다시 주의를 돌린다.

어디에 집중할지 목표를 정하는 것이 가장 중요한 단계다. 더 생산적이고 의미 있는 일을 하기로 마음먹을수록 그만큼 더 생산적이고 의미 있게 활동하게 된다. 예를 들어 신입사원을 교육하거나, 반복 작업을 자동화하거나, 신상품에 대한 기발한 아이디어를 떠올리는 데 집중하기로 결정했다면, 그저 자동조종 기능을 켜놓은 채 일하는 것보다 훨씬 생산적일 것이다.

같은 발상을 가정에도 적용할 수 있다. 집중 대상의 의미가 깊을수록 우리 삶도 의미가 더 깊어진다. 배우자와 대화를 나누겠다거나 가족과 함께 매우 즐겁게 식사하겠다는 단순한 목적을 설정하는 것만으로도 하이퍼포커스의 좋은 효과를 체험할 수 있다. 더 배우고 더 기억하고 더 신중하게 행동하며, 그 결과 더 의미 있는 삶을 살게 된다. 하이퍼포커스 상태에 도달하려면 이 첫 번째 단계가 꼭 필요하다. 집중하기에 앞서 의도가 꼭 있어야 한다.

하이퍼포커스에 도달하는 두 번째 단계는 우리 안팎에서 주의를 빼앗는 것들을 가능한 한 많이 제거하는 것이다. 주의가 흐트러지는 데는 당연한 이유가 있다. 현재 정말로 해야 하는 일보다 주의를 빼앗는 것들에 더 집중하고 싶기 때문이다. 직장에서나 가정에서나 마찬가지다. 컴퓨터 화면 한 귀퉁이에 뜨는 이메일 알림은 하고 있던 업무보다 더 구미가 당긴다. 술집에서 상대방 너머에 있는 텔레비전을 보는 것은 대화에 집중하는 것보다 유혹적이다.

주의를 빼앗는 것들은 미리 처리하는 게 훨씬 편하다. 그런 것들이 나타날 때쯤이면 이미 그에 맞서 우리 목적을 방어하기에는 너무 늦다. 집중하려고 하면 갑자기 떠오르는 생각, 때로는 민망하기까지 한 기억, 세금 계산이나 집 청소처럼 재미없는 일을 하기 싫은 마음, 집중하고 싶을 때마저도 산만한 마음 등을 비롯한 내부 방해 요인도 억눌러야 한다.

셋째, 하이퍼포커스에 들어가려면 주의를 기울이기로 선택한 대상에 미리 정해둔 시간 동안 집중해야 한다. 그러려면 편안하고 알맞은 정도로 시간을 정해야 한다. 하이퍼포커스의 첫 두 단계에서 기초 공사를 잘해둘수록 세 번째 단계를 확실하고 자신 있게 성취할 수 있다.

마지막으로, 하이퍼포커스에 도달하기 위해서는 마음이 방황할 때마다 원래 집중하던 대상으로 다시 주의를 돌리는 것이 필요하다. 나는 이 부분을 자주 반복해서 언급할 텐데, 이 책에서 가장 중요한 개념에 속하기 때문이다. 여기서도 연구 결과를 살펴보면, 우리 마음은 하루 중 47%를 방황하며 보낸다. 다시 말해 우리가 18시간을 깨어 있다면 우리가 흘려보내는 시간은 10시간이다. 마음이 산만한 것은 정상이지만, 중요한 점은 마음을 모아서 실제로 당면한 문제에 시간을 쓰고 집중하는 것이다.

게다가 주의가 흐트러지거나 방해받으면 다시 일을 재개하는 데 평균 23분이 걸린다. 스스로 방해하거나 주의를 흐트러뜨렸다면 훨씬 더 심각하다. 이럴 때는 하던 일을 다시 시작하기까지 29분이 걸린다. 이때 무엇이 주의집중 영역을 차지하고 있는지 더 자주 의식할수록 더 빨리 궤도로 돌아올 수 있다. 여기에 대해서는 지금 너무 신경 쓰지 않아도 된다. 책 후반부에서 자세한 내용을 다룰 예정이다.

하이퍼포커스라는 개념은 단순한 문장 하나로 요약할 수 있다. 중요하고 복잡한 집중 대상을 하나만 골라서 의식하며 일하라.

집중 대상 고르기

목적 없이 집중하면 에너지만 낭비한다. 집중하기에 앞서 늘 목적을 정해야 한다. 사실 이 두 개념은 완벽하게 짝을 이룬다. 목적이 생기면 시간을 어떻게 보내야 하는지 결정할 수 있고 주의를 집중하면 그 일을 효율적으로 끝낼 수 있다.

생산성을 높이는 가장 좋은 방법은 일을 시작하기 전에 무엇을 성취하고 싶은지 결정하는 것이다. 목적을 정할 때는 모든 일이 똑같지 않다는 점을 꼭 기억해야 한다. 어떤 일을 할 때는 매 순간 엄청난 양을 성취할 수도 있다. 그 예로는 시간을 따로 내서 그날 성취하고 싶은 일 계획하기, 한 달 전에 팀에 합류한 신입사원 교육하기, 수년 전부터 결심하고 있던 책 집필하기 등과 같은 것들이 있다. 이런 일은 1장에서 언급했던 '필요한 일'과 '목적이 있는 일' 칸에 속한다. 이 칸에 속한 일을 영양가 없는 회의에 참석하거나, 소셜 미디어에 새로 뜬 글을 찾아 읽거나, 새 이메일이 오지는 않았는지 반복해서 확인하는 일처럼 불필요하고 주의를 빼앗는 일과 비교하면 어느 쪽이 더 생산적인지 쉽게 알 수 있다.

어떤 일에 시간을 보낼지 선택하지 않으면 자동조종 상태에 빠지게 된다. 자동조종 기능을 켠 채로는 '그럭저럭' 살 수 없다는 말은 아니다. 살면서 부딪히는 일에 아주 잘 반응한다면, 대부분의 상황에서 자동조종 상태로도 적응할 수 있으며 어쩌면 직장을 잃지 않을 만큼은 생산적일 수도 있다. 하지만 자동조종 상태로 지내면 일을 의미 있는 방향으로 진척시킬 수 없다. 나는 여러분이 그저 이메일과 대화, 메신저 글을 이리저리 전달하는 역할만 하면서 월급을 받고 있지는 않으리라 믿는다. 눈앞에 나타난 예기치 못한 요구에 대답하는 일도 필요하니 말이다. 가능하다면 능동적으로 어디에 집중하며 시간을 보낼지 선택해야 한다.

아직 시도하지 않았다면, 지금이 1장 마지막 부분의 2×2표를 정리하기에 좋은 시기다. 한 달 동안 해야 할 일을 생산적인지 비생산적인지, 또는 매력적인지 매력적이지 않은지에 따라서 분류하자. 얄궂게도 사무실이라는 참호에서 사투를 벌이고 있을 때는 생산성에 투자하기가 거의 불가능하다. 회의, 이메일 답장, 업무 마감 등을 포함해서 해야 할 일이 너무 많기 때문이다. 이런 이유로 볼 때 생산성을 높이는 가장 좋은 전략은 한 걸음 물러나 일과 거리를 둠으로써 그 일에 어떻게 접근해야 할지 비판적으로 생각할 정신적 여유를 갖는 것이다. 그렇게 하면 일을 다시 시작했을 때 단순히 더 열심히만 하는 게 아니라 더 영리하게 할 수 있다. 여러분의 일을 4가지로 분류하는 일 또한 이렇게 '한 걸음 물러나는' 활동임을 알아두자. 특히 바로 다음 장으로 넘어가기 전인 지금이 그 활동을 하기에 가장 좋은 시기이다. 많은 시간을 투자할 필요도 없다. 5분에서 10분이면 될 것이다.

지난 수년 동안 집중력과 목표에 관해 연구하면서, 나는 매일 목표를 정하는 나만의 의식을 개발했다. 여기 내가 가장 좋아하는 방식 3개가 있다.

■ 3의 규칙

매일 하루를 시작할 때, 그 날이 저물 때까지 성취하고 싶은 일 3개를 골라라. 할 일 목록은 세세한 일과를 담기에 유용하지만, 이 세 자리는 가장 중요한 일을 위해 남겨둬야 한다.

나는 마이크로소프트의 디지털 변환digital transformation 책임자 J.D. 마이어J.D. Meier를 만난 이후부터 수년간 아침마다 이 작은 의식을 치렀다. 3의 규칙은 믿을 수 없이 간단하다. 매일 아침 주요 목표를 3개 고르기만 하면 몇 가지 일을 성취할 수 있다. 이때 여러분은 중요한 것을 고르려고 하지만 안 중요한 것을 고르기도 하는데, 이 규칙에는 3가지라는 제약이 있으므로 무엇이 정말로 중요한지 알아내야 한다. 또 이 규칙은 하루 동안 받는 제약 내에서 유동적이다. 달력에 각종 회의 일정이 가득하다면 그 약속들 때문에 중요한 일을 못 할 수 있지만, 약속이 없는 날에는 더 중요하고 덜 급한 일을 성취하기로 목표를 정할 수 있다. 예기치 못한 업무와 과제가 생기면 새로운 임무를 이미 정해놓은 목표와 비교하여 검토할 수 있다. 3가지 정도의 일은 주의집중 영역에 수월하게 들어가기 때문에 상대적으로 쉽게 처음의 목표를 떠올리고 기억할 수 있다.

여러분이 볼 수 있는 곳에 3가지 목표를 적어두자. 나는 이것을 사무실에 있는 큰 화이트보드에 적어두거나, 출장 중이라면 메모 애플리케이션의 맨 위에 넣어서 모든 기기와 동기화시킨다. 이렇게 하면 주 단위로도 3가지를 정하기 편하고, '식사할 때는 일 생각 안 하기, 퇴근하고 집에 오기 전에 운동하러 가기, 세금 정산용 영수증 모으기'처럼 매일 개인적으로 의도하는 일 3가지를 정하기에도 좋을 것이다.

세미나에 참여하고 있을 때처럼 이미 일정이 정해진 날에는 어디에 집중하고 어떻게 시간을 보낼지 결정할 수 없을 것이다. 하지만 할 일을 대하는 자세는 바꿀 수 있다. 예를 들어 '세미나 참가하기'라는 목적 대신 '칵테일이 준비된 코너에서 새로운 사람 5명 사귀기'를 선택할 수 있다.

② 가장 중대한 일

내가 목표를 정할 때 따르는 두 번째 의식은 할 일 목록에서 어떤 항목이 가장 중대한지 생각하는 것이다.

할 일 목록을 작성하는 습관(나는 이 습관을 기르길 강력하게 추천하며, 이 일이 얼마나 강한 힘을 발휘하는지 나중에 책에서도 다룰 예정이다)이 있다면 각 일을 했을 때 얻을 결과에 관해 잠시 생각해 보자. 목록에서 가장 중요한 일은 성과를 가장 크게 내는 일이다.

목록에 있는 일을 하는 데 시간을 쓰면 이 세상에 혹은 여러분의 직장이나 삶에 어떤 변화가 생길까? 어떤 일은 도미노 조각 100개를 세워놓은 줄과 같아서, 하나가 넘어지면 연쇄 작용을 일으키며 대단한 성과를 얻게 해줄지도 모른다.

무슨 일을 할지 결정할 때, 어떤 활동이 초래하는 즉각적인 결과뿐 아니라 2차, 3차 결과까지 고려하는 방법도 있다. 예를 들어 디저트로 케이크를 주문할지 고민 중이라고 하자. 케이크를 주문한다면 당장은 케이크를 맛있게 먹을 것이다. 하지만 2차, 3차 결과는 꽤 뼈아플 것이다. 2차 결과로 칼로리를 너무 많이 섭취했다는 죄책감을 느낄지도 모른다. 3차 결과로는 몸무게가 늘거나 새 다이어트 식단을 짜야 하는 일 등이 있을 것이다.

결과를 고려해 할 일을 정한다는 것은 적극 활용할 수 있는 발상이다. 가장 중요한 일은 보통 가장 급하거나 효율적이라고 느껴지지 않기 때문이다. 신입사원을 위해 지침서를 작성하는 일은 당장 이메일 수십 통에 답장하는 일보다 덜 가치 있어 보일 수도 있다. 하지만, 그 지침서 덕분에 신입사원이 더 빨리 업무에 적응하고, 더 환영받는 느낌을 받고, 더 생산적으로 일한다면 지침서 작성은 할 일 목록 중에 필시 가장 중대한 일일 것이다. 다른 중대한 일로는 귀찮고 반복되는 일 자동화하기, 애플리케이션을 개발하기 위해 작업 절차를 설계하는 데 집중하기, 직장 내 멘토 프로그램을 만들어서 직원끼리 쉽게 지식을 공유하게 하기 등을 예로 들 수 있을 것이다.

할 일 목록에 너무 많은 일을 담았다면 자문해 보자. 가장 중요한 일은 무엇인가? 이 작업은 일을 4가지 유형으로 분류하는 일과 함께하면 더 효과적이다. 필요한 일, 목적이 있는 일, 주의를 빼앗는 일, 불필요한 일로 구성된 4개의 칸에 일을 분류해서 담았다면, 다시 자문해 보자. 필요한 일과 목적이 있는 일 중에서 어떤 일이 더 크고 많은 영향을 끼치는가?

❸ 매시 울리는 자각의 종

매일 3가지 목적을 정하고 가장 중대한 일을 우선 처리하면 매일, 매주 더 의식적으로 살 수 있다. 하지만 매 순간 의식적으로 일하고 있는지 어떻게 확신할 수 있을까?

생산성을 고려할 때 이런 의식을 하는 순간은 시험의 시간이다. 목표와 목적을 달성하는 방향으로 행동하며 하루를 보내지 않는다면 목표를 설정해 봐야 의미가 없다.

내가 의도에 벗어나지 않고 제 궤도에 머무르고 있음을 확인할 때 가장 좋아하는 방법이 있다. 무엇이 내 주의집중 영역을 차지하고 있는지, 즉 내가 중요한 일에 집중하고 있는지 아니면 자동조종 상태에 빠졌는지 자주 확인하는 것이다. 그렇게 하려고 나는 알람을 맞춰 1시간마다 자각의 종이 울리게 한다.

하이퍼포커스에서 가장 중요한 점은 생각이 표류하거나, 다른 이상한 일을 하고 있다고 인지했을 때 자신을 너무 엄격하게 대하지 않는 것이다. 마음은 방황하기 마련이니 어떻게 하면 그때를 기회로 삼아서 자신의 기분을 파악하고 다음 일을 계획할 수 있을지 생각하자.

연구를 통해 드러난 바에 따르면, 우리는 보상이 따를 때 방황하는 마음을 더 잘 인지한다. 주의를 빼앗는 것을 1~2가지 줄이고 하루에 목표를 1~2개만이라도 설정하면 대부분 사람보다 더 높은 성과를 낼 것이다. 내 경우와 비슷하다면 여러분은 처음 1시간마다 자각의 종이 울릴 때 대부분 중대한 일을 하지 않고 있을 것이다. 그래도 괜찮다. 예상했던 결과다.

중요한 점은 무엇이 주의집중 영역을 차지하고 있는지 규칙적으로 확인한다는 점이다. 스마트폰이나 스마트 워치, 다른 기기가 매시간 울리도록 설정하자. 그러면 온종일 가장 생산적으로 방해를 받을 것이다.

매시간 종이 울리면 이렇게 자문해 보자.

- 자각의 종이 울렸을 때 산만한 상태였나?
- 자동조종 상태로 일하고 있었나? 아니면 선택한 일을 하고 있었나?

(훗날 이 질문에 더 나은 답을 내놓으면 무척 뿌듯할 것이다.)

• 생산적인 일에 열중하고 있었나? 그럼 얼마나 오래 집중하고 있었나?

(꽤나 오래, 제대로 집중하고 있다면 자각의 종 때문에 실수하지 말고 하던 일

을 계속 이어가자.)

• 지금 할 수 있는 가장 중대한 일은 무엇인가? 그 일을 하고 있는가?

• 주의집중 영역이 얼마나 차 있는가? 넘치거나 여유가 있는가?

• 주의를 흐트러뜨려서 하이퍼포커스 상태로 일하지 못하게 방해하는

요인이 있는가?

모든 질문에 답할 필요는 없다. 가장 유익하다고 생각하는, 중요한 일에 다시 집중하게 해줄 질문을 2~3개만 고르자. 이 일을 매시간 하면 3가지 측면에서 집중의 질이 높아진다. 먼저 주의가 산만해질 조짐을 발견하고 예방함으로써 더 오래 집중할 수 있다. 또, 마음이 방황하는 것을 더 자주 인지하고 다시 집중할 수 있다. 마지막으로 시간이 흐를수록 더 오래 의도적으로 일하며 하루를 보낼 수 있다.

이 작업을 시작하면 처음에는 아마 그리 잘하지 못할 것이다. 자동조종 상태로 일하며 불필요하거나 주의를 빼앗는 일에 시간을 쓰고 있는 본인의 산만한 모습을 자주 발견할 것이다. 괜찮다! 그럴 때면 더 생산적인 일로 작업 방향을 조정하고 그 순간에 집중을 방해하는 요소를 억누르자. 어떤 것이 계속 주의를 빼앗고 있다는 생각이 든다면 그것을 처리할 계획을 만들자(여기에 대해서는 다음 장에서 다룰 것이다).

이번 주 근무일 중에 하루를 골라서 매시간 자각의 종이 울리도록 해보자. 처음에는 성가시기도 하겠지만 하다 보면 가치 있는 새로운 습관이 생길 것이다. 자각의 종이라는 방법이 싫다면, 주변 환경에 있는 몇몇 신호를 이용해서 주의집중 영역에 무엇이 들어 있는지 생각해 볼 만한 계기를 마련하자. 나는 매시간 울리는 자각의 종을 더는 이용하지 않지만, 연습하기에 가장 유용한 방법이라고 생각한다. 오늘 나는 미리 정해둔 몇몇 시점에 내가 무슨 일을 했는지 의식했다. 화장실에 갈 때나 물이나 차를 가지러 책상을 떠날 때, 그리고 핸드폰이 울릴 때 말이다(나는 전화가 몇 번 울리는 동안 내 주의집중 영역에 무엇이 있는지 생각한 다음 전화를 받았다).

더 강한 목표를 설정하는 법

지난 수십 년 동안 피터 골위처Peter Gollwitzer는 '목표' 분야에서 무척 명망 높은 기고가였다. 그가 했던 가장 유명하고 획기적인 연구는 목표를 정하는 것뿐 아니라, 이를 아주 구체적으로 정하는 것이 얼마나 중요한가에 관한 연구였다. 우리는 종종 목표를 애매하게 설정하는데, 목표를 구체적으로 잡으면 전반적인 성공 확률을 크게 높일 수 있다.

예를 들어 오늘 아침에 하루의 목표를 급히 정하면서 이런 목록을 만들었다고 하자.

1. 헬스장 가기
2. 집에 오면 그만 일하기
3. 적당한 시간에 잠자리에 들기

나는 일부러 목표를 이렇게 모호하게 정했는데, 어떻게 하면 이것들을 더 구체적이고 지속 가능하게 만들 수 있을까?

첫째, 얼마큼 효과를 발휘할지 생각해 보는 것이 좋다. 분명 목표가 없는 것보다는 효과가 있다고 증명될 것이다. 실제로 골위처가 했던 연구에 따르면, 이렇게 모호한 목표조차 일을 성공적으로 실천할 확률을 20~30%가량 높이는 것으로 나타났다. 그러니 운이 좋다면 목록에서 1~2가지 일을 더 완수할 수 있을 것이다. 나쁘지 않은 셈이다!

그런데 더 나아가 구체적으로 목표를 설정하면 놀라운 일이 벌어진다. 성공 확률이 훨씬 높아지기 때문이다. 골위처와 동료 연구자 베로니카 브란트슈테터Veronika Brandstätter는 한 연구에서 참가자들에게 요청했다. '기말 리포트 완성하기나 새 아파트 구하기, 연인과의 갈등 해결하기 등과 같이 어려운 목표를 크리스마스 휴가 기간까지 달성해야겠다고 결심해 보라'고 말이다.

어떤 참가자는 목표를 모호하게 설정했고 다른 학생은 골위처가 '실행 의도implementation intention'라고 부르는 대로 목표를 설정했다. 골위처는 실행 의도에 관해 이렇게 설명한다. '무엇을 어떻게 성취하고 싶은지 아주 자세히 계획하자. 목표에는 계획이 필요하며 이상적인 계획은 언제, 어디서, 어떻게 행동하여 목표에 다가가려는가를 포함해야 한다.' 다시 말해, 학생이 설정했던 애매한 목표가 '크리스마스 휴가 동안 아파트 구하기'라면, 실행 의도는 '온라인 벼룩시장에서 아파트를 찾아보고 크리스마스보다 몇 주 앞서 집주인 3명에게 연락하기'가 될 것이다.

골위처와 브란트슈테터가 두 참가자 집단을 비교하자 흥미로운 결과가 나왔다. 놀랍게도 실행 의도를 구체적으로 정했던 학생 중에서는 62%가 목표를 달성했다. 실행 의도를 설정하지 않았던 학생들은 성과가 훨씬 저조했는데, 같은 기간 동안 원래 의도를 달성한 빈도가 전자의 약 3분의 1, 겨우 22% 정도였다. 후속 연구에서 더 확실하게 입증됐던 이 결과는 긍정적인 의미로 충격적이다. 이처럼 구체적으로 목적을 정하면 성공 확률을 두세 배 높일 수 있다.

이 결과를 염두에 두고, 내가 제시했던 애매한 목표 3개를 속히 실행 의도로 바꿔보자.

1. '헬스장 가기'는 '점심시간에 헬스장 가기'로 바꾼다.
2. '집에 오면 그만 일하기'는 '업무용 스마트폰을 비행기 모드로 바꾸고 노트북은 다른 방에 둔 채 저녁 시간 동안 업무 관련 연락은 받지 않기'로 재구성할 수 있다.
3. '적당한 시간에 잠자리에 들기'는 '알람을 오후 10시로 설정하고 알람이 울리면 몸과 마음을 편안하게 이완하기'로 바꾼다.

실행 의도는 습관과 상당히 유사한 방식으로 힘을 발휘한다.

습관적인 일은 시작만 하면 뇌가 나머지 과정을 거의 자동조종 상태로 시행한다. 실행 의도에 맞춰서 행동 방침을 정했다면 점심시간이 되거나, 직장에서 힘든 하루를 보내고 집에 오거나, 잠자리 알람이 울리는 등 주변에서 신호가 왔을 때 반쯤 무의식적으로 목표를 달성하기 위해 행동하기 시작한다. 의도대로 실천하는 데 노력이 거의 들지 않는다. 골위처와 브란트슈테터가 말하길 '개시 행동은 점차 신속하고 효율적으로 되며, 의식적으로 전념할 필요도 없어진다.' 다시 말하면, 우리는 자동으로 원래 목표를 향해가기 시작한다.

골위처가 내게 말해주길 목표는 아주 자세할 필요가 없으며, 본인이 이해하고 상황에 따른 신호를 알아볼 정도로만 구체적이면 된다. 테니스 선수를 대상으로 진행했던 연구에서 선수들은 경기 도중 발생할지도 모르는 문제에 어떻게 대응하고 싶은지 계획을 세웠다. 일부 선수는 '초조해지면' 또는 '불안해지면'과 같은 식으로 조건을 붙였다. 이 조건은 그리 구체적이거나 견고해 보이지 않았음에도 훌륭하게 효과를 발휘했는데, 선수들은 본인이 어떤 의미에서 '불안'하다고 느끼는지 알고 있었기 때문이다. 구체적이라는 것은 중요한 상황을 알아볼 수 있다는 의미다.

구체적으로 목표를 정할 때 특히 주의해야 할 점이 2개 있다. 첫째, 목표에 신경을 써야 한다. 목표에 특별히 관심이 없거나 목표를 오래전에 포기했다면 실행 의도도 거의 작동하지 않는다. 만약 1990년대에 애완용 로봇을 세계에서 가장 많이 수집하겠다는 목표를 세웠다면, 지금 세운 목표보다 성취 욕구가 낮을 것이다.

둘째, 쉽게 이룰 수 있는 목표는 구체적으로 정할 필요가 없다. 업무가 어렵다면 언제 착수할지 결정하는 일이 단순한 일을 하려고 할 때보다 훨씬 중요하다. 주말 동안 그저 한 번 이상 헬스장에 가려고 생각 중이라면 언제 갈지 아주 확고하게 결심할 필요가 없다. 그러나 일요일에 식당에서 디저트를 먹지 않는 일처럼 더 도전적인 일을 성취하고자 노력 중이라면 꼭 더 구체적으로 목적을 정해야 한다. 목표가 모호할 때는 계획을 세움으로써 더 구체적으로 만들 수 있는데, 디저트 메뉴를 받으면 정중하게 거절하고 디카페인 커피를 대신 마시기로 계획하면 된다.

목표가 어려울 때나 너무 많아서 전부 이루기가 힘들 때는 계획을 세우는 것이 특히 도움이 된다.

하이퍼포커스 시작하기

다음 장은 우리 안팎에서 주의를 빼앗으며 기어코 하이퍼포커스를 벗어나게 만드는 것들을 억누르는 데 초점을 맞추고 있다. 하지만 그에 대해 논의하기 전에, 하이퍼포커스 상태에서 목표를 추구할 수 있는 몇 가지 간단한 전략을 알리려고 한다. 나중에 주의를 빼앗는 것들을 억제하는 방법을 배우면 이 전략은 훨씬 더 강력한 힘을 발휘할 것이다.

우선 어떻게 집중하는지에 대해서 이야기한 다음, 언제 집중해야 하는지에 대해서도 알아보자. 둘 다 상당히 간단하다.

얼마나 오래 하이퍼포커스를 유지할지 '신중하게' 정하자

하이퍼포커스로 들어가기 전에 자신과 대화를 나눠보자. 어렵거나 실패하기 쉬운 일, 체계가 없는 막막한 일에 착수해야 할 때라면 더더욱 말이다.

예를 들면 이렇다.

나는 1시간 동안 편하게 집중할 수 있나? 말도 안 된다.

그렇다면 45분은? 낫긴 하지만 여전히 아니다.

30분은? 그 정도면 할 만하지만, 그래도….

그럼 25분은 어떤가? 그만큼은 할 수 있을 것 같다.

시간이 흐를수록 하이퍼포커스에 머물 수 있는 최대 시간이 늘어나는 경험을 하면 놀랍도록 보람이 있다. 스스로 채찍질해 보자. 단, 너무 심하지는 않게. 내가 처음 하이퍼포커스로 들어가는 연습을 할 때, 15분씩부터 시작했고 한 번 끝날 때마다 5~10분씩 머리를 식히며 쉬었다. 온종일 하이퍼포커스 상태로 있기는 힘들 것이고, 자극적이며 주의를 빼앗는 몇몇 일은 늘 재미있게 느껴질 것이다. 처음엔 더욱 그럴 것이다. 그래도 머지않아 다른 데 주의를 덜 빼앗기며 일하게 될 것이다.

앞으로 등장할 방해물을 예상하자

나는 앞으로 며칠 동안 바쁘리라는 걸 알면, 주초에 하이퍼포커스 기간을 계획하길 좋아한다. 그 주에 내가 중요한 일에 집중하는 데 사용할 시간을 몇 덩이 떼어놓는 것이다. 나는 이런 방법으로 하이퍼포커스에 머무를 시간을 얻으며, 막바지 작업에 휩쓸려 중요한 문제를 해결하지 않는다. 이렇게 계획을 짜두면 내 동료나 비서는 이 시간 동안 나와의 약속을 잡지 않으며, 나도 언제 집중해야 할지 기억할 수 있다. 몇 분을 들여서 사전 계획을 세워두면 수 시간을 낭비하지 않을 수 있다.

시간을 맞춰두자

나는 대개 스마트폰을 이용하는데, 스마트폰이 얼마나 주의를 흐트러뜨리는지를 고려하면 얄궂을 수도 있다. 스마트폰이 집중력을 빨아들이는 블랙홀이 될 것 같다면, 비행기 모드로 돌려놓거나 시계를 비롯한 다른 타이머를 사용하자.

하이퍼포커스 상태로 돌입하기

마음이 방황하거나 정신이 산만하다고 느낀다면 원래 의도했던 곳으로 빠르게 주의를 돌리자. 다시 말하지만 이런 일이 일어났다고 해서 자신에게 너무 가혹하게 대하지는 말자. 두뇌 회로는 원래 이렇게 작동하도록 얽혀 있으니 말이다. 일에 몰두하느라 타이머가 울리는 데도 그대로 더 있고 싶다면 멈추지 마라.

이상 하이퍼포커스를 시작하는 방법을 다뤘다. 이제부터는 하이퍼포커스로 들어갈 시점을 결정할 때 도움이 됐던 몇 가지 제안을 할 것이다.

할 수 있는 한 언제든

사소한 일을 하는 시간도 당연히 필요하지만, 하이퍼포커스 상태에 오래 머물수록 더 좋다. 업무상 허락되고 개인적으로 편안하게 느끼는 한도 내에서 최대한 많은 시간을 하이퍼포커스에 할당해야 한다. 우리는 의미 있는 일을 한 번에 하나씩 할 때 가장 생산적이며 행복하므로, 할 수 있는 한 오래 이 상태로 시간을 보내지 않을 이유가 없다. 중요한 업무나 과제를 해야 하고 작업할 수 있는 도구가 있다면, 하이퍼포커스 상태로 들어갈 기회를 그냥 보내지 말자. 생산성을 크게 놓칠지도 모른다. 직업 특성상 협업을 많이 한다면 동료가 필요로 할 때 협력해야 한다. 그러나 혼자서 할 수 있는 일을 하고 있다면 하이퍼포커스 상태로 들어가기에 완벽한 시기다.

업무상 제약받지 않을 때

우리 중 대다수는 원할 때마다 하이퍼포커스로 들어가는 사치를 누리지 못한다. 그런데 종종 제약을 이해하는 과정을 통해 생산성을 얻기도 한다. 대부분의 날에는 하이퍼포커스에 머무를 기회를 조금밖에 찾지 못할 것이고, 어떤 날에는 전혀 불가능할 것이다. 나는 특히 출장 중이거나, 세미나에 참석하고 있거나, 힘든 회의가 잔뜩 있는 날에 후자를 경험했다. 시간 및 에너지 제약을 확실하게 계산하자. 그리고 가능하다면 이런 방해물을 피해서 일주일 동안 하이퍼포커스로 들어갈 시간을 따져보자.

복잡한 업무를 처리해야 할 때

나는 시간 계획을 달력에 집어넣으면서 하이퍼포커스로 들어가기 시작했지만, 이제는 완전히 주의를 기울여야 하는 복잡한 업무나 과제를 처리할 때마다 하이퍼포커스로 들어간다. 단순히 이메일을 확인할 때는 하이퍼포커스로 들어가고자 마음먹지 않을 테지만, 글을 쓰거나 강연을 준비하거나 중요한 회의에 참석하고 있을 때는 언제나 하이퍼포커스 상태에 머무른다.

성취해야 하는 대상이 얼마나 싫은지에 따라

업무나 과제가 더 싫을수록 주의를 빼앗는 것들을 미리 제압하는 게 중요하다. 지루하거나, 실패하기 쉽거나, 어렵거나, 모호하거나, 체계가 없는 일이나, 보람이나 의미가 없다고 느끼는 일은 미루게 될 공산이 크다. 실제로 미루고 있는 일을 떠올려 보면 이런 성격을 띠고 있는 경우가 대부분일 것이다. 하기 싫은 일일수록 하이퍼포커스 상태로 들어가는 것이 더 중요하다. 의도적으로 그 일을 할 수 있기 때문이다.

집중력 쌓기

앞으로 나올 장에서는 집중력을 개발하는 도구들에 대한 조언과 제안을 여러분들에게 제공하고자 한다. 나중에 알게 되겠지만 하이퍼포커스에 머무는 능력은 몇 가지 요인에 따라서 달라지는데,

전부 집중의 질에 영향을 주는 것들이다. 그 요인을 살펴보도록
하자.

- 주의를 기울일 만한 새롭고 신선한 대상을 찾는 빈도
- 주의집중 영역에 습관적으로 과부하를 거는 빈도
- 방해받거나 주의가 산만해져 집중이 흐트러지는 빈도
- 염두에 두고 있는 업무, 약속, 아이디어, 미해결된 문제의 양
- 상위 자각(무엇이 주의집중 영역을 차지하고 있는지 확인하는 일)을 실천하
  는 빈도

나중에 논의하겠지만, 기분이나 식단까지도 하이퍼포커스 상
태에 영향을 줄 수 있다. 그 외에도 여러 가지 이유가 있다. 따라
서 모든 사람은 저마다 다른 시작점에서 출발하여 하이퍼포커스
에 들어간다.

내가 주의력을 잘 관리할 방법에 관한 연구를 처음 조사하기
시작했을 때, 나는 겨우 몇 분 집중하고 나면 산만해지곤 했다. 이
런 상황은 우리가 끊임없이 새로운 대상을 찾아 주의를 기울이는
산만한 환경에서 일할 때 자주 벌어진다.

연구 결과를 실험해 보면서 나는 하이퍼포커스에 머무는 시간
을 꾸준히 늘릴 수 있었고, 정신을 분산시키는 것들이 더 적은 상
태에서 일하기에 점차 익숙해졌다.

나는 오늘 세 번째로 했던 45분짜리 하이퍼포커스 시간을 마
치며 여러분이 지금 읽고 있는 이 문장을 썼다. 하이퍼포커스 덕

분에 약 2시간 동안 정확히 2286개의 단어를 쓸 수 있었다(이것도 생산성에 관한 책을 쓰면서 겪는 재미있는 일이다. 책을 쓸 때 자기가 선택한 방법을 사용해 봄으로써 그 효과를 검증할 수 있기 때문이다). 하이퍼포커스는 세 번째가 마지막이었으며 각 시간 사이에 밀린 이메일을 처리하고, 소셜 미디어를 즐겁게 확인하고, 동료 1~2명과 짧게 수다를 떨었다.

지난 45분 동안 내가 무척 생산적일 수 있던 이유는 이 글을 쓰는 일 하나에만 집중했기 때문이다. 여러분도 마찬가지 효과를 경험하길 바란다.

우리는 여러 가지 '일'을 하려고
스마트폰을 장만하는데,
어쩌면 우리가 그 어떤 제품보다
더 많은 일을 할 것이다.

4

주의력 도둑 잡기

40초

나는 이 책을 쓰는 동안 매력적인 전문가 2명과 대화할 기회가 있었다. 우선 글로리아 마크Gloria Mark는 어바인Irvine에 있는 캘리포니아대학의 정보과학 교수이며, 주의력과 멀티태스킹 분야에서는 아마 세계에서 가장 뛰어난 전문가일 것이다. 마크는 나사NASA뿐 아니라 보잉, 인텔, IBM, 마이크로소프트 같은 회사들과도 제휴를 맺고 주의력에 관한 연구를 수행했다.

다음으로 메리 체르윈스키Mary Czerwinski는 마이크로소프트의 수석 연구원이며, 사람과 컴퓨터가 어떻게 상호 작용하는지를 연구하는 뛰어난 전문가이다.[1] 체르윈스키가 했던 연구는 그녀가 나

---

[1] 마이크로소프트는 놀라울 정도로 많은 연구를 하고 있는데, 이 책을 쓰고 있는 시점에도 연구와 논문을 담당하는 상근 직원을 2000명 넘게 고용하고 있다.

와 나눴던 대화와 함께 이 장 곳곳을 다채롭게 꾸민다. 이 두 과학자는 한 팀을 이뤄서 우리가 일상에서 기술과 어떤 관계를 맺고 있는지 수많은 연구를 수행했다.

내가 두 사람의 연구에서 가장 좋아하는 부분은 이들이 현장 연구에 특화되어, 실제 직장에서 근무하는 직원을 대상으로 연구를 진행한다는 점이다. 멀티태스킹을 하거나 이메일을 주고받은 뒤 참가자가 얼마나 스트레스를 받는지 측정하기 위해 마크와 체르윈스키는 참가자들에게 모니터링 장치를 하루 24시간 동안 묶어 두고, 심장 박동 수가 어떻게 변하는지 기록했다(이것은 과학적으로 검증된 스트레스 측정 방법이다). 그리고 참가자들에게 동의를 얻어서 컴퓨터에 정보 수집 프로그램을 설치하고 참가자들이 정확히 얼마나 자주 하던 일을 다른 일로 바꾸는지 관찰했다. 결과는 40초마다였다. 무척 놀랍게도 사내 메신저나 스카이프skype 애플리케이션을 열어두고 있으면 스스로 일을 훨씬 자주 멈췄다. 이번엔 35초마다였다.

두 사람이 한 연구는 많은 이유에서 참고할 만한 가치가 있다. 첫째, 현장 연구는 훨씬 수행하기 어렵지만 특별한 가치가 있는 접근법이다. 예를 들어 마크는 일주일 동안 직원들이 이메일 없이 어떻게 견딜지 연구하게 해줄 회사를 찾기까지 6년이 걸렸다. 마크가 내게 이야기해 준 대로 이들의 연구는 누군가를 실험실로 데려오고 세상을 재현하기 위해 인공적인 환경을 조성하는 대신, 반대로 세상에 나가서 실제 상황을 그대로 관찰한다.

둘째, 두 사람의 연구는 꼼꼼히 읽어볼 가치가 있는데, 획기적이기 때문이다. 지금까지 두 사람이 수행했던 연구 중에서 내가 가장 좋아하는 연구는 내가 앞서 인용했던, 사람들이 40초 만에 하던 일을 바꾼다는 사실을 발견한 연구다. 우리는 너무나도 자주, 완전히 생산적으로 일에 몰두하길 스스로 멈추고서 별 관련도 없고 훨씬 덜 중요한 일을 한다. 우리는 스마트폰을 확인하기 위해 친구와 의미 있는 대화를 나누길 중단하고, 아무 이유 없이 동료와 수다를 떨기 위해 엑셀 워크시트 만들기를 멈춘다.

두 사람이 진행했던 또 다른 연구에 따르면, 우리는 평범하게 일하면서 하루에 566번이나 컴퓨터 애플리케이션을 바꿔가며 사용한다. 이 숫자에는 일과는 전혀 상관없이 주의만 흐트러뜨리는 애플리케이션도 포함되어 있다. 예를 들어 우리는 페이스북을 하루 평균 21회 확인한다(여기에는 페이스북을 전혀 보지 않은 실험 대상도 전부 포함되어 있다. 페이스북을 한 번이라도 방문했던 사람들만 모아 평균을 계산하면 그 수치는 거의 두 배 가까이 증가하는데, 매일 약 38회이다).

이렇게 신경을 분산시키는 것이 있으면 분명 일을 방해받으며 하이퍼포커스로 들어가지도 못한다. 그래서 더 빠르고 정신없이 일하면서 만회하려 하지만, 그러면 결과물의 질에 영향이 갈 뿐 아니라 우리도 스트레스로 지쳐 버린다. 무엇보다도, 집중력을 통제하고 의도적으로 관리하는 데 실패하게 된다.

진행 중인 과제와 어떤 식으로든 연관이 되는 쪽으로 방해받을 때는 생산성이 크게 떨어지지 않는다. 예를 들어 준비 중인 보고서와 관련된 정보를 메시지로 받을 때는 상대적으로 쉽게 다시 집중할 수 있다. 하지만 눈앞에 일이 하나만 있을 때는 거의 없다. 우리는 여러 개의 공을 저글링하듯 평균 약 10가지 일을 다룬다.

팀원과 협업해서 같은 과제에 정신없이 매달리는 중이라면 이메일과 메시지 알림을 켜두는 것이 좋을 수도 있지만, 대부분의 상황에서는 그렇지 않다. 일과 관련 없이 방해받으면 큰 비용을 치를 수도 있다. 방해를 받은 후에 활동을 재개하기까지는 평균 25분이 걸리며, 활동을 재개하기 직전에 우리는 평균 2.26분 동안 또 다른 일을 한다. 단순히 주의를 흐트러뜨리거나 방해하는 것에 빠졌다가 원래 일로 돌아오는 것이 아니라, 원래 일을 재개하기 전에 두 번째로 주의가 분산되는 것이다.[2]

자신이 얼마나 자주 일을 중단하는지 자각했다면, 같은 업무 처리 방식으로는 돌아가기 어려울 것이다. 주의집중 영역을 지혜롭게 관리하는 것이 중요한 이유도 이 때문이다. 주의를 빼앗는 것들을 미리 억눌러서 훨씬 더 오래 집중할 수 있다.[3]

---

2 40세 이후에는 주의가 분산됐을 때 치르는 비용이 더 커진다. 나이가 들면 주의집중 영역이 줄어들기 때문에 원래 궤도로 돌아가기가 더 어렵다. 인상적인 점은 나이가 들면 주의집중 영역이 줄긴 하지만, 마음이 덜 방황한다는 것이다. 우리 뇌에서 정보를 다루는 체계는 나이가 들수록 줄어드는데, 덕분에 주의를 분산시키는 것들에 자주 희생되진 않는다.

3 주의력 관련 연구에서 자주 떠오르는 질문은 멀티태스킹과 관련해서 남녀가 어떻게 다른가이다. 여성은 전반적으로 주의력에 방해를 덜 받으며 스스로도 일을 덜 중단한다. 한 번에 여러 가지 과제를 할 때도 마찬가지다. 남성과 비교할 때, 여성은 직장에서 더 만족해하며 더 소속감을 느낀다.

주의를 빼앗는 요소를 좋아하는 이유

우리가 주의를 빼앗는 것들에 빠져드는 이유는 간단하다. 비생산적이라는 것을 알고 있어도 일하는 것보다 훨씬 매력적이기 때문이다. 우리 뇌는 일이 조금이라도 하기 싫으면 그 대신 할 만하고 더 매력적인 것을 찾아다닌다. 집중해야 하는 대상보다 더 매력적이지만 덜 중요한 대상으로 주의가 이끌리는 자신을 발견하기란 그리 어렵지 않은 일이다.

이제 우리는 스마트폰 없이 화장실조차 못 간다. 나는 인류가 화장실에서 보내는 시간이 시대에 따라 어떻게 변화되어 왔는지 정말로 알아보고 싶다. 스마트폰을 들고 다니는 요즘에는 적어도 두 배는 길어졌으리라 장담한다.[4]

뇌는 새로운 것을 추구하는 편향성이 있다. 우리는 웹 사이트와 애플리케이션을 방문할 때마다 생각 없이 즐길 자극적 요소를 찾는 건 물론이고 사회적으로 인정받는다는 느낌을 받는다. 덕분에 주의를 빼앗는 요소를 향한 충동이 더 심해진다. 여러분은 트위터 애플리케이션을 열 때마다 몇 가지 알림이 와 있는 것을 발견할 것이다. 누가 여러분의 글을 공유했고, 여러분을 새로 팔로우한 사람은 누구인지 따위의 것들 말이다. 사이트를 확인하고픈 충동을 온종일 억누르기는 힘든데, 한 번만 클릭하면 소소하게나

---

4 스마트폰이 등장한 뒤로 감소한 것은 무엇일까? 풍선껌 판매량이다. 아이폰이 출시됐던 2007년 이후 껌 판매량은 17% 감소했다. 상관관계가 인과관계를 암시하지는 않지만, 흥미로운 결과이기는 하다.

마 한 번 더 인정받을 수 있음을 알고 있기 때문이다. 받은 메시지가 없을 때조차 메시지가 있을지도 모른다는 가능성이 발목을 잡는다. 나는 바로 이런 이유에서 몇 년 전 페이스북 계정을 지웠다.

나는 지금 컴퓨터 화면에 창 하나를 띄우고 이 글을 쓰고 있지만, 머지않아 또 다른 창을 열고 딴짓을 하며 수 시간을 보내게 될 수도 있다는 것을 알고 있다. 글을 쓰는 일은 어려우며 내 뇌는 어려운 일을 거부한다. 완성된 글을 보는 것은 좋지만, 작업하는 동안에는 소셜 미디어를 확인하거나 이메일에 답장하거나 뉴스를 확인할 때보다 훨씬 더 집중하면서 에너지를 많이 써야 한다. 주의를 산만하게 할 만한 것들을 컴퓨터로 실행하지 못하게 미리 막아두지 않는다면, 생산성과는 영영 이별일 것이다.

나는 오늘 아침에 작은 실험을 해보고자 컴퓨터에서 집중을 방해하는 요소들을 하나도 막아두지 않았다. 내 기기들과 함께 남겨진 나는, 자극적인 웹 사이트들을 30분 동안이나 순회하며 이리저리 돌아다녔다. 방문 기록을 보니 나는 이런 사이트들을 방문했다.

- 트위터
- 소셜 뉴스 웹 사이트인 레딧 Reddit(주로 키보드에 관한 정보를 찾았다.)
- 피들리 Feedly, 뉴욕 타임스, CNN, 더 버지 The Verge, 맥루머스 MacRumors 등을 비롯한 몇몇 뉴스 웹 사이트
- 두 번째 트위터 계정

- 이메일(나는 이메일 계정이 3개인데, 매번 또는 한 번씩 걸러서 세 계정을 모두 확인한다.)
- 온라인 서점인 아마존 Amazon에서 내 첫 번째 책이 올라와 있는 페이지. 책이 얼마나 잘 팔리고 있는지 확인하고 새로운 독자 서평이 올라와 있는지 찾아봤다.

주목할 만한 점은 내가 이런 웹 사이트들을 25분짜리 명상을 끝낸 뒤에 확인했다는 것이다. 명상은 보통 나로 하여금 더 의도적으로 행동할 수 있게 해주는 의식인데 말이다. 아마 여러분도 일하기 싫을 때 열어 보는 웹 사이트 및 애플리케이션 목록이 저마다 있을 것이다.[5]

위 사례만 보아도 여러분은 내가 생산성 전문가로서 초인적인 자기 통제력을 가진 사람은 아니란 걸 알 수 있을 것이다. 내가 더 잘하는 일은 충동을 미리 관리하는 것이다. 얼마나 오래 집중할지 결정하고 나면, 두 번째 단계로 주의를 빼앗는 요소를 제거해야 한다. 그래야 하이퍼포커스로 들어가기가 용이하다. 일을 시작하기 전에 주의를 빼앗는 것들을 제거하면 집중하기가 훨씬 쉬워진다. 주의를 둘 만한 다른 대상이 없으면 아주 자연스럽게 중요한 일로 주의집중 영역을 채우기 때문이다. 주의를 빼앗는 것들은 생

---

5 어떤 일을 하느냐에 따라서 여러분이 가장 주의를 돌릴 만한 대상이 달라진다. 기계적인 일을 하고 있다면 페이스북 페이지를 방문하거나 동료와 직접 소통하기 시작할 확률이 훨씬 높다. 더 어려운 일에 집중하고 있다면 이메일을 확인할 가능성이 더 크다.

산성을 매우 오랫동안, 자주 빼앗아갈 가능성이 있으므로 꼭 미리 처리해야 한다. 유혹에 저항하느라 귀중한 의지력을 써 버리기 전에 말이다.

주의를 빼앗는 4가지 일

1장에서 나는 업무를 4종류로 나누는 방식을 소개했다. 생산적인 일은 필요한 일이거나 목적이 있는 일이고, 비생산적인 일은 불필요하거나 주의를 빼앗는 일이었다. 여기서는 재밌으나 비생산적인, 즉 주의를 빼앗는 일에 중점을 둘 것이다.

'주의를 빼앗는 것'을 정의하자면 의도와 멀어지게 만드는 모든 것이라고 할 수 있다. 이런 관점에서 볼 때, 주의를 빼앗는 것과 집중을 방해하는 요인은 매우 유사하다. 둘 다 성취하려고 의도하는 것에서 우리를 멀리 떨어뜨린다. 어떤 때는 방해를 받는 일도 꼭 필요하다. 그 당시에 하는 일과 관련된 정보를 받을 때처럼 말이다. 하지만 대부분의 방해 요소는 미리 억제하는 것이 좋다.

앞서 1장에서 다뤘던 '주의를 빼앗는 일' 칸을 자세히 보면 2가지 기준에 따라서 다시 나눌 수 있는데, 하나는 통제할 수 있는지 혹은 없는지, 다른 하나는 성가신지 혹은 재밌는지다.

업무 중 하는 일을 1장에서 다뤘던 4가지 일 분류표에 맞춰 넣어놨다면, 주의를 빼앗는 일 칸에 넣어둔 일을 더 자세히 나누어 다음에 나오는 표를 채우자. 덧붙일 항목이 아주 많을 것이다. 그

	성가심	재미있음
통제 불가능		
통제 가능		

순간 여러분을 의도와 멀어지게 만드는 것이라면 아주 사소한 일까지도 남김없이 '주의를 빼앗는 일' 표에 넣어야 한다. 또 일과 특별히 관련되지 않으면서 주의를 빼앗는 것, 예를 들면 일하면서 자주 방문하는 뉴스 및 소셜 미디어 웹 사이트 같은 것도 넣어야 한다. 나는 여러분에게 이 책을 읽으면서 많은 일을 하라고 요구하지는 않을 텐데, 만약 요구할 때가 있다면 분명 좋은 이유가 있기 때문이다.

다 채운 표가 어떤지 보여주기 위해, 내가 어떤 요소에 주의를 빼앗겨서 의도를 벗어나는지를 고려하며 다음 쪽에 있는 표로 만들어 보았다.

맨 위에 있는 두 칸부터 살펴보자. 주의를 빼앗는 것 중 통제할 수 없는 요소는 어떻게 처리해야 할까?

주의를 빼앗는 것들은 자기 자신과 타인이라는 두 요인에서 기

	성가심	재미있음
통제 불가능	• 사무실 방문객 • 시끄러운 동료 • 회의	• 팀 점심 회식 • 사랑하는 사람과의 통화 • 동료와 나누는 잡담
통제 가능	• 이메일 • 스마트폰 알림 • 회의	• 뉴스 웹 사이트 • 소셜 미디어 계정 • 메신저 계정

인하는데, 모두 미리 대처하는 것이 중요하다. 주의를 빼앗기는 일을 전부 예방할 수는 없다. 2시간 정도 하이퍼포커스 상태에 머물기 위해 사무실 문을 닫았을 때조차 여전히 전화가 걸려 오거나 노크 소리가 들려온다. 주의를 빼앗는 것 중에는 예방할 수 있는 일도 많지만, 거대한 사회적 비용이 들어감에도 막지 못하는 일도 많다. 그러나 연구 결과에 따르면 우리는 타인에 의해 방해받는 만큼이나 스스로에게도 방해받는다.[6] 글로리아 마크가 주장했듯 '외부 방해 요소를 차단할 방법만을 찾는 것은 문제의 절반만 해결하는 것이다. 주의를 빼앗기지 않기 위해서는 내부의 방해 요소도 함께 고려해야 할 것이다.'

6　매니저나 팀장은 인력을 관리하는 역할도 함께 맡은 경우가 많기 때문에 다른 사람들로부터 방해를 받는 비중이 전체 방해 요소의 60%를 차지한다.

다른 사람 때문에 주의가 흐트러질 때는 스스로 주의를 빼앗을 때보다 피해가 적다. 스스로 업무를 방해한 다음에는 일을 재개하기까지 평균 29분이 걸리지만, 다른 사람한테 방해받았을 때는 약 6분은 더 빨리 제 궤도로 돌아온다. 29분이든 23분이든 생산성을 크게 손실하는 것은 마찬가지지만 말이다. 무엇이 주의집중 영역을 차지하고 있는지 주기적으로 확인하는 것이 매우 유용하다고 하는 수많은 이유 중 하나도 바로 이 때문이다. 주의가 흐트러져서 경로를 벗어났음을 인지했을 때, 우리는 주의를 빼앗는 일에 시간을 덜 낭비하고 더 빨리 궤도로 돌아온다.

방해받는 상황을 막을 수는 없어도 거기에 대응하는 방법은 조절할 수 있다. 방문객, 시끄러운 동료, 불필요한 회의 같은 성가신 일을 처리할 때는 원래 의도를 염두에 두면서 가능한 한 빨리 다시 일을 시작하는 것이 가장 좋다.

우리가 통제할 수는 없지만 재미있는 것에 주의를 빼앗길 때는 더 신중하게 반응해야 한다. 이 책에서 제공하는 조언 중에 나는 이 전략 때문에 가장 애를 먹었다. 목적을 성취하는 데 열정적으로 매달린 나머지 나는 방해받았을 때 딱딱하고 심술궂게 굴고는 했다. 그런 방해가 얼마나 즐거울지와 상관없이 말이다. 집중을 요구하는 일을 하는 와중에 사랑하는 사람으로부터 전화가 올 때가 있다. 이처럼 통제 불가능하지만 즐거운 일에 주의를 빼앗길 때 내가 깨달은 바가 있다. 바로 그 순간을 포용하려고 열심히 노력하면서 실제로 즐기기도 하되, 가능할 때 원래의 일로 돌아오는 것이 가장 좋은 대응법이라는 것이다. 통제 불가능한 상황 때문에 조바심을 내는 것은 시간과 에너지 그리고 주의력을 낭비하는 일이다. 나는 방해받을 때를 기분전환을 할 때라는 신호로 받아들였다. 그리고 어떤 재미있는 일이 나의 생산성을 앗아가더라도 이를 포용하는 법을 서서히 배웠다. 다만 언제든 원래 궤도로 돌아갈 수 있도록 내 처음 목적을 주기적으로 떠올리면서 말이다.

주의를 빼앗는 것이 없는 상태

주의를 빼앗는 것들은 대부분 우리가 실제로 통제 가능한 범주에 속하므로 미리 억제해야 한다.

시간이 흐르면서, 나는 2가지 상태로 일하는 법을 개발했다.

	성가심	재미있음
통제 불가능	처리한 뒤 원래 일로 복귀	즐기기!
통제 가능	미리 대처하기	

1. 주의를 빼앗는 것이 없는 상태로, 하이퍼포커스에 들어가고자 할 때 이 상태에 들어간다.
2. 주의를 빼앗는 것이 적은 일반적인 상태로, 주의를 빼앗는 방해물을 관리 가능한 만큼만 곁에 둔 채 일한다.

하루 동안 우리는 2가지 유형의 일을 번갈아 가며 한다. 집중 업무와 협력 업무다. 집중 업무를 잘 하려면 최대한 주의를 기울여야 한다. 주의가 덜 흐트러질수록 더 깊게 집중할 수 있으므로 생산성이 높아지기 때문이다. 그리하여 작가 칼 뉴포트Cal Newport가 말했던 이른바 '업무 몰입'을 할 수 있다.

반대로 협력 업무를 할 때는 다른 사람과 소통해야 하고 지원 요청에 응답할 준비를 하고 있어야 한다. 팀원끼리 서로 도울 준비가 잘 되어 있을수록 팀 전체의 생산성이 높아진다. 협력 업무를 할 때는 주의를 빼앗는 것이 적은 상태에서 일하는 것이 가장 좋은데, 이 상태에서는 주의를 심하게 빼앗는 것들을 억제해 두긴 하지만 여러분을 찾는 연락 정도는 받을 수 있다.

직업에 따라 집중 업무와 협력 업무가 차지하는 비중이 다르다. 사무실의 비서라면 협력 업무가 전체 업무의 90%를 차지하고, 집중 업무는 10%에 불과할 수도 있다. 반대로 작가처럼 글을 쓰는 직업이라면 집중 업무가 전체의 90%를 차지하고, 협력 업무는 10% 정도일 것이다. 스스로 자문해 보자. 본인의 업무는 전반적으로 어떻게 구성되어 있나?

주의를 빼앗는 것이 없는 상태 만들기

주의를 빼앗는 요소가 없는 상태를 만들려면 그중 통제 가능한 것들은 대부분 미리 제거해야 한다. 그래야 하이퍼포커스 상태로 가장 중요한 일을 할 수 있다. 의도하는 일보다 더 자극적이거나 매력적일 수 있는 집중 대상을 전부 제거함으로써, 뇌가 그 일을 하는 수밖에 없게 만드는 것이다.

나는 주의를 빼앗는 것이 없는 상태에서 이 글을 쓰는 중이다. 하이퍼포커스에 들어가기 위해 나는 다음과 같이 준비를 한다.

- 주의가 흐트러지는 것을 막는 애플리케이션을 컴퓨터에서 실행한다. 이렇게 하면 생산성을 빼앗아 가는 웹 사이트에 접속하지 못한다. 그 때문에 이메일과 소셜 미디어 사이트, 아마존을 비롯한 여타 애플리케이션 및 웹 사이트를 차단 목록에 저장해 뒀다. 또 하이퍼포커스 상태로 머물고 싶은 시간을 구체적으로 정하는데, 그 시간 안에 차단한 사이트에 접속하고 싶으면 물리적으로 컴퓨터를 재부팅해야 한다. 나는 일을 대부분 컴퓨터로 처리하므로, 이 방법이 제일 중요하다. 또 컴퓨터를 '방해 금지' 상태로 둠으로써 알림이 도착해도 주의를 빼앗기지 않도록 한다.
- 스마트폰을 '방해 금지' 상태로 바꾼 다음 눈에 보이지 않게 치우거나 다른 방에 둬서 확인하고 싶은 유혹을 차단한다.
- 앞으로 10시간 동안 잠자리에 들 계획이 없다면 커피나 차를 마셔서 정신을 깨운다(다시 말하지만, 카페인이 체내에서 대사되는 데는 평균 8~14

시간이 걸린다).

- 주변 소리에 신경이 쓰이지 않도록 소음 차단 헤드폰을 쓴다. 사무실에 있거나 호텔 방에서 일할 때는 헤드폰을 항상 이용하지는 않지만, 비행기 기내나 카페에서 하이퍼포커스로 들어갈 때는 어김없이 착용한다.

오늘 여러분은 무엇에 주의를 빼앗겨 생산성을 잃었는가? 차단 애플리케이션이나 다른 전략을 이용하면 그중 몇 개를 동시에 억제할 수 있는가? 주의를 빼앗는 것들을 미리 처리하는 데 도움이 될 만한 계획을 앞서 나온 것처럼 간략하게 적어보자. 주의가 다른 데로 돌아간다고 느끼면, 왜 그런지 생각해 보고 다음에는 그렇게 주의를 빼앗는 요인을 제거하자. 예를 들어 주의를 빼앗는 것이 없는 상태를 만들었는데, 컴퓨터에 열려 있는 웹 사이트나 애플리케이션으로 주의가 돌아간다면 나는 즉시 그 사이트와 애플리케이션을 차단 목록에 집어넣을 것이다.

여기 주의를 빼앗는 것이 없는 상태를 만들기 위한 추가 제안이 몇 가지 있다.

주의를 빼앗는 것들을 차단하는 애플리케이션

내가 가장 좋아하는 컴퓨터용 애플리케이션을 몇 가지 꼽자면 프리덤Freedom(유료지만 무료로 시험판을 이용할 수 있다 — 윈도우, 맥, 아이폰, 아이패드), 레스큐타임RescueTime(유료지만 무료로 시험판을 이용할 수 있다 — 윈도우, 맥, 안드로이드, 리눅스)이 있다. 이런 애플리케이션의 다수는 한 달에 고작 몇 달러만으로도 이용할 수 있으며, 그 비용은 높아진 생산성으로 돌려받을 것이다. 연구에 따르면 차단 애플리케이션을 설치한 사람은 더 생산적이고 더 오래 집중하게 된다.

성실함, 신경질, 충동성 같은 기질이 어떻게 종합적으로 작용하며 산만한 정도를 결정하는지에 대해서 우리는 겨우 이해하기 시작했다. 주의가 돌아가지 않게 차단해 주는 애플리케이션을 사용할 때 받을 수 있는 스트레스도 이런 기질에 따라서 다르다. 차단 애플리케이션을 실행하는 것이 불안하다면, 특히 부담스러운 일을 할 때나 에너지가 부족해서 주의를 빼앗는 것에 저항하기 힘들 때만 사용할 수도 있다.

- 회사 컴퓨터에 애플리케이션이나 플러그인을 설치하는 데 제한이 있다면, 랜선을 뽑거나 와이파이를 완전히 끄는 방법도 고려해 보자. 극단적으로 들리지만, 우리는 인터넷을 하며 잡다한 정보를 탐닉하고 꾸물거리는 데 수많은 시간을 보낸다.
- 사무실을 나가자. 여러분의 직장이 유연한 업무 환경을 제공한다면, 길가에 있는 카페나 회의실로 가자. 주의를 빼앗는 것이 없는 상태를 만들 수 있을지도 모른다.
- 주의를 빼앗는 것이 없는 상태가 사회적 비용을 얼마큼 초래하는지에 대해 과소평가하거나 과대평가하지 말고 생각하자. 동료와 따로 떨어져 있을 때 어떤 결과가 생길지 고려해 보자. 직장이 사교적인 분위기

라면 특히 그렇다. 동시에 사회적 비용을 과대평가하지는 말자. 30분 동안 이메일 창을 닫아두면서 죄책감을 느낀다면 여러분이 회의에 붙잡혀 있을 때도 고객과 동료들은 종종 1~2시간씩 대답을 기다린다는 것을 기억하자. 나를 언제나 일깨우는 교훈이 있다. 여러분의 동료는 생각보다 여러분을 훨씬 덜 필요로 한다.

• 스스로를 대접하자. 하이퍼포커스를 마치고 주의를 빼앗는 것이 없는 상태를 떠나면, 나는 때때로 한껏 산만하게 시간을 보내며 나 자신을 대접한다. 연구에 따르면 충동적일수록 주의를 빼앗는 것을 차단했을 때 스트레스를 더 받는다. 자제력이 약하거나 충동적이라면 이따금 산만한 상태로 쉬는 것이 좋을 수도 있다(충동성은 미루는 버릇과 가장 깊이 관련된 특징적인 기질이다). 또 나는 주의를 빼앗는 것이 없는 상태로 다시 들어가기 전에 녹차나 커피를 잔뜩 마시곤 한다. 집중력을 강화하고자 할 때 카페인이 큰 도움을 제공해 주기 때문이다.

• 팀을 위해 주의를 빼앗는 것이 없는 상태를 만들자. 『이윤보다 사람 People Over Profit』의 저자 데일 파트리지Dale Partridge는 의류 업체인 세븐리Sevenly에서 CEO로 일할 당시의 이야기를 내게 들려준 적이 있다. 그는 전 팀원에게 탁상 램프와 물총을 마련해 줬다고 한다. 각자의 업무에 집중하도록 독려하기 위해서였다. 파트리지가 내게 말하길, 세븐리에서 했던 가장 멋진 일 중 하나는 팀 전체를 위해 호두 모양 탁상 램프를 만든 것이었다고 한다. 팀원들은 집중하고 싶을 때마다 등을 켰는데, 등을 켠 사람은 아무도 방해하면 안 된다는 규칙을 만들었기 때문이다. 직원 45명 모두 하루 최대 3시간씩 방해받지 않고 집중할 시간을 가질 수 있었다. 시간에 제한을 뒀던 이유는 방해받지 않는

시간은 중독성이 너무나 컸기 때문이다! 물총의 효과도 꽤 대단했다. 방해하는 동료에게 물총을 쓸 권리가 모두에게 있었기 때문이다.

주의를 빼앗는 요소를 얼마나 철저히 없앨 수 있는지는 업무 환경에 따라 다르다. 자영업을 하거나 문 달린 사무실에서 일한다면 주의를 빼앗는 것을 훨씬 유연하게 제거할 공산이 크다. 하지만 개방된 환경에서 협업한다면 주의를 빼앗는 것을 원하는 만큼 없앨 수 없다. 생산성을 높이는 일이란 자신이 처한 제약을 이해하고 받아들이는 과정이다.

나는 주의를 빼앗는 요인이 없는 상태로 들어갈 때면 기묘하고 환상적인 안도감을 느끼는데, 여러분도 그러리라 생각한다. 여러분은 뉴스, 소셜 미디어 피드, 꼬리에 꼬리를 물고 이어지는 이메일로 느닷없이 주의를 돌리지 않아도 된다. 생각 없이 바쁘게 일하면서 시간과 주의력을 더는 낭비하지 않는다는 확신과 안도감도 느낄 수 있다. 의미 있는 일을 완수하고 더 오랜 시간 하이퍼포커스에 머물며 몰입할 수도 있다. 또 시간과 주의력, 에너지를 단한 가지 업무에만 투자함으로써 더 느긋하게 목적의식을 갖고 일할 수 있다.

주의를 빼앗는 요소가 없는 상태에서는 에너지를 아낄 수도 있다. 주의를 빼앗는 것을 제거하면 에너지가 더 오래가기 때문에 휴식을 안 취하고도 더 오래 일할 수 있다. 주의를 빼앗는 것을 미리 무력화하면 일에 집중하기 위해 행동을 절제하는 데 정신력을 훨씬 덜 쓰기 때문이다. 결과적으로 행동을 제어할 필요가 없을수록, 즉 주의를 빼앗는 것에 맞서 싸우거나 까다로운 동료를 상대하느라 말조심할 필요가 없을수록 일에서 더 많은 활력을 얻을 수 있다. 같은 이유에서 휴식으로도 에너지를 충전할 수 있다. 짧은 휴식 시간을 통해 행동을 규제하길 잠시 멈출 수 있기 때문이다. 여러분이 짧게 하이퍼포커스에 들어가려고 마음먹었어도, 그 뒤로도 계속 하이퍼포커스에 머무를 에너지가 있다고 느낄지도 모른다.

휴가나 연휴를 보낸 뒤에는 주의를 빼앗는 요인이 없는 상태가 특히 소중하다. 쉬는 동안에는 활기가 떨어지고 주의를 빼앗는 것에 더 취약해질 것이기 때문이다. 직장에서 주의를 빼앗는 요소를 미리 억제하면 평상시의 근무 리듬을 되찾으면서 다시 에너지가 차오를 것이다.

주의를 빼앗는 요소 줄이기

하이퍼포커스 상태로만 시간을 100% 보낼 수는 없으므로, 그 밖의 시간 동안에는 주의를 빼앗는 것을 줄인 상태로 기꺼이 하루를 보내는 법을 배워야 한다. 어떤 방해 요인을 억제하는 것이 좋을지 알아보려면 자문해 보자. 집중을 방해하는 것 중 20~30분 정도의 시간과 생산성을 맞바꿀 가치가 없는 일은 무엇인가? 주의를 빼앗는 요인을 전부 차단하기란 불가능하며 어쩌면 여러분도 원치 않을지 모른다. 하지만 무엇이 일을 방해하는지는 곰곰이 생각해볼 만한 가치가 있다.

반드시 억제해야 하지만 제거하지는 않아도 되는 방해 요인 중 가장 적합한 사례로 이메일이 있다. 이메일은 기묘한 짐승이다. 시간보다 주의력을 훨씬 많이 잡아먹기 때문이다(회의는 반대인데, 일반적으로 주의력보다 시간을 훨씬 많이 잡아먹는다). 이메일 계정을 없애기란 분명 비현실적이지만, 언제 이메일을 확인할지는 신중하게 결정해 볼 수 있다. 그렇게 하면 주의력을 다시 통제할 수 있을 것이다. 이메일 알림을 켜둔다는 것은 집중하던 중에 느닷없이 동료에게 방해받아도 괜찮다는 의미이다. 이메일 알림을 받는 순간, 자제력을 잃기 때문이다. 언제 메시지를 확인할지 미리 정하면 주의력을 통제할 수 있고 자동조종 상태로 들어가길 거부할 수도 있다.

구체적으로 시간을 정해서 이메일, 회의, 스마트폰, 소셜 미디어처럼 주의를 빼앗는 것에 몰아서 집중하면, 이것들은 한낱 방해 요인에서 목적이 있는 요소로 변한다. 기술은 우리의 편의를 위해 존재해야지, 우리를 방해하려는 사람의 편의를 위해 존재해서는 안 된다. 하루 동안 우리가 관심을 줄 만한 것들은 수없이 많다.

다음은 그중에서 가장 문제가 되는 것 5개를 골랐다. 끊임없이 쏟아지는 알림, 스마트폰 및 여타 주의를 빼앗는 기기들, 이메일, 회의, 마지막으로 인터넷이다.

알림

앞서 책에서 추천한 활동으로 모든 기기에 있는 알림 설정을 훑어보고 소리 및 진동 알림을 끄는 것이 있었다. 그렇게 해서 방해받지 않아도 사는 데는 문제가 없다. 애플리케이션을 초기 설정 상태로 놓으면 계속해서 끊임없이 방해받을 것이다. 특정 애플리케이션이 기계 하나에서만 울리게 제한하는 것도 좋다. 이메일이 왔다는 알림이나 좋아하는 옷가게의 세일 소식을 여러분이 소유한 스마트폰, 태블릿 PC, 스마트 워치, 컴퓨터 등의 모든 기기로부터 전달받을 이유는 전혀 없다.

대다수 애플리케이션에서 소리 및 진동 알림을 끄는 일은 단순한 변화지만 실제로 엄청난 위력을 발휘한다. 그러면 여러분은 스마트폰 때문에 타의로 방해받는 대신, 언제 스마트폰을 확인할지 정해야 한다. 나는 개인적으로 스마트폰으로 시간을 확인할 때 새 문자나 알림을 훑기만 한다.

여러분은 알림이 울리기만 하면 하던 일에서 멀어지면서, 그 알림과 관련된 디지털 세계에 유혹당하고 만다. 알림은 우리를 속이곤 한다. 알림을 흘끗 쳐다보는 데는 1초면 충분하지만, 그 순간 디지털 소용돌이로 빨려 들어가서 30분 동안은 쉽사리 주의력을 잃어버리기 때문이다. 이렇게 생산성이 빠져나가는 것을 감수할 만한 가치가 있는 알림은 많지 않다.

반면 놓치지 않고 받아야 할 알림도 있다. 나는 하루에 딱 한 번만 이메일을 확인하지만, 중요한 메시지를 기다릴 때는 주로 그 사람 한 명이 보내는 메일만 알림 기능을 켜둘 것이다. 이렇게 하는 데는 1~2분 밖에 안 걸리며, 그 시간은 더 깊이 집중할 수 있게 됨으로써 쉽게 되찾는다. 걱정하면서 몇 분마다 충동적으로 받은 메일함을 확인하지 않아도 되기 때문이다. 대다수의 이메일 애플리케이션에서는 'VIP 발신자' 그룹이 보내는 이메일만 알림 설정을 해놓는 것이 가능한데, 그러면 여러분을 방해해도 되는 사람을 선택할 수 있다.

애플리케이션 때문에 주의가 흐트러질 때는 개별 알림을 조정하는 것뿐 아니라 전체 알림을 차단하는 것도 가능하다. 내가 가장 좋아하는 일상 의식은 오후 8시부터 오전 8시까지 스마트폰과 다른 기기들을 비행기 모드로 두는 것이다. 나는 이 시기에 에너지가 가장 떨어지고 산만해지기 쉽기 때문이다. 게다가 연구에 따르면, 오늘의 일과를 마감하고 내일을 위해 일찍 잠자리에 들면 한 번에 여러 가지 일을 하는 경향도 적어진다. 비행기 모드를 켜는 것이 너무 과격하게 느껴진다면, 스마트폰을 '방해 금지' 모드로 두고 일하는 것도 고려해 보자.

스마트폰 및 여타 주의를 빼앗는 기기들

기기에 뜨는 알림을 관리하는 것과는 별개로 스마트폰이나 주의를 빼앗을 우려가 있는 기기들을 언제, 어디서, 얼마나 자주 사용할지 신중하게 생각해 보는 것이 좋다.

스마트폰은 가장 자극적이고 새로운 대상이다. 여러분은 하는 일이 다양해지거나 복잡해질수록 스마트폰의 유혹에서 벗어나기 힘들 것이다. 시간이 지나면서 나는 스마트폰을 다루는 방식을 바꿨다. 하루 종일 뒷주머니에 가지고 다녀야 하는 기기로 바라보는 대신, 강력하면서도 더 성가신 컴퓨터로 인식하기 시작했다.

무선 전화 기능을 제외하면 스마트폰에는 컴퓨터와 똑같은 부품이 들어간다. 하지만 우리는 컴퓨터보다 스마트폰 때문에 훨씬 더 자주, 계속해서 일을 중단한다. 몇 가지의 이유가 존재하겠지만, 수많은 자극적인 즐길 거리와 사회적으로 인정받는 느낌을 온종일 받을 수 있다는 것도 중요한 이유 중 하나일 것이다. 하지만 반짝이는 직사각형 기기에 그렇게 많은 힘을 넘겨줘선 안 된다.

스마트폰은 더 심하게 주의를 빼앗는 컴퓨터일 뿐이라고 생각하기 시작하면서, 나는 주머니 대신 노트북 가방에 스마트폰을 집어넣었다. 그리고 무엇보다도 타당한 이유가 확실하게 있을 때만 스마트폰을 확인했다. 이렇게 태도를 바꾸자 자동조종 기능을 끈 채 의도를 가지고 스마트폰을 사용하게 됐다. 목적 없이 스마트폰을 집을 때마다 여러분은 아무 이유 없이 주의력을 뺏기게 될 것이다.

스마트폰 및 여타 기기에 삶을 조종당하지 않을 몇 가지 전략이 여기 더 있다.

틈을 조심하자

마트에서 줄을 서 있거나, 카페로 걸어가고 있거나, 화장실에 있을 때 스마트폰 이곳저곳을 터치하고 싶은 충동에 저항하자. 이 작은 틈을 타서 지금 무엇을 하는지 곰곰이 생각하고, 휴식으로 재충전하고, 일과 삶을 대하는 다른 접근법도 고려해 보자. 생각 없이 스마트폰을 보면서 시간을 낭비하기에는 아깝다. 일정 사이에 있는 귀중한 순간이 사라질 뿐이기 때문이다.

상대방과 스마트폰을 바꾸자

친한 친구나 연인과 저녁 식사를 하거나 데이트를 할 때 상대방과 스마트폰을 서로 바꾸자. 그러면 무언가를 검색하거나 전화를 걸어야 하거나 사진을 찍고 싶을 때 가지고 있는 기기로 원하는 일을 할 수 있으면서도 다른 세계로 빨려 들어가진 않을 것이다.

비행기 모드를 전략적으로 사용하자

중요한 일을 하거나 누군가와 커피를 마실 때는 스마트폰을 비행기 모드로 바꾸자. 상대에게 집중하지 않고 귀중한 시간을 함께 보내기란 불가능하다. 비행기 모드를 실행하면 스마트폰을 주머니에 넣어두기만 할 때보다 훨씬 큰 변화가 생긴다. 주머니에 스마트폰이 있는 이상, 확인 못 한 알림과 주의를 빼앗는 방해물이 쌓이고 있다는 것을 계속 의식하기 때문이다. 비행기 모드는 알림으로 인해 일을 방해받을 가능성을 완전히 차단한다.

'산만해지기용'으로 두 번째 기기를 사자

좀 바보같이 들릴 수도 있지만, 나는 최근 아이패드를 사서 단 하나의 용도로만 쓰고 있다. 나를 산만하게 만드는 것들을 모아놓는 용도로 말이다. 스마트폰에는 소셜 미디어 애플리케이션 몇 개만 깔아두는 대신(이메일 애플리케이션도 없다), 주의가 산만해지는 온갖 일은 아이패드로 한다. 이런 일을 아이패드로만 할 수 있게 만들고 아이패드는 다른 방에 두면, 스마트폰을 옆에 두고 있어야만 하는 상황에서도 더 깊이, 오래 집중할 수 있다. 이 목적으로만 기기를 사는 건 꽤 큰 투자이지만, 주의력을 생각하면 그만한 가치가 있다.

'생각 없음' 폴더를 만들자

가장 주의를 빼앗는, 자동조종 기능을 켜게 만드는 애플리케이션을 '생각 없음' 폴더에 담자. 폴더 이름을 보면 주의가 산만해지기 직전이었음이 생각날 것이다.

애플리케이션 목록을 가지치기하자

스마트폰을 훑어보면서 시간과 주의력을 너무 많이 잡아먹는 애플리케이션을 지우자. 소셜 미디어 및 뉴스 애플리케이션을 포함해서 말이다. 봄을 맞아 대청소라도 한 듯 묘하게 후련한 기분을 느낄 수 있다. 어떤 애플리케이션이 다른 기기에 있는 애플리케이션과 기능이 겹치는지 생각하자. 태블릿 PC에서도 이메일을 확인할 수 있으면 스마트폰에 이메일 애플리케이션을 설치할 가치는 없을 것이다. 노트북으로도 같은 정보에 접근할 수 있다면 충동적으로 확인하곤 하는 투자 애플리케이션도 지우는 게 좋을 것이다.

지난 30년 동안 점점 더 많은 기기가 우리 삶으로 기어들어 오기 시작했다. 내 경우에는 10년도 훨씬 전에 첫 번째 노트북을 장만하면서 이 과정으로 접어들었다. 이후 바보 같은 피처폰을 사고 그다음에는 심지어 집중을 더 방해하는 스마트폰을 샀다. 그 뒤에는 태블릿 PC와 스마트밴드가 나왔다. 분명 미래에는 이런 기기가 더 많아질 것이다.

그리고 점점 더 많은 함정이 우리 앞에 놓일 것이다. 그 가치를 먼저 따져보지도 않고서 새 전자 기기를 삶 속으로 불러올 것이기 때문이다. 하버드대학 경영대학원 교수인 클레이튼 크리스텐슨Clayton Christensen은 우리 삶 속에 있는 전자 기기를 평가할 유용한 방법을 개발했다. '무슨 일'을 하려고 이 전자 기기를 사용하는지 물어보는 것이다. 우리가 구매하는 제품에는 모두 용도가 있어야 한다. 크리넥스 화장지는 코를 풀려고, 차량 공유 서비스인 우버Uber는 한 장소에서 다른 장소로 이동하려고, 온라인 예약 서비스인 오픈테이블Open Table은 식당을 예약하려고, 온라인 소개팅 서비스인 매치닷컴Match.com은 짝을 찾으려고 이용한다.

우리는 여러 가지 '일'을 하려고 스마트폰을 장만하는데, 어쩌면 우리가 그 어떤 제품보다 더 많은 일을 할 것이다. 알람 시계, 카메라, 시계, GPS 내비게이터, 비디오 게임 콘솔, 이메일 및 메시지 전송 기기, 비행기 탑승권, 음악 재생 장치, 라디오, 지하철 표, 스케줄러, 지도를 비롯한 수많은 것들 대신 스마트폰을 이용하기 때문이다. 그러니 당연히 스마트폰에 시간을 많이 쏟을 수밖에 없다.

기기를 더 모을수록 기능이 겹칠 수도 있다. 내가 요즘 태블릿 PC를 가지고 있는 유일한 이유는, 주의를 빼앗는 일을 할 때 그 기기를 사용하기 때문이다. 그 특정한 일을 할 필요가 없다면 웹 서핑을 하거나 소셜 미디어를 이용하는 등 스마트폰과 컴퓨터로 하는 것과 똑같은 일을 태블릿 PC로 했을 것이고 따라서 태블릿 PC는 완전히 불필요한 기기였을 것이다.

최근 나는 바로 이런 이유에서 스마트밴드를 없애버렸다. 처음에는 재밌었지만, 내가 그걸로 무엇을 하려고 했는지 잊었기 때문이다. 수년 전에는 마찬가지 이유로 TV를 없애고 케이블 채널 구독을 끊었다. 다른 오락거리로 내가 선택한 것은 넷플릭스였다.

또 다른 기기를 사기 전에 자문해 보자. 그 기기로 하려는 일은 내가 이미 갖고 있는 기기로는 할 수 없는 일인가? 이렇게 자문하면 그 기기를 정말로 왜 가지고 있는지 돌이켜보게 되며, 더 중요하게는 의도에 맞을 때만 기기를 삶으로 가져올 수 있게 된다.

이메일

지식 노동 환경에서 일하는 우리는 매일 이메일 때문에 크게 주의가 흐트러진다. 내 강연을 듣고 상담을 받는 사람들도 대개 이 부분을 가장 고통스러워한다(회의는 아깝게 두 번째를 차지했다).

이메일을 제어하는 아주 좋은 방법은 이메일 알림 개수를 제한해서 방해받는 횟수를 줄이는 것이다. 이메일 사용자 중 64%는 소리나 진동 신호와 같은 알림으로 새 메시지가 왔다는 소식을 받는다. 이 범주에 속하는 사람이라면, 아마 이메일에 지나치게 많은 시간과 주의력을 쏟고 있을 것이다.

새 메시지 알림을 제한하는 것 외에도 내가 제일 좋아하는 이메일 대처 전략 10개를 여기서 소개하려 한다. 이 전략들은 이메일을 더 신중하게 확인하도록 도와줄 것이고, 무엇보다 이메일에 쓰는 시간과 주의력을 제한할 것이다. 이런 전략의 다수는 슬랙Slack처럼 메시지를 주고받는 다른 애플리케이션에도 적용할 수 있다.

메시지를 처리할 여유와 이유가 있을 때만 메시지를 확인하자

여러분이 새 메시지를 정말로 처리할 수 있는 시간과 에너지 그리고 집중력이 있을 때에만 메시지를 확인한다면, 방금 도착한 메세지에 바로 답장해야 하는 스트레스를 피할 수 있게 된다.

메시지를 얼마나 자주 확인하는지 기록하자

연구에서 발견한 바에 따르면 일반적인 지식 노동자는 시간당 11번, 하루 동안 88번 이메일을 확인한다. 이렇게 많이 방해를 받으면 해야 할 일을 마치기가 어렵다. 또 직원들은 하루 평균 약 35분을 이메일 사용에 쏟는다. 즉 이메일은 실제 사용 시간에 비해 사용 빈도가 높아 주의력을 훨씬 많이 잡아먹는다. 새 메시지를 얼마나 자주 확인하는지 인식하고 나면, 그 대가로 치르는 주의력이 상당하므로 그 시간을 줄이고 싶을 것이다.

언제 확인할지 미리 정하자

여러분 중 70%는 이메일을 받은 지 6초 만에 열어보므로, 알림을 끄면 덜 초조하고 반사적으로 일할 수 있을 것이다. 나 같은 경우에는 새 메시지를 하루에 딱 한 번, 오후 3시에 확인하며, 자동 응답 기능을 사용해서 사람들에게 이 사실을 알린다. 자신의 업무를 고려할 때 이 정도 횟수가 비현실적이라면, 적절한 빈도를 떠올려 보자. 하루에 88회보다 적기만 하면 평균적인 사람보다 나을 것이다. 이렇게 하면 달력에 메시지 확인 일정을 기록하고 자동 응답 기능을 설정하기에도 좋은데, 이 2가지 조치를 하면 기분이 더 편안해지면서 사회적 책임도 다할 수 있다. 그래도 이메일이 너무 유혹적이라면, 차단 애플리케이션을 실행해서 이메일을 차단하자. 직장인의 84%는 이메일 창을 배경으로 켜둔 채 일하는데, 그 창을 닫으면 40초 기점을 넘어서 집중하는 데 도움이 될 것이다.

하이퍼포커스 상태로 이메일을 처리하자

이메일에 신속하게 답장을 보내야 하는 환경에서 일한다면, 하이퍼포커스 상태로 메시지에 답하려고 노력해 보자. 타이머로 20분을 맞추고 그 시간 동안 최대한 이메일을 많이 보내는 것이다. 이메일을 엄청나게 많이 받는다고 해도 최대 1시간에 한 번씩 20분 동안 받은 메일함에 집중한다면, 사람들에게 신속하게 답장을 할 수 있을 것이며 나머지 시간 동안 의미 있는 일도 할 수 있을 것이다. 게다가 무엇보다 메일을 보낸 사람도 단 40~60분만 기다리면 답을 받을 수 있다.

접촉점을 제한하자

매우 중요한 생산성 전략을 실행하는 데는 10초면 충분하다. 바로 스마트폰에서 이메일 애플리케이션을 삭제하는 것이다. 나는 컴퓨터와 산만해지기용 기기에만 이메일 애플리케이션을 설치했다.

할 일 목록을 외부에 보관하자

할 일 목록을 보관할 수 있는 가장 나쁜 장소는 이메일이다. 이메일은 그 자체로 산만하고 혼란스러운 환경이며, 끊임없이 새 알림을 띄워서 업무 우선순위에 있어 무엇이 정말로 중요한지 알아내기 어렵게 만들기 때문이다. 그날 달성하고자 하는 목표 3개를 되도록 맨 위에 써두자. 그리고 끝내야 하는 일들을 단순하게 기록한 업무 목록을 만들자. 이 방법이 더 간편하고 훨씬 강력하다. 업무에 필요한 이메일을 별도의 목록으로 옮기는 수고가 들긴 할 것이다. 대신에 할 일 목록을 확인하려고 할 때마다 산만해질 일도 없으며, 마주한 일을 더 잘 정리할 수 있다.

이메일 계정을 2개 만들자

나는 이메일 계정을 2개 가지고 있다. 하나는 일반 대중에게 공개하는 용도고 하나는 가까운 동료들에게만 알려주는 개인적인 용도로 쓴다. 대중용 계정은 하루에 한 번 확인하지만, 다른 계정은 하루에 몇 차례 정도 몰아서 확인한다. 업무에 집중할 필요가 있는 상황이라면, 이 전략도 도입할 만하다.

'이메일 휴가'를 떠나자

정신없이 대규모 과제를 수행하는 중이라면, 자동 응답 기능을 설정해서 "하루나 이틀 정도 '이메일 휴가'를 보내는 중이지만 사무실에는 있으니 급한 일이라면 전화를 하거나 찾아오라"고 설명하자. 사람들이 생각보다 훨씬 잘 이해해 줄 것이다.

다섯 문장 규칙을 사용하자

여러분의 시간을 아끼고 이메일을 받는 상대방의 시간을 존중하기 위해 각 메시지를 다섯 문장 이하로 쓰되 이메일 서명에 주석을 달아서 이 사실을 설명하자(불필요한 오해를 사지 않기 위함이다). 더 길게 쓰고픈 충동이 든다면, 그때를 기회 삼아서 전화기를 들자. 그러면 이메일을 불필요하게 오랫동안 교환하는 데 드는 시간을 아낄 수 있을 것이다.

중요한 메시지를 보내기 전에 뜸을 들이자

모든 이메일을 받는 즉시 답장을 보낼 필요는 없다. 답장의 초안을 쓰는데 감정적으로 격앙된 상태라면 더욱 그렇다. 어떤 답장은 여러분이 보낼 가치가 전혀 없을 수도 있다. 중요한 메시지를 받았거나, 열띤 토론이 오가는 중이거나, 검토할 필요가 있는 이메일을 받았다면 답장하기 전에 잠시 시간을 갖자. 그러면서 새롭고, 더 좋고, 더 창의적인 아이디어가 떠오르도록 이리저리 생각해 보자.

어떻게 대처하든 이메일은 우리가 일하는 데 있어 가장 스트레스를 주는 요인 중 하나로 남아있게 될 것이다. 이메일 없이 일주일을 생활하는 과정을 담은 연구가 있다. 이 연구에 따르면, 이메일이 없는 생활을 한 지 일주일이 지나자 참가자들의 심박변이도Heart Rate Variability가 변했는데 스트레스가 크게 줄었기 때문이었다. 참가자들은 사람들과 더 자주 소통했고, 업무에 시간을 더 오래 쏟았고, 멀티태스킹을 덜 했으며, 훨씬 더 집중했다. 이메일이 사라지자 사람들은 더 천천히 신중하게 일할 수 있었다. 실험이 끝났을 때 참가자들은 그 실험이 해방감, 평화로움, 개운함을 느끼게 해준다고 설명했다. 이메일을 완전히 없애기란 불가능하지만, 앞서 이야기한 전략을 시도해 보고 어떤 것이 가장 잘 맞는지 실험해 보자.

회의

회의는 이메일 다음으로 우리의 주의를 심각하게 빼앗는다. 시간을 과도하게 잡아먹기도 한다. 최근 연구를 통해 발견한 바에 따르면, 지식 노동자는 근무 시간 중 평균 37%를 회의하며 보낸다. 즉 하루에 8시간을 일한다면 보통 매일 3시간을 회의에 쓰는 것이다.

회의에는 굉장한 비용이 든다. 소규모로 한 시간만 회의실에 모인다고 해도 온종일 일을 못 하게 되기 쉽다. 회의로 주의를 돌렸다가 다시 원래 업무로 주의를 돌리는 데 시간이 걸리기 때문이다. 이런 회합이 근본적으로 틀린 것은 아니지만, 의미 없는 회의는 현대 사무실에서 생산성을 가장 많이 빼앗아가는 요인 중 하나다.

여기 내가 가장 좋아하는 4가지 방법으로 여러분은 참여하는 회의 수를 조절하고, 필요한 회의는 더 생산적으로 만들 수 있다.

안건 없는 회의는 참여하지 말자

절대로 참여하지 말자. 안건 없는 회의는 목적 없는 회의다. 나는 안건 없는 회의에 초대받으면, 그 회의에 누가 참석하든 상관없이 목적이 무엇이냐고 묻는다. 그러면 이메일이나 전화 통화가 두어 번 오고가면 해결될 문제라는 걸 그제야 깨닫는 경우가 허다하다. 안건 없는 회의는 모두 미뤄버리자. 여러분의 시간은 귀중하니 말이다.

달력에 반복해서 나타나는 모든 미팅에 의문을 갖자

우리는 대개 정례적인 회의에 어떤 가치가 있는지 묻지 않는다. 다음 달이나 그다음 달까지 달력을 넘겨보고, 반복해서 잡혀 있는 회의 중 어떤 것이 진정으로 시간과 주의력을 쏟을 만한지 고려해보자. 어떤 회의는 보기보다 더 가치 있을 수 있다. 그 회의를 통해 팀과 더 소통하고 팀이 하는 일에 관해 더 잘 알 수 있다면 말이다. 그러나 대다수는 그렇지 않다. 어떤 회의는 빠져나가기 어려울 수도 있을 것이다. 하지만 그런 자리에서 우아하고 조심스레 나가는 데 성공한다면 이후의 몇 시간을 아끼게 될 것이다.

참석자 명단에 이의를 제기하자

초대한 사람이 꼭 전부 참석해야 할까? 대개 대답은 '아니오'다. 여러분이 매니저 혹은 팀장이거나 그렇지 않더라도 시간을 아끼고 싶다면, 참석 여부가 중요하지 않은 사람에게는 '참석을 환영하긴 하지만 다른 중요한 일을 해야 한다면 불참해도 괜찮다'고 알리자.

하이퍼포커스 상태로 회의에 참여하자

회의에 들어가는 시간에 비해 집중력과 에너지가 덜 소모된다면 집중하기 어려울 수 있다. 하지만 참석할 만하다고 판단하거나 빠져나갈 수 없는 회의라면 즐기자! 스마트폰이나 컴퓨터는 내버려 두고 모두가 하는 말에 집중하고, 자기가 할 수 있는 일을 열심히 하고, 가능하다면 모두가 일찍 떠날 수 있게 물건 정리도 돕자. 그러면 그 회의를 통해서 훨씬 가치 있는 것을 얻을지도 모른다.

지나고 보면 여러분이 도입할 생산성 전략 중 가장 좋은 몇 가지는 당연한 말처럼 들릴 텐데, 나는 방금 했던 조언도 그와 같은 범주에 넣고자 한다. 하나하나가 상식에 따른 문제이기 때문이다. 그러나 생산성에 관한 책(인정하자면 나는 다소 편애하는 책이 있긴

하다)이 주는 큰 혜택은 업무에서 한 걸음 물러나서 그것을 다른 방식으로 할 수 있는지 찾게 해준다는 것이다. 상식적인 생각이 늘 상식적인 행동으로 이어지는 것은 아니니 말이다.

인터넷

내가 이 장에서 논의했던 몇 가지 주의를 빼앗는 요소들에는 공통점이 있다. 바로 인터넷에 뿌리를 두고 있다는 것이다. 인터넷은 그 위력만큼이나 우리를 산만하게 하고 많은 시간을 자동조종 상태로 보내게 한다. 일하는 동안 마음이 방황하기 시작하면 우리는 딴생각을 마구 하면서 인터넷을 서핑하고, 아무런 의도도 없이 웹 사이트와 애플리케이션을 바꿔가며 접속한다.

주의를 빼앗는 것을 줄이면 더 의도적으로 일하는 데 도움이 많이 되지만, 이 상태를 한 단계 더 끌어올려서 인터넷을 완전히 차단하는 것도 그럴 만한 가치가 있다. 이렇게 하면 직장에서만 도움이 되는 것이 아니다. 집에서 24시간 동안 인터넷을 차단한 채로 지내면 그만한 휴식이 없다. 출장 중이라면, 버스나 비행기에서 인터넷 서비스를 구매하지 않기로 함으로써 전에 없는 생산성과 활력을 얻을 수 있다. 여러분이 인터넷에 접속하는 시간 중 절반은 꾸물거리는 시간이다. 다른 업무가 얼마나 길어지는가를 생각할 때 인터넷에 자주 접속해서 얻는 이득은 별 가치가 없다.

내 말을 그저 듣고만 있지는 말기를. 이번 주 일요일에는 24시간 동안 완전히 인터넷과 떨어져 지내려고 노력하면서 가족들에게 함께하자고 독려하자. 다음에 출장을 갈 때는 비행기에서 인터넷에 접속하려고 돈을 내는 대신, 중요하지만 급하지 않은 과제를 오프라인으로 하자. 그리고 나중에 곰곰이 생각해 보라. 이 방법을 통해 얼마큼 재충전할 수 있었으며, 얼마나 더 많은 성과를 거둘 수 있었는가? 여러분이 이 질문에 대한 만족스러운 대답을 얻게 된다면, 아마 앞으로도 인터넷 접속을 제한해야겠다는 의욕이 생길 것이다.

환경을 단순하게 만들기

수년 전 나는 대기업의 신규 채용 담당 부서에서 일했다. 내 동료였던 페니는 젤리를 작은 그릇에 담아 책상에 두고 있었다. 사실 페니가 젤리를 먹기 좋은 자리에 둔 그 자체는 전혀 놀랄 만한 일이 아니다. 하지만 페니가 담아둔 젤리를 정작 본인은 먹지 않는데에 나는 놀랐다. 페니가 젤리를 안 좋아한다는 말이 아니다. 단지 음식에 유혹을 많이 느끼지 않았을 뿐이다. 페니는 매일 조금씩 야금야금 먹었고, 나머지는 지나가다 들르는 사람을 위해 남겨두었다.

나는 페니가 근무하는 사무실을 지날 때마다 젤리를 적게 한 줌씩 가져갔다. 그 양은 내가 보기에 그리 많지는 않았지만 결국 그 젤리의 90%는 내가 다 먹어버렸다. 내 사무실에도 비슷한 그릇에 젤리를 담아두었더라면, 그릇에 든 젤리는 그 날 오후가 되기 전에 이미 남아나지 않았을 것이다(지난 금요일에 약혼녀와 함께 파티를 열었을때 많은 양의 과자가 남았지만 난 그 많은 걸 주말이 다 가기 전에 해치웠다!).

내 친구들은 내가 이런 이야기를 들려줄 때마다 놀라곤 한다. 생산성에 관해 연구하고 실험하는 것을 본업으로 삼고 있는 사람이니, 일부 친구들은 내게 높은 자기 통제력이 있으리라 기대하는 것이 분명했다. 하지만 글을 쓸 때 주의를 빼앗는 디지털 세계를 거부하려고 애쓰는 만큼, 나는 생활 속 다른 유혹도 미리 처리하려고 노력한다. 음식은 나의 가장 큰 약점이기 때문에 나는 외부 환경을 바꾸기 위해 불량식품을 집에 두지 않으며 불량식품이 근처에 있으면 다른 사람에게 숨겨달라고 부탁한다.

음식으로부터든 주의를 빼앗는 것으로부터든 우리는 외부 환경으로부터 큰 영향을 받는다. 냉장고에 붙어 있는 배달 음식 메뉴를 보면 그 맛있고 건강에 나쁜 음식을 전화 한 통이면 받을 수 있다는 사실이 떠오른다. 채소와 병아리콩 소스 사진을 잘라 냉장고에 붙여 놓으면 건강하게 먹어야겠다는 생각이 떠오르듯 말이다. 그날의 목적 3개를 눈에 띄는 곳에 써놓으면, 오늘 하루 동안 정말로 중요한 일을 해야겠다는 생각이 떠오른다. 침실에 TV를 두면 버튼 하나만 눌러도 각종 뉴스와 예능 프로그램에 접근할 수 있다는 사실이 떠오르는데, 이런 텔레비전 프로그램은 잠을 자는 것보다 훨씬 더 매력적인 집중 대상이다. 게다가 텔레비전을 편한 자세로 볼 수 있는 소파가 놓여 있다면 더욱 유혹적이다. 아침 식사를 할 때 식탁에 둔 스마트폰은 주의를 빼앗는 온갖 것들이 기

다리고 있다는 생각을 하게 만들 것이다.[7]

외부 환경이 보내는 신호는 우리에게 놀랄 만큼 큰 영향을 미친다. 한 연구에서는 카페에서 서로 대화를 나누는 손님들을 관찰했는데, 스마트폰을 앞에 두고 있던 손님은 '벨이나 진동이 울리는 것과 상관없이' 5분마다 스마트폰을 확인하는 것으로 나타났다. 연구에서 말하듯 '진동, 신호음, 벨 소리, 빛이 나오고 있지 않을 때조차 스마트폰은 더 넓은 소셜 네트워크를 대변하고 거대한 정보 집약체로 들어가는 문을 제공한다.' 다른 연구 결과는 슬프기까지 하다. '스마트폰은 시야에 거슬리지 않는 정도로 존재하기만 해도 서로 가까워지고, 소통하고, 양질의 관계를 맺는 것을 방해했다.'

환경이 보내는 신호에 이끌려 우리는 너무나도 자주 성취하려는 목적에서 멀어지며, 개인적인 수준에서 덜 의미 있는 경험을 한다. 환경적 신호는 알림처럼 활발하게 우리를 방해하지는 않지만, 생산성과 사생활에 알림만큼 큰 위해를 가할 수 있다. 우리가 복잡한 업무를 피해 새롭게 주의를 돌릴 만한 것을 찾아 두리번거릴 때면 더욱 그렇다. 이렇게 주의를 흐트러뜨리는 신호는 업무 환경에서 되도록 줄여야 한다. 스마트폰, 태블릿 PC, 텔레비전을 다른 방에 두면 선로를 덜 이탈하고 덜 자극적인 환경에서 일하는 데 익숙해지며, 주변 환경보다 집중하고자 하는 대상이 더 매력적

---

7 스마트폰을 사용해서 다른 사람을 사귈 때도 이런 얄궂은 사태가 벌어진다. 우리는 주로 기기를 이용해서 다른 사람과 관계를 구축하곤 하지만, 직접 얼굴을 맞대고 대화를 나누는 것만큼의 의미 있는 경험을 스마트폰으로는 절대 할 수 없을 것이다.

임을 확신하게 된다.

새로운 신호를 업무 환경에서 제거하면 더 오래 집중할 수 있
는 능력을 얻는다. 어떤 신호를 주변에 놓기로 했다면 신중하게
대하는 것이 좋으며, 생산성이 어떤 영향을 받을 수 있는지도 질
문해 보는 것이 좋다.[8]

태블릿 PC와 스마트폰 같은 기기에 내가 시간과 주의력을 얼
마나 많이 낭비했는지 목격한 이후로, 나는 어떤 목적이 없는 한
그것들을 내 주변 환경에 거의 두지 않는다. 현재 태블릿 PC는 다
른 방에 있고, 스마트폰은 사무실의 맞은편 탁자에 있어서 나는
그 영향권에서 한참 벗어나 있다.[9] 내 앞에는 많은 것이 있다. 명

---

8 환경적 신호는 강력하다. 사무실의 청결함까지도 생산성에 영향을 미친다. 연구에
서 나타난 바에 따르면 정돈된 환경은 집중을 더 잘 유도하며 흐트러진 환경은 창의
성을 더 잘 유도한다. 따라서 회의 참가자가 모두 과제에만 집중하길 원한다면 주의
를 빼앗는 것이 거의 없는 깨끗한 회의실로 초대하는 것이 좋다. 관습을 탈피하거나,
변화를 초래하거나, 더 창의적인 브레인스토밍 시간을 보내고 싶다면 너저분한 환
경에서 회의를 열자. 사무실에 어수선한 회의실이 없다면, 생각을 뒤엎어서 사무실
밖에서 회의를 열자. 예를 들면 야외로 나가 자연 속에서 모두에게 새롭게 영감을
떠올리는 계기를 마련해 주는 것이다(그래도 걸으면서 회의를 하지는 말자. 걷는 중
에는 인지 수행cognitive performance 능력이 감소하는 것으로 나타났다. 단, 걷고 난
후에는 수행 능력이 높아진다).
9 한 연구에서 발견한 바에 따르면 주의가 흐트러지기 전에 시간이 약 20초 있을 때,
예를 들어 감자칩을 가져오거나, 스마트폰을 꺼내기 위해 잠갔던 서랍을 열거나, 주
의를 빼앗는 웹 사이트에 접속하기 위해 컴퓨터를 다시 시작하는 데 20초가 걸린다
면, 주의를 빼앗는 것들에 빠지지 않을 만한 시간적 여유가 생긴 셈이며 충동을 더
잘 조절할 수 있다. 충동이 행동으로 이어지기까지 걸리는 공백기 동안 우리는 주의
력에 대한 통제권을 되찾는다. 20초를 참으면 의식을 차리고 자연스레 생기는 충동
에 저항할 수 있다.

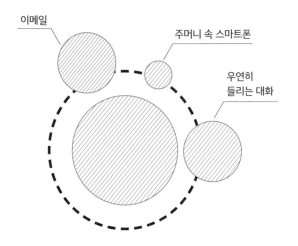

이메일

주머니 속 스마트폰

우연히 들리는 대화

주의를 빼앗는 요소를 억제하지 않았을 때

상용 방석과 무게 조절이 가능한 덤벨 한 쌍, 초목 서너 그루, 녹차 한 잔, 가족사진, 손이 심심할 때 만지작거릴 수 있는 주사위 모양 장난감, 화이트보드, 바위에서 햇볕을 쬐고 있는 암컷 거북이 에드워드[10] 등이다. 이런 것들은 그리 복잡하지 않아서 주의를 오래 뺏지 않을 것이며 스마트폰처럼 완전히 주의를 뺏을 수도 없다. 이들 때문에 주의가 흐트러질 때는 마음이 방황하고 있음을 인지하기 훨씬 쉬우며 다시 궤도로 돌아오기도 쉽다.

새로운 집중 대상은 주의집중 영역을 점령하려고 위협하면서 여러분이 어느 하나에 완전히 집중하지 못하게 막는다.

일하거나 생활하기 더 좋게 환경을 바꾸려면 주의를 산만하게

---

[10] 암컷인데 이름이 왜 에드워드인지에는 긴 사연이 있다.

할 집중 대상을 제거해야 한다. 어려운 일은 아니다. 다음 내용을 살펴보자.

주변에서 주의를 빼앗는 것들을 천천히 살펴보자

가장 복잡한 일에 집중해야 하는 장소에서는 이 일이 더 중요하다. 주의를 흐트러뜨릴 가능성이 있다면, 책상 한쪽에 둔 태블릿 PC부터 같은 공간에 근무하는 동료까지 전부 목록으로 작성하자. 그리고 생각해 보자. 그중에서 자신의 일보다 더 매력적인 것은 무엇인가?

스스로 거리를 두자

주의를 빼앗는 것과 마찬가지로 환경적 신호를 전부 미리 억제하기란 불가능하다. 하지만 최대한 통제할 수는 있다. 매력적인 집중 대상을 제거하거나 거리를 둬 그것들에 유혹당하지 말자.

환경에 더 생산적인 신호를 도입하자

식물은 진정 효과를 유도하는 것으로 나타났다. 우리는 칸막이 속이 아니라 자연 속에서 좋은 기분을 느끼도록 진화했다. 주변에 화이트보드를 걸어두면 생각을 브레인스토밍하도록 촉진할 수도 있으며 그 날의 목적 3개를 적어두기에도 유용하다. 좋아하는 책들을 사무실 선반에 꽂아두면 일하면서 아이디어가 떠오를 수도 있다. 손이 심심할 때 만지작거리는 주사위 모양 장난감을 곁에 두면 가끔씩 쉬고, 몽상에 젖고, 새 아이디어를 고민하라는 신호가 된다. 침대 옆 탁자에 스마트폰 대신 책을 두면 독서를 할 의욕이 더 많이 생길 것이다. 과일을 냉장고 대신 그릇에 담아 식탁에 두면 더 건강하게 먹게 될 것이다.

사용하고 난 공간은 반드시 정리하자. 집에 왔는데 싱크대에 설거지거리가 지저분하게 쌓여 있고 바닥에는 온갖 물건이 여기저기 널려 있으면 그 순간 스트레스를 받을 것이다. 여전히 온갖 일을 해야 한다는 생각이 떠오르기 때문이다. 그날 업무를 마쳤을 때도 마찬가지다. 책상에 둔 서류를 정리하고, 컴퓨터의 파일과 그날 받은 이메일을 정리하자. 다음 날 아침 책상 앞에 앉았을 때 할일에 곧바로 집중할 수 있을 것이다. 전날 하던 일 때문에 스트레스를 받는 대신 말이다. 디지털 환경에서 잡동사니를 정리하는 것도 물리적 환경에서 잡동사니를 정리하는 것만큼이나 중요하다.

사람들에게 어디서 집중이 가장 잘 되냐고 물었을 때, '사무실'이라고 대답할 사람은 거의 없을 것이다. 사실 대다수의 사람은 사무실을 제외한 온갖 장소를 말할 것이다. 가장 좋아하는 카페나 공항, 기차, 집 안 작업실 등을 포함해서 말이다. 내가 주장하는 바에 따르면 그 이유는 우리에게 일을 끝마치라고 압박하는 신호가 이런 환경에 없기 때문이다. 진행 중인 과제에 관해 동료들이 이야기하는 소리를 우연히 듣지도 않고, 정기적으로 진행 상황을 보고하는 회의실을 지나가지도 않는다. 일하는 장소를 바꾸면 주의를 빼앗는 신호 없이 성취하고자 하는 목적에 집중할 수 있을 때가 많다.

이미 알아챘을 수도 있지만, 지금의 환경적 신호가 미래의 자신을 도울 수도 있다. 나는 하루를 마감하며 다음 날 성취하고자 하는 중요한 목적 3개를 설정한 뒤, 그것들을 화이트보드에 적고 아침에 제일 먼저 볼 수 있게 만든다. 회의에 가져갈 서류 몇 가지를 기억해야 한다면, 문 옆에 붙여 놓아서 사무실을 떠날 때 볼 수 있게 한다.

음악

우리 주변에는 집중에 영향을 주는 요인이 끔찍하게 많다. 사무실 온도조차 어느 정도는 생산성에 영향을 미친다.[11] 내적, 정신적 환경이 생산성에 어떤 영향을 주는지 알아보기 전에 외부 요인 하나를 더 집중해서 다루고 싶다. 여러분은 이미 이 요인과 함께 일하고 있을지도 모른다. 바로 음악이다.

하이퍼포커스에 관해 연구하는 동안 나는 우리 시대의 가장 저명한 음악가이자, 프린스Prince나 브리트니 스피어스Britney Spears, 저스틴 비버Justin Bieber, 밥 딜런Bob Dylan보다 음악을 훨씬 많이 판 사람을 인터뷰했다. 이 남자는 거의 혼자서 사운드트랙을 작곡해 수없이 많은 어린이에게 선사했으며, 유튜브에 그의 영상이 올

---

[11] 한 연구에서 발견한 바에 따르면 21~22℃가 생산성을 높이기에 가장 이상적인 온도다. 온도가 낮으면 실수가 잦아지고 잔병치레를 할 가능성도 높아진다. 온도가 높으면(30℃ 이상) 생산성이 10%가량 하락한다. 물론 우리의 신체는 저마다 다른 회로로 연결되어 있으며, 따라서 업무 효율도 다양할 것이다.

라오면 시청자가 수백만 명은 너끈히 모여든다.

하지만 여러분은 이 남자의 음악은 들어본 적이 있을지언정 제리 마틴Jerry Martin이라는 이름은 잘 모를 것이다. 음악이 생산성에 어떻게 영향을 미치는지 살펴보려면 제리가 작곡한 음악부터 살펴보는 것이 가장 좋은데, 그가 현존하는 가장 생산적인 음악 중 일부를 작곡했기 때문이다. 제리는 심즈The Sims와 심시티SimCity처럼 전 세계에서 총합 1억 장이 훌쩍 넘게 팔린 게임의 음악을 작곡했다. 또 애플과 제너럴 모터스General Motors, NBA의 광고 음악도 작곡했다.

연구에 따르면, 가장 생산적인 음악에는 2가지 특징이 있다. 익숙하게 들리고(이런 이유로 여러분의 생산성을 높여주는 음악은 동료가 고른 음악과 다르다), 상대적으로 단순하다. 제리가 만든 음악에는 이 2가지 특성이 모두 있다. 조지 거슈윈George Gershwin같이 유명한 작곡가에게 크게 영향을 받았기 때문에 편안하고 친숙하게 들린다. 주의를 흐트러뜨릴 만한 가사도 없고 단순하다. 제리가 내게 말했듯 '음악을 너무 복잡한 구조로 만들면 사람들은 음악에 집중하게 된다. 배경에 흐르기에 가장 좋은 음악은 주의해서 들었을 때도 정말로 별것이 없다. 1차원적이며, 사람들이 알아채지 못하게 바뀌고, 게임에서 하는 일을 도와준다.' 다른 사람은 모르겠지만 나는 노래들을 반복 재생시켜 두고 글쓰는 걸 좋아하는데, 지난 1시간 동안은 에드 시런의 우울한 음색을 반복해서 듣고 있다.

하지만 연구에서는 가장 생산적인 음악이란 상대적이라고도 말한다. 음악은 주의집중 영역을 조금이라도 차지하기 마련인데, 익숙하고, 단조롭고, 비교적 조용한 음악은 자리를 덜 차지한다. 즉, 조용한 환경에서는 음악이 집중에 방해되지는 않지만 여전히 집중하고 있는 환경에 존재하고는 있다.

대화 소리는 단순하고 친숙한 노래보다 훨씬 더 복잡하며 주의를 흐트러뜨리는데, 붐비는 카페에서 작업 중이라면 음악이 주변에서 오가는 대화 소리를 덮는 데 도움이 될 것이다. 옆자리의 시끄러운 동료가 통화 중이라면 소음 제거 헤드폰을 끼고 음악을 듣는 것이 생산성에 훨씬 더 도움이 될 것이다(한 연구에서 발견한 바에 따르면 두 사람이 평범하게 나누는 대화 소리가 들릴 때보다 전화 통화 소리가 들릴 때 주의를 훨씬 더 빼앗긴다. 뇌는 들리지 않는 상대편의 말을 채워넣기 위해 잔업을 하며, 덕분에 그 통화 내용은 주의집중 영역을 더 많이 차지한다).[12] 나 같은 경우에는 시끄러운 비행기 안에서 소음 제거 헤드폰을 타고 나오는 음악에서 전해지는 잔잔한 평온함이 비행기 엔진이 으르렁거리는 소리보다 주의를 훨씬 덜 흐트

---

12 간접적으로 주의가 산만해지는 현상도 실제로 일어난다. 또 다른 실험에서 발견한 바에 따르면, 강의만 듣는 학생은 그 앞에서 친구가 노트북으로 멀티태스킹을 하는 모습을 보게 됐을 때 성적이 훨씬 나빴다. 이렇게 주의를 빼앗긴 학생은 이어지는 시험에서 평균적으로 시험문제의 56%를 맞췄고 주의가 흐트러지지 않은 학생은 평균 73%를 맞췄다. 각각 D 학점과 B 학점에 상응하는 결과였다. 이런 이유로 몇몇 연구자들은 '집중력을 위한 교실'을 개발해야 한다고 주장하는데, 주의를 다른 데로 돌리면 대가를 치른다는 것을 학생들이 유념하게 하자는 것이다. 다른 한편으로, 교실에서 과도하게 컴퓨터를 사용한다는 것은 더 큰 문제를 가리키는 징후일 수도 있다. 강의가 지루해서 학생들이 열중하지 않는다는 문제 말이다.

러뜨린다.

당신이 무슨 업무를 하고, 어떤 업무 환경에 있는지, 심지어 성격이 어떤 성질을 띠느냐에 따라 음악이 생산성에 미치는 영향은 달라진다. 예를 들면 음악은 외향적인 사람보다 내향적인 사람의 성과를 악화시킨다. 하지만 일반적으로, 집중하고 싶다면 단조롭고 친숙한 음악을 듣자.

마음 비우기

물론 주의를 빼앗는 요소가 전부 외부에만 있지는 않은데, 우리는 머릿속에도 주의를 빼앗는 것들을 넣고 다닌다. 보고서를 쓰다가 회의가 10분 전에 시작됐다는 사실이 기억나고, 퇴근해서 집에 도착한 다음에야 빵을 사러 빵집에 들렀어야 했는데 잊어버렸다는 사실을 깨닫는다. 집중하려는 순간에 주의가 산만해지지 않으려면 머릿속에서 이런 '개회로open loop[13]'를 없애는 것이 중요하다.

데이비드 앨런David Allen의 작품을 인용하지 않고서 집중과 생산성에 관한 글을 쓰기란 불가능하다. 앨런은 자신의 책 『쏟아지는 일 완벽하게 해내는 법Getting Things Done』에 단순한 전제를 담았다. 우리 뇌는 생각을 떠올리기 위한 기관이지, 붙들고 있기 위한 기관이 아니라는 것이다. 생산적인 두뇌는 텅 빈 두뇌이며 머

---

13 옮긴이 주: 신호가 한쪽으로만 이동하는 회로.

릿속에서 많은 것을 비워낼수록 더 명확하게 생각할 수 있다.

여러분이 온갖 약속과 회의 일정을 머릿속으로 계속 파악해야 한다면 절대로 명확하게 사고하지 못했을 것이다. 앞으로 다가올 일에 주의집중 영역의 한 부분을 끊임없이 할애했을 것이고, 덕분에 스트레스도 심하게 받았을 것이다. 할 일 목록을 가지고 다니면 달력과 비슷한 효과를 얻을 수 있다. 할 일들을 머릿속에서 꺼내 목록으로 옮긴다면 다른 일을 할 때는 목록의 업무가 신경 쓰이지 않을 것이다. 더 명확하게 사고할 수 있고, 결과적으로는 하는 일에 대해 죄책감을 덜 느낄 것이다.

업무와 약속을 외부로 옮기면 놀라운 일이 벌어진다. 죄책감이나 걱정, 회의감을 거의 느끼지 않으면서 일하게 된다. 과거에 불안함을 느끼면 죄책감이 들고, 미래에 불안함을 느끼면 걱정을 하고, 현재에 불안함을 느끼면 회의감이 든다. 목표를 설정하고 중요한 일을 어떻게 완수할지 계획을 세우면 이런 감정들은 사라진다.

달력이나 할 일 목록을 갱신하다 보면 내부에서 주의를 빼앗는 것들이 외부 신호로 변한다. 회의에 가야 한다는 사실을 더는 기억할 필요가 없다. 달력 애플리케이션이 대신해 줄 것이다. 중요한 일을 해야 한다는 사실도 기억할 필요가 없다. 책상에 놓은 할 일 목록을 신호 삼아서 무엇을 끝내야 하는지 기억해 낼 텐데, 그날 가장 중요한 목표를 맨 위에 적어뒀다면 더욱 그럴 것이다.

이런 개념은 업무와 약속보다 더 넓은 범위에 적용된다. 주의를 빼앗는 것 목록을 작성하면, 머릿속을 산만하게 만드는 것을 제거함으로써 더 빨리 다시 집중할 수 있고, 목록에 적은 것들은 나중에 처리할 수 있다(0.5장 참고). 걱정이 많은 사람이라면 마음에 걸리는 모든 것을 목록으로 만들자(각 항목이 타당한지 고려하는 시간도 마련하자). 마음이 쉬거나 방황하는 시간에 떠오르는 아이디어를 붙잡아 두면 나중에 사용할 수 있을 것이다. 중요한 이메일과 편지, 소포, 전화 등 기다리는 것이 있다면 전부 목록에 적어 주기적으로 재검토하여 그것들을 마음속에서 떨쳐낼 수 있을 것이다.

어떤 사람은 할 일 목록과 달력만 있어도 그럭저럭 괜찮다고 생각하며 추가 목록은 번거롭게 여긴다. 다른 어떤 이들은 마음에 걸리는 것이 있으면 사소한 것까지 전부 적어둬야 가장 명확하게 생각할 수 있다고 느낀다. 나는 이 중간 어딘가에 해당한다. 여러분은 어디에 해당하는지 신중히 살펴보자. 매일 목표를 몇 가지씩 정하기 시작하고, 할 일 목록과 달력을 가지고 다니자. 미해결 상태인 정신 회로는 온종일, 특히 가장 중요한 일에 몰두할 때 여러분의 주의를 끌어당길 수 있다. 이런 개회로를 닫기 시작해서 일에 더 쉽게 집중하고 하이퍼포커스에 들어가자.

해결하지 못한 약속과 아이디어는 떠오를 때마다 계속 적어두고, 나중에 정해진 시간에 다시 살펴보는 습관을 들이자. 주의집중 영역에 공간이 많이 생겨서 더 나은 일에 쓸 수 있을 것이다.

목적을 가지고 일하기

여기 집중에 관한 근본적인 진실이 있다. 뇌는 늘 복잡한 업무를 거부할 것이며, 그 업무를 처음 시작할 때 가장 강하게 거부할 것이다. 뇌가 업무를 거부하면 여러분은 그 대신 더 새롭고 자극적인 것을 하려고 찾아다닐 것이다. 달성하려는 목적과 멀어지도록 유혹하는 방해물과 주의를 빼앗는 요인 및 신호를 업무 환경에서 치워야 제 궤도에 머무를 수 있다. 이 장이 긴 이유는 간단하다. 하이퍼포커스에 들어가기 전에 치워야 할 덤불이 많기 때문이다.

집중 상태의 질을 가늠하는 데 이용할 수 있는 3가지 질문을 다시 떠올리자.

- 얼마나 오랜 시간 동안 의도적으로 일했나?
- 하나의 업무에 얼마나 오래 집중할 수 있는가?
- 산만해진 상태를 인지하기 전까지 마음이 얼마나 오래 방황했나?

3가지 측정 방법은 모두 다음과 같이 이 장에 나온 전략에 기반을 둔다.

- 주의를 빼앗는 것이 없을 땐, 평소엔 주의를 빼앗겼을 매력적인 것들을 제거하면서 의식적으로 보낼 시간을 만들 수 있다.
- 전반적으로 주의를 빼앗는 요소가 적은 상태로 일하면 중요한 일에 더 집중할 수 있다.

- 덜 산만하고 더 오래 집중하도록 뇌를 훈련할 수 있다.
- 업무 환경 및 생활 환경을 단순하게 만들면 주의가 산만해지도록 유혹하는 것들을 많이 제거할 수 있다.
- 주의를 흐트러뜨리는 머릿속 개회로를 제거하면 더 명료하게 일할 수 있고 가장 생산적인 일에 주의집중 영역을 훨씬 많이 할애할 수 있다.

주의를 빼앗는 요소를 미리 제거할 때 얻는 최종적인 이득은 더 천천히 의도한 속도로 일할 자유가 생긴다는 것이다. 예를 들어 한 연구에서는 무언가를 읽으면서 문자를 보내면 같은 쪽을 읽는 데 29~59%가량 시간이 더 오래 걸릴 수 있다는 사실을 발견했다. 하지만 옳은 방향으로만 일한다면 더 느리거나 신중한 속도로 일하는 것은 문제가 아니다. 느리게 일해서 손해를 봤다면 목표를 가지고 일함으로써 보상받을 수 있기 때문이다.

지금 하는 일을 위해 주의집중 영역을 더 잘 다듬으면, 무엇이 주의를 빼앗으려 해서 저항하는 중인지, 일에 대해 어떤 느낌을 받는지, 에너지가 얼마큼 있는지, 재충전이 필요한지 등을 더 뚜렷이 자각하며 일할 수 있다. 게다가 유혹과 충동이 생기는 순간을 알아채게 되어 앞으로는 그런 것들에 주의를 덜 빼앗길 것이다.

지금까지 우리는 하이퍼포커스의 4단계에 관해 다뤘다. 집중 대상 고르기, 주의를 빼앗는 것 제거하기, 업무에 집중하기, 다시 궤도로 돌아오기 말이다.

이제 하이퍼포커스 상태를 위한 무대를 설치하길 마치고 극도로 생산적인 정신 상태를 습관으로 만들 방법에 관해 이야기할 것이다. 그러려면 주의집중 영역을 키우고, 하이퍼포커스에 대한 저항감을 극복해야 한다.

여러분은 늘 시간이 있다.
다른 일에 시간을 쓸 뿐이다.

5

하이퍼포커스
습관

마음을 방황하게 하는 것들

우리가 집중하려는 바로 그 순간에 마음이 방황하는 이유를 조사한 연구는 많다. 이런 일이 훨씬 더 많이 일어나는 때를 정리하면 다음과 같다.

- 스트레스를 받거나 지루할 때
- 혼잡한 환경에서 일할 때
- 수많은 개인적인 고민을 떠올리거나 처리할 때
- 지금 하는 일이 가장 생산적이거나 의미 있는 업무인지 의문이 들 때
- 사용하지 않는 주의집중 영역이 있을 때(이런 공간이 많을수록 마음이 방황하는 사건을 겪기 더 쉽다.)

마침 우리는 이런 요인들을 이미 논의했다. 자세히 살펴보자.

스트레스를 받거나 지루함을 느끼는 것

나는 지루함이란 자극이 높은 상태에서 낮은 상태로 이행하면서 우리가 느끼는 동요라고 정의한다. 또한 우리는 상황이 요구하는 바에 비해 대응할 능력이 부족할 때 스트레스를 받는다. 주의집중 영역에 과부하가 걸리는 것을 예방하려면 자극의 정도, 처한 상황에 대한 정확한 인식과 같이 집중을 위해 필요한 자원을 확실하게 가지고 있어야 한다.

혼잡한 환경에서 일하는 것

하이퍼포커스에 익숙해질수록 여러분은 덜 자극적인 상황에 적응하면서 자극의 차이를 덜 자주 경험하고, 지루함도 덜 자주 느끼며, 자연스럽게 환경을 덜 혼잡하게 유지하려고 노력하게 될 것이다.

개인적인 고민을 생각하는 것

업무 목록이나 예정된 일정 목록, 심지어 걱정거리 목록을 이용해서 우리 머릿속의 주의를 흐트러뜨리는 '개회로'를 붙잡아 두면 우리가 집중하려 할 때 미해결된 문제가 마음을 짓누르는 것을 예방할 수 있다. 이렇게 하면 혼잡한 환경에도 더 잘 대처할 수 있고 개인적인 문제는 미뤄둘 수도 있다. 하는 일을 자주 바꾸지 않는 것도 우리가 더 명확하게 생각하는 데 도움이 된다. 한 가지 과제에 집중하게 되면 한정적인 주의집중 영역에 손해를 끼칠 수도 있는 주의 잔류물이 덜 남기 때문이다.

지금 하는 일이 가장 좋은 일인지 의문을 가지는 것

어느 순간이든 우리가 해야 하거나 할 수 있는 일에 관해 회의 감을 덜 느끼는 가장 좋은 방법은 의도를 가지고 일하는 것이다. 이런 회의감이 들면 마음은 우리가 집중하려는 대상을 떠나 산만 해진다.

사용하지 않는 주의집중 영역의 크기

가장 복잡한 업무를 수행하기 위해 하이퍼포커스로 들어가면 자연스럽게 주의집중 영역을 더 많이 소모하며, 결과적으로 마음 이 방황하는 것을 예방하게 될 것이다. 집중 대상이 사소할수록 산만해질 가능성이 커진다.

이 책에서 설명한 전략은 몇 가지 주된 이유로 효과를 발휘한 다. 모든 전략은 더 깊이 집중하는 데 도움이 되는 동시에 우리 마 음을 방황하지 않게 보호한다. 책 후반부에서는 마음을 방황하게 만드는 몇 가지 다른 요인에 관해서도 살펴볼 것인데, 여기에는 얼마나 피곤한지나 얼마나 행복한지 등도 포함되어 있다(여러분의 행복 수준은 여러 가지 흥미로운 방식으로 하고자 하는 바에 영향을 줄 수 있다).

하지만 지금은 마음을 방황하게 만드는 요인 중 내가 개인적으 로 흥미롭게 여기는 것들을 더 자세히 알아보도록 하자. 남아도는 주의집중 영역에 관해 말이다.

일을 더 어렵게 만들기

업무에 필요한 주의집중 영역의 크기는 그 업무가 얼마나 어려운 지에 달려 있다. 몇 분 동안 명상하면서 오직 호흡에만 집중해 본 적이 있다면, 아마 평소보다도 딴생각이 더 많이 든다고 느꼈을 것이다. 달리거나 깊은 대화를 나누거나 영화를 볼 때보다 훨씬 많이 말이다. 후자의 일은 더 복잡하므로 주의집중 영역을 자연스 레 더 가득 채운다.[1]

신기하게도 일을 더 복잡하게 만들거나 더 복잡한 일에 착수하 는 것은 하이퍼포커스로 들어가는 또 다른 강력한 방법이다. 더 복잡한 일은 주의력을 더 많이 소모하기 때문이다. 그렇게 하면 하는 일에 더 몰입하고, 덜 산만해진다.

미하이 칙센트미하이는 신기원을 이룬 저서 『몰입』에서 우리 가 언제 몰입하기 쉬운지에 대한 아주 흥미로운 통찰을 제공한다. 업무 능력에 맞는 난이도의 일을 할 때, 우리는 그 일에 완전히 몰 두하게 된다. 예를 들어, 몇 시간 동안 생각 없이 자료를 입력하는 일처럼 능력이 일에 필요한 수준보다 월등히 뛰어넘는 일을 한다 면 우리는 지루함을 느낀다. 반대로 우리가 가진 능력보다 더 많

---

1 명상의 힘은 마음에 고삐를 매어 사소하고 단순한 집중 대상에 주의를 기울이게 함 으로써 복잡한 일에 더 쉽게 집중할 수 있게 만드는 데 있다. 그 결과 마음이 방황하 는 빈도가 줄고 더 깊이, 더 오랜 기간 집중하는 능력이 생기며 집중 상태의 질이 극 적으로 높아진다. 명상 연습을 낯설게 느끼거나 겁낼 필요가 없으며, 시도해 볼 만한 가치가 있다.

은 걸 요구하는 일, 예를 들어 중요한 발표의 준비가 안 됐다면 우리는 불안함을 느낀다. 악기를 연주할 때든, 책에 빠져있을 때든, 새로 눈이 내린 스키장에서 스키를 타고 내려올 때든, 자신의 능력에 맞는 난이도의 일을 할 때 우리는 일에 완전히 열중하게 될 것이다.

온종일 일에 몰입하기 어렵다고 느낀다면 그 일의 난이도가 어떤지 질문해 보는 것이 좋다. 지루함을 자주 느낀다면 자신이 지닌 고유한 기술을 동원해야 하는 업무를 하고 있는지 고민해 보자. 이전 장에서 설명한 아이디어를 실행한 다음에도 여전히 마음이 자주 방황한다면 업무의 난이도가 낮아서 주의집중 영역을 충분히 할애하고 있지 않다는 좋은 신호다.[2] 완전히 반대로, 주의를 빼앗는 요인을 억제한 상태에서 의도를 염두에 두며 일하는데도 불안함을 느낀다면, 스스로의 능력만으로 당면한 일을 처리할 수 있는지 고민해 보자.

각 업무에 대해 자문하기 외에도 전반적으로 업무량이 얼마나 많은지 진지하게 생각해 보는 것이 좋다. 하이퍼포커스 전략을 사용하면 더 짧은 시간에 더 많은 성취를 이룰 수 있는데, 그러다 보면 나머지 일이 남은 시간을 전부 할애할 만큼 많지는 않다는 사실을 발견할 수도 있다. 그렇게 되면 상황이 변하기도 한다.

업무는 그것을 마무리하기까지 사용할 수 있는 시간이 길면 늘

---

2 주의집중 영역이 클수록 단순한 일을 할 때 마음이 더 많이 방황한다. 이 사실은 더 나아가 팀에서 가장 유능한 사람이 가장 어려운 일을 맡아야 한다는 논리를 뒷받침한다.

어지는 경향이 있다. 생산성 업계에서는 이런 현상을 파킨슨의 법칙Parkinson's law이라고 한다. 하지만 주의를 빼앗는 것들을 미리 봉쇄한다면, 여러분도 나와 같은 발견을 할 것이다. 이제는 일을 끝내는 데 사용할 수 있는 시간에 맞춰서 업무가 늘어지지 않으며, 당면한 문제가 정확히 얼마큼인지도 드러난다. 내가 컨설팅했던 몇몇 경영자는 가장 중대한 일에만 집중했을 때 하루치 일을 단 몇 시간 만에 성취할 수 있음을 발견했다.

나는 이런 현상을 지난 책을 썼을 때 직접 발견했다. 비교적 짧은 시간 동안 8만 단어짜리 원고를 완성해서 넘긴 뒤에도, 나는 계속해서 똑같이 바빴다. 일은 크게 줄었는데도 말이다. 남은 과제는 내가 쓸 수 있는 시간에 맞춰서 늘어졌다. 초빙 강연에 대해 일정이 잡히기 몇 주 전부터 계획하는 대신 훨씬 더 일찍, 내가 필요한 기한보다 아주 먼저부터 생각하기 시작했다. 일해야 하는 시간에 소셜 미디어 계정에 훨씬 자주 로그인했다. 스스로 했던 조언을 따르지 못하고 새 이메일을 하루에 한 번이 아니라 끊임없이 확인했다. 알림과 공지를 더 많이 들여다보고, 할 일이 더 많은 양 굴었다. 회의도 더 많이 참석하기로 약속했는데, 그중 상당수는 애당초 내가 참가할 필요도 없는 것이었다. 바쁘지 않으면 끔찍한 죄책감에 사로잡혔고, 물론 그 느낌은 쓸데없이 바쁘게 일하면 곧바로 사라졌다.

나는 이 죄책감이 2가지 원인에서 비롯된다는 사실을 전혀 몰랐다. 의도가 부족한 채로 일하기 때문이기도 했고, 할애할 수 있는 시간에 맞춰서 일을 늘어뜨렸기 때문이기도 했다. 몇 달이 걸려서야 나는 마침내 한 발짝 뒤로 물러서서 새롭게 주의를 빼앗는 것들이 내가 이용 가능한 시간을 빼앗아가지 못하게 억제했다. 그렇게 하자 마주한 과제가 사실은 얼마나 조금이었는지 발견했다. 이에 대응하여 나는 더 의미 있는 일에 착수했다. 내가 운영하는 웹 사이트에 글을 더 많이 쓰고, 지금 쓰는 이 책에 대한 아이디어를 떠올리고, 강연 및 상담 시간을 늘렸다. 나는 내가 상당히 생산적인 사람이라고 자부했기 때문에 실패를 인정하기 힘들긴 했지만 덕분에 꼭 필요한 교훈을 얻었다. 직장에서든 집에서든 생각 없이 일하는 것은 비생산적인데, 중요한 일이 충분히 없기 때문이라고도 볼 수 있다. 따라서 마감을 앞두면 쓸데없이 바쁜 다른 일을 미뤄두는 이유도 설명할 수 있다. 일을 질질 끌 시간이 없기 때문이다.

전반적으로 할 일이 충분한지 측정하려면 하루 중 얼마만큼을 비생산적이고 쓸데없이 바쁜 일에 허비하는지 계산해 보자. 쓸데없이 바쁜 일의 척도가 높게 나온다면, 쓸데없는 일들 대신 당면한 업무에 훨씬 더 많이 투자하고, 더 몰입해서 생산적으로 진행할 만한 시간적 여유가 있을 것이다.

여러분은 '쓸데없이 바쁠 수도 있다'는 발상을 즉각 체감하지 못하기 때문에, 이미 전력을 다해 일하고 있다고 느끼면 이 조언에 등을 돌린다. 하지만 이 조언은 고려해 볼 만하다. 우리는 생계를 위해 지식 노동을 할 때, 해야 할 일은 미루면서 이메일과 소셜 미디어처럼 생산적인 '기분'은 들지만 성취하는 것이 거의 없는 일에 시간과 주의력을 소비한다.

반복 작업에 관한 짧은 이야기. 반복 작업은 보통 복잡한 일보다 덜 생산적이지만, 나름대로 단점을 보완하는 구석이 있다. 사람들은 반복 작업이 더 낫다고 느낀다. 연구에서 나타난 바에 따르면 우리는 보고서 작성처럼 더 복잡한 일보다 자료 입력처럼 따분한 일을 선호한다. 이 책을 쓰는 동안 마이크로소프트의 연구 부서를 방문했는데, 이 부서에서는 우리가 주의력을 관리하는 방식에 관한 많은 연구를 수행한다. 나는 이 부서를 세 번 방문했는데, 그때마다 직원들은 완전히 주의를 기울이지 않아도 되는 일을 할 때 더 행복하다고 단호하게 말했다. 이해가 되기는 한다. 생산적인 일은 중요하지만, 더 하기 싫을 때가 많으며 일반적으로 복잡한 일을 할 때 더 많이 보상받는 이유도 그 때문이다. 우리가 지닌 특별한 정신적 자원을 사용해야 하니 말이다. 동시에 무념무상으로 하는 일은 즉각적인 평가가 돌아오고 무언가를 해낸 느낌이 든다. 특정 반복 작업이 진실로 즐겁다면 지금 읽고 있는 책 때문에 굳이 그 일을 멈추지는 말자. 다만 반복 작업을 조금 줄여서 중요한 일에 쓸 시간과 주의력을 확보하자.

주의집중 영역 늘리기

지금까지 논의했던 집중 전략은 대부분 주의집중 영역을 돌보는 더 나은 관리인이 되는 법에 관해서였다. 여러분은 주의집중 영역을 신중하게 관리할 뿐 아니라 그 영역의 크기를 키울 수도 있다.

요점만 말하자면 주의집중 영역의 크기는 인지심리학자들이 '작업기억 용량'이라고 부르는, 정신이 데이터 조각을 동시에 몇 개 수용할 수 있는지 가늠하는 척도로 측정할 수 있다(대개 정보 덩이 약 4개를 수용한다). 작업기억 용량이 클수록 더 많은 정보를 동시에 수용할 수 있으며 복잡한 일을 처리하는 능력도 크다.

주의집중 영역을 확장하면 더 복잡한 일에 착수하는 것 외에도 다른 이득이 있다. 작업기억 용량을 높이면 복잡한 일에 집중할 때 마음이 덜 방황하는 것으로 나타났다. 마음이 방황하더라도 더 생산적으로 방황한다. 주의집중 영역이 넓을수록 미래를 생각하고 계획할 가능성이 크기 때문이다.

그보다 더 좋은 점은 주의집중 영역이 넓으면, 원래 의도를 염두에 두면서도 다음에 무슨 일을 할지 고려할 만큼 주의집중 영역에 여유가 생긴다. 또 주의집중 영역이 넓으면 마음이 방황하거나 주의를 다른 데 뺏기더라도 빨리 원래 궤도로 돌아오는 데 도움이 된다. 한 연구에서는 이 점에 관해 인상적으로 표현했는데, 작업기억 용량이 더 크면 '충분히 활용하지 않았던 자원을 전부 이용하여 원하는 정신적 목적지로 복귀할 수 있다'고 말했다.[3]

그렇다면 주의집중 영역은 어떻게 확장할 수 있을까?

많은 '두뇌 훈련' 애플리케이션과 웹 사이트가 기억력과 주의력을 높여준다고 약속한다. 간단히 말하면, 이런 주장에는 대부분

---

3 작업기억 용량과 지능에는 강한 상관관계가 있다. 지능은 직무 성과를 예측할 수 있는 가장 좋은 변수다.

미심쩍은 구석이 있다. 실험 연구에 따르면 확실한 근거가 없기 때문이다. 몇몇 두뇌 훈련 프로그램은 단기로는 효과가 있으며, 무언가를 기억하고 문제를 해결하는 데 조금은 도움이 되지만 그 이상의 효능은 없다. 이마저도 계속 유지하려면 이런 프로그램을 일주일에 몇 시간씩 꾸준히 해야 하며, 그만두는 즉시 쌓았던 능력을 잃어버린다. 한 연구에서는 표본이 되는 참가자 1만 1430명을 대상으로 이 프로그램의 효율성을 측정했다. 그 결과 효과를 '증명할 수 없었으며', 이런 애플리케이션을 통해 개선할 수 있다고 주장하는 능력을 측정해도 마찬가지였다!

하지만 연구에 연구를 거듭하며 작업기억 용량을 높이는 효과가 있음이 입증된 훈련이 하나 있다. 명상이다.

몇몇 사람은 명상을 과소평가하며, 종종 승려가 동굴에서 명상하는 모습을 떠올린다. 현실에서 명상은 사실 꽤 간단하다. 하이퍼포커스로 들어갈 때와 마찬가지로 명상할 때도 한 가지 집중 대상(대개 호흡)에서 마음이 멀어진다고 인지하는 즉시 그 대상으로 계속해서 다시 주의를 돌리면 된다.

호흡 명상(가장 평범한 형태이자 내가 개인적으로 약 10년간 훈련했던 방법이다)을 하면 호흡에 어떤 특징이 있는지 자각한다. 얼마나 깊이 들이마시고 내쉬는지, 온도는 어떤지, 어떤 신체 부위가 가장 두드러지는지, 들숨이 어떻게 날숨으로 바뀌는지 등을 말이다. 호흡을 관찰하는 데는 주의력을 전부 사용하지 않으므로 마음이 끊임없이 방황하는데, 이것이 핵심이라고 할 수 있다. 돌아다니는 마음을 세세한 호흡으로 되돌릴 때마다 여러분은 집행 기능, 즉 주의력에 대한 통제력이 향상된다. 그 결과 집중 상태의 질도 다방면으로 높아진다. 그러면 더 오래 집중할 수 있고, 마음이 덜 방황하며, 의도를 더 깊이 새기면서 일할 수 있을 것이다.

하이퍼포커스 상태에서도 마찬가지 경험을 할 수 있다. 명상과 마찬가지로 하이퍼포커스 훈련 역시 축적된다. 더 많이 연습할수록 주의력을 더 잘 관리하게 되며, 다음 번에는 더 오래 집중한다.

명상은 간편하다. 앉아서 눈을 감고 호흡에 집중하면 된다. 특히 처음에는 잘못하고 있는 듯한 느낌이 들지만 자연스러운 현상이니 너무 마음 쓰지 말자. 이 단순한 훈련이 유발하는 효과는 실로 엄청나다. 한 연구에서 발견한 바에 따르면 참가자는 명상 연습을 했을 때 마음이 덜 방황했을 뿐 아니라, 마음이 방황하기 전까지 더 오랫동안 집중했다(집중 상태의 질을 측정하는 두 가지 방법이다). 이 연구에서는 미국의 대학원 입학 자격시험인 GRE를 공부하는 학생에게 명상을 소개했다. 놀랍게도 명상을 한 학생들의 점수는 평균적으로 16%나 상승했다! 명상은 혼잡한 환경에서 일하거나 개인적인 걱정거리를 처리할 때처럼 '스트레스를 많이 받는 동안 작업기억 용량이 줄어드는 것'을 예방하는 것으로 나타났다. 이 주제를 다룬 문헌 연구에서는 명상의 장점을 가장 간결하게 설명하면서, '마음이 방황할 때 발생하는 파괴적인 효과를 최소화하는 가장 검증된 기술'이라고 말했다.

내가 가장 좋아하는 명상 관련 연구에서는 참가자가 적극적으로 명상 훈련을 했을 때 작업기억 용량이 얼마나 증가하는지 측정했다. 연구원들은 참가자들을 대상으로 일주일에 두 번씩 45분짜리 명상 훈련을 진행했고, 집에서도 명상을 하도록 권했다. 몇 주가 지나자 연구원들은 명상한 사람 모두가 작업기억 용량에 놀라운 일이 생긴 사실을 발견했다. 평균 작업기억 용량이 30% 이상 증가한 것이다. 같은 연구에서 조사했던 다른 두 집단보다 훨씬 높은 수치였는데, 둘 중 한 집단은 몇 주 동안 요가를 연습했다. 이런 효과는 명상 훈련을 시작한 지 일주일이 되던 때부터도 관찰됐다.

하루에 단 몇 분이면 명상을 시작할 수 있다. 하이퍼포커스 상태로 일하기 전에 하듯 우선 저항감이 어느 수준인지 생각해 보자. 그다음에는 의자에 앉는데, 편하면서도 등을 곧게 편 자세를 만들어서 척추를 이루는 디스크들이 서로 잘 쌓이게 한다. 그리고 호흡의 질을 인지하고 딴생각이 들면 호흡에 다시 집중한다. 애플리케이션을 이용해서 명상을 시작하는 것도 강력하게 추천한다. 나는 헤드스페이스Headspace와 인사이트 타이머Insight Timer라는 애플리케이션을 좋아하는데, 둘 다 특별히 명상 안내 음성을 담고 있어서 명상을 시작하는 데 도움이 된다. 마음이 어디로 갈지 진심으로 궁금해하면서 각 명상 세션에 접속하자. 나는 명상 규칙을 단순하게 세워서 수년째 지키고 있다. 매일 하기만 하면 시간은 중요하지 않다는 규칙이다. 어떤 날은 1~2분밖에 시간을 못 낼 수도 있지만 규칙적으로 매일 한다면 그 정도로도 충분하다. 10년 전 시작했을 때는 단 5분 동안 명상을 했지만, 이후로 점차 30분까지 늘어났다. 나는 무엇을 준대도 명상만큼은 포기하지 않을 것이다.

호흡을 가지고 연습하는 것은 생명을 가지고 연습하는 일이다. 하지만 이 연장통에는 명상만 있는 것이 아니다. 마음챙김 훈련은 주의집중 영역을 넓히는 또 다른 검증된 방법이다. 명상보다 단순하며 덜 도전적이기도 하다.

마음챙김은 무엇이 마음을 채우고 있는지 의식하고 현재 상황을 깨닫는 일과 관련이 있다. 인지하거나 느끼거나 생각하게 된 모든 것에 주목하는 일도 포함한다. 그러나 한 가지 중요한 측면에서 하이퍼포커스와 다르다. 현 상황에 집중하기만 하고 몰두하지는 않는다는 점이다.

이상하게 들릴 수 있는 말을 하겠다. 여러분은 샤워를 하면서도 샤워를 하고 있다는 사실을 인식한 적이 별로 없을 것이다. 가만히 서서 물을 맞는 동안 마음은 보통 다른 곳에 있다. 마음은 사무실에서 일일 점검 사항을 훑거나, 저녁거리로 무엇을 살지 생각하거나, 업무를 하다 생긴 문제와 관련해서 브레인스토밍하고 있을 것이다. 머릿속 한구석에서는 샤워 습관을 순서대로 작동시킬 테지만, 마음은 여러분이 경험하는 그곳에 여러분과 함께 있지 않다. 의식하면서 샤워하면 지금의 감각에 집중하게 되며, 눈앞에 있는 대상에 더 잘 집중하도록 뇌를 단련할 수도 있다.

아침에 커피를 마시거나, 사무실로 걸어가거나, 샤워를 하는 등 일상적으로 하는 일 중에서 주의력을 완전히 소모하지 않는 일을 하나 골라서 1~2분 동안 그 경험 자체를 의식하는 방식으로 마음챙김 연습을 시작하자. 지금 이 순간에 주의를 고정한 채 커피에서 어떤 냄새와 맛과 느낌이 나는지, 직장에서 다른 사무실로 걸어갈 때 몸의 추진력은 어떻게 변하는지, 샤워할 때 온도와 감각은 어떤지 주목하자. 타이머는 맞춰도 되고 안 맞춰도 되며, 그저 지금 이 순간에 처한 상황을 잊지 말고 보이고 들리고 느끼는 것에 될 수 있는 한 많이 주목하기만 하면 된다. 상념에 잠겼다는 것을 인지하면 원래 집중하려고 의도했던 대상으로 다시 마음을 돌리자. 그리고 마음은 길들이기 힘든 법이라며 웃어넘기자. 마음이 방황해도 스스로 가혹하게 대하지 말자. 뇌는 원래 그렇다는 사실을 기억하자.

요지는 이렇다. 사소한 대상에 집중할수록 마음은 더 많이 방황할 테지만, 그 대상에 집중하면서 주의집중 영역은 더 넓어질 것이다. 마음챙김이나 명상을 연습하면 마음이 길을 벗어났다가 제 궤도로 빨리 돌아오게 되고, 일과 삶에 더 잘 집중하게 될 것이다.

명상이나 마음챙김을 연습하는 효과는 강력하기까지 한데, 주

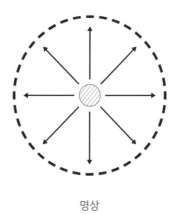

명상

어진 시간 동안 마음속에 의도를 단 하나만 붙잡아 두는 연습을 몸에 익히기 때문이다. 명상하는 동안에는 타이머가 울릴 때까지 호흡에만 신경 쓰겠다는 의도로 앉아 있는다. 마음챙김을 연습할 때도 마찬가지다. 커피잔이 비거나 반만 찰 때, 샤워가 끝날 때, 가려는 곳까지 길어서 노착할 때까지 그때 그곳에서 하는 일에 집중한다. 의도를 하나만 염두에 두면 남은 하루도 더 의도적으로 생활하고 일할 수 있다. 명상과 마음챙김은 둘 다 주의집중 영역을 넓혀주기 때문에 어느 것이든 연습하면 의도를 유지하는 데 도움이 된다.

이런 혜택으로는 성이 차지 않는다면 다른 장점도 소개하겠다. 명상과 마음챙김은 상념에서 한 걸음 물러나는 데도 도움이 된다. 그러면 주의집중 영역에 무엇이 있는지 확인하기도 훨씬 쉽다. 무엇이 주의를 빼앗는지 더 잘 인지할수록 의도하는 바를 향해 더 빨리 주의를 되돌릴 수 있을 것이다.

주의집중 영역을 충분히 의식한다면 마음이 생산적인 아이디어에 머물고 있음을 깨닫고 그 아이디어를 계속 발전시키고 싶을 수도 있다. 예를 들어 작업기억 용량이 높으면 미래를 위해 계획을 세우고 의도를 설정할 가능성도 크다. 이렇듯 의식 범위에 여분이 생기면 주의집중 영역 귀퉁이에 길을 빗나간 집중 대상이 있음을 인지할 힘이 생긴다. 연구 결과는 명확하다. 마음챙김과 명상은 주의력을 관리하는 방식을 개선하는 사실상 모든 방면에서 도움이 된다.

이따금 한 번씩 나는 불교 사찰에 가서 대중과 함께하는 토요

일 오후 명상에 참여한다. 대개는 각자 집에서 준비해 온 음식을 나눠 먹고 1시간 정도 명상을 한 뒤, 승려가 하는 강연을 듣는다. 언젠가 한 번은 승려가 몇 주 동안 명상 훈련을 할 때 어떻게 코끝에서 느껴지는 숨결에만 집중했는지를 얘기했다. 어처구니없이 사소한 집중 대상이다. 나는 다음 날 평소보다 길게 2시간 동안 명상하면서 같은 일에 도전했는데, 마음이 전에 없이 심하게 방황했다. 집중 대상이 그토록 사소하니 놀랄 일도 아니다.

하지만 다음 날 아침, 나는 몇 주 만에 가장 깊게 일에 집중했다. 단 몇 시간 만에 수천 단어를 썼고, 강연 세 건에 관해 브레인스토밍했고, 시간이 남아서 받은 메일함도 청소했다. 그날 이후 긍정적인 효과가 쭉 나타났는데, 일주일 내내 더 잘 집중할 수 있었다. 집중 상태의 질은 생산성을 좌우하므로 그 품질을 조금이라도 높이면 성취하는 양에 놀랄 만한 변화가 생긴다.

다행히 코끝에 집중하며 몇 시간을 보내지 않아도 마음챙김과 명상을 통해 놀라운 혜택을 경험할 수 있다. 하루에 단 몇 분만 연습해도 어마어마하게 도움이 될 것이다. 여러분이 이 장에서 한 가지 교훈을 얻어 간다면, 명상과 마음챙김만큼 집중 상태의 질을 개선하고 주의집중 영역을 넓혀주는 훈련은 거의 없다는 것이다. 명상과 마음챙김은 시간을 조금 들이긴 해야 하지만 훨씬 더 명확하고 깊게 생각하게 하며, 의도를 가지고 집중하게 됨으로써 그 시간 이상을 되돌려 받을 수 있을 것이다.

집에서 하이퍼포커스로 들어가기

이 책에 나온 아이디어 대부분은 직장에서뿐 아니라 가정에서도 도움이 될 것이다. 나는 이 아이디어들을 실천하면서 일상에서도 다소 놀라운 혜택을 봤다.

최근 아주 생산적으로 일하는 동안 여러분은 하이퍼포커스에 들어갔을 것이다. 집에서 가장 행복하고 기운이 넘친다고 느꼈던 때도 비슷한 상태에 있었을 것이다. 사랑하는 사람과 의미 있는 대화를 나누든, 정원에 식물을 심든, 친척과 카드 게임을 하든, 해변에서 책을 읽으며 휴식을 취하든 아마 단 하나의 일에만 집중했을 것이다. 여러분이 하는 하나의 일이 주의집중 영역을 가득 채운 것이다. 주의를 빼앗는 것도 주변에 별로 없었을 것이다. 업무용 스마트폰은 아마 다른 방에 뒀을 것이고, 주말 동안에는 연락을 끊으려고 노력했을 것이다. 가족들도 저녁 식사 때는 스마트폰을 가져오지 않기로 동의했을 것이다. 덕분에 더 이완된 상태로 지내면서 주변에서 새로운 자극거리를 찾지 않았을 것이다. 여러분은 하는 일에 상대적으로 쉽게 집중할 수 있었다.

내가 생각하기로는 대상 하나에 완전히 집중하는 상태를 묘사하기에 '하이퍼포커스'만한 용어가 없지만, 이 용어는 위압적일 만큼 강렬하게 들린다는 단점이 있다. 실제로 보면 마감이 닥치거나 일이 힘에 부치지 않는 한 하이퍼포커스는 정말로 이완된 상태인데, 시간에 맞춰서 일을 늘리는 사치를 부리지도 못할 정도다. 하이퍼포커스에 들어가면 주변에 있는 새로운 대상으로 주의가 거의 돌아가지 않으며, 당시 하는 일이 주의집중 영역을 매우 자연스럽게 채운다. 이런 발상은 집에서도 해당되며, 하이퍼포커스 상태에서 얻는 혜택을 집에서도 똑같이 경험한다. 하는 일을 더 많이 기억하고 그 일에서 비롯된 경험이 더 의미 깊어진다. 매 순간에 집중하는 시간이 늘어나고, 덜 노력해도 더 빨리 일을 마친다. 나는 3가지 업무 목표에 덧붙여 3가지 개인적인 목적을 날마다 설정하면서 이런 경험을 하길 좋아하는데, 흥청망청하게 넷플릭스 프로그램 시청하기가 그 목표가 되기도 한다.

하이퍼포커스로 들어가는 것이 특히나 이득인 분야로는 대화를 들 수 있다. 깊고 의미 있는 대화를 나누는 비법은 단순하다. 함께 이야기하는 사람에게 완전히 주의를 기울이는 것이다. 예를 들면 상대방이 이야기를 마친 뒤에 내 말을 시작하는 방법이 있다 (단순한데도 잘 활용하지 않는 기법이다). 상대방이 문장 끝에 마침표를 찍는 소리가 들릴 때까지 기다렸다가 다음에 할 말을 생각하자. 확신컨대, 대부분의 사람은 여러분이 정말로 집중하는 때를 직감적으로 눈치챈다. 누군가와 좋은 시간을 보내기만 할 뿐 아니라 그 사람에게 깊이 집중하기까지 할 때, 놀라운 일이 생긴다.

하이퍼포커스에 들어가면 개인적인 관계, 대화, 그 밖의 상황을 더 깊이 파고들 수 있다. 서로에게 충실하게 집중하는 것이야말로 사랑이라고 나는 확신한다. 침례교 목사이자 작가인 데이비드 옥스버거David Augsburger가 말했듯, '이야기를 들어주는 행위가 사랑하는 행위와 얼마나 비슷하냐면, 보통 사람은 그 둘을 거의 구분할 수 없을 정도다.'

악기를 연주하든, 개를 산책시키든, 가족을 위해 저녁을 준비하든 집에서 하이퍼포커스 상태로 어떤 활동을 한다면 업무를 의도적으로 차단해야만 한다. 그래야 무의미하고 새로운 데로 주의가 돌아가지 않도록 할 수 있고, 하는 일에 완전히 집중할 수 있다. 이 훈련은 시간이 가면서 점차 쉬워진다. 이 책은 나중으로 가면 한 장 전체를 할애해서 하이퍼포커스 상태를 재충전하는 법을 다루는데, 주기적으로 업무에서 한 걸음 물러나서 머리를 식히고 덜 어려운 일을 하면 된다. 집에서 의도적으로 시간을 보낼 때도 재충전한 느낌을 받는다.

직장에서나 집에서나 집중의 질은 삶의 질을 결정한다. 직장에서는 당면한 것에 더 주의를 기울일수록 더 생산적인 사람이 된다. 집에서는 마주한 것에 더 주의를 기울일수록 삶이 더 의미 깊어진다.

저항감과 싸우는 4가지 방법

이 장에서는 더 강력한 하이퍼포커스 습관을 개발하는 데 도움이 될 전략을 다양하게 다뤘다. 일을 더 어렵게 만들고, 직장과 집에서 더 많은 과제에 착수하고, 주의집중 영역을 넓히고, 삶의 모든 분야에서 하이퍼포커스로 들어가는 연습을 하고, 정확히 언제 하이퍼포커스로 들어갈지 선택하는 것이다. 끝으로 일과 생활 속에서 하이퍼포커스 의식을 강화하는 데 도움이 될 마지막 중요한 개념을 살펴보자. 하이퍼포커스에 대한 필연적인 저항감과 싸우는 방법에 관해서 말이다.

단 10분이라도 하이퍼포커스로 들어가려고 이미 시도해 봤다면, 아마 내가 처음 느꼈던 그 느낌을 받았을 것이다. 하나의 대상에만 집중하려고 할 때 생기는 정신적 저항감을 말이다. 이런 감정을 느끼는 이유는 아마 새롭게 주의를 빼앗는 것이 보이면 가만히 있지 못하게 되기도 하고, 걱정하기도 하고, 굴복하기도 하는 경향이 복합적으로 작용하기 때문일 것이다. 하이퍼포커스로 들어가는 초기 단계에서는 이렇게 주의를 빼앗는 것들을 평소보다 더 간절하게 갈망할 가능성이 크다.

복잡하고 생산적인 일에 대한 저항감을 일하는 시간 내내 꾸준히 느끼는 것은 아니다. 대개 이런 일을 시작하고 처음 40초 내외로 가장 강하게 저항감을 느끼게 된다.

40초

예를 들어, 창고나 침실 벽장을 청소하는 데 필요한 힘과 체력을 모으는 데는 몇 주가 걸릴 수도 있지만, 단 1분이라도 일을 일단 하고 나면 몇 시간은 계속할 수 있다. 운동도 마찬가지다. 시작하기 싫은 저항감만 극복하면 나머지 운동을 계속해 나갈 수 있다. 시작하기만 하면 의도를 실천하기에 충분한 추진력을 얻을 수 있다.

가장 복잡한 업무도 마찬가지인데, 우리가 일한 지 단 40초 만에 유혹적인 방해물들에 주의를 빼앗기는 다양한 이유 중 하나다. 복잡한 업무를 막 시작할 때 우리는 저항감을 가장 크게 느끼며 더 매력적인 대안을 찾아서 눈을 돌린다. 새 일을 시작한다면 주의를 빼앗는 것을 제한하고 의도적으로 집중하면서 적어도 1분 동안 일하는 것이 중요하다. 그럼 이제 업무에 대한 초기 저항감과 싸우는 4가지 전략을 알아보도록 하자.

초기에는 하이퍼포커스 시간을 짧게 잡자

정신적 저항감이 사라질 때까지 하나의 일에 집중하려고 노력하는 시간을 최소화하자. 처음 시작할 때는 정신적 마감 시간을 5분으로만 설정해도 충분할 것이다.

무언가를 할 '시간이 없을' 때에 주목하자

여러분은 늘 시간이 있다. 다른 일에 시간을 쓸 뿐이다. 여느 때처럼 '시간이 없다'는 말이 튀어나온다면, 조금 다른 예시로 바꾸어 생각해 보자. 친구와 커피 한 잔 마시며 수다를 떨 '시간이 없다'면, 럭비 경기를 시청하거나 페이스북을 무의미하게 서핑할 시간은 그만큼 있는지 자문해 보자. 어떤 일을 시작할 '시간이 없다'고 느낀다면, 상사와 만나거나 컴퓨터나 이메일을 정리하기 위해서는 일정을 비울 수 있는지 자문해 보자. 다른 일을 대입했을 때 시간이 있다는 대답이 나온다면, 어떤 일을 시작할 시간이 없다는 말은 그저 변명이다.

하이퍼포커스 연습을 계속하자

적어도 하루에 한 번은 시간을 내서 하이퍼포커스 상태로 들어가 보자. 주의를 빼앗는 요인이 적은 상태로 일하는 데 익숙해질 때까지 연습을 꾸준히 하자. 시간이 지날수록 스스로가 얼마나 생산적으로 변했으며 집중력도 예전보다 상승했는지를 인식하게 된다면, 예전보다 저항감이 더욱 줄어들 것이다.

재충전하기

하이퍼포커스 상태에 머물면 이상하게 기운이 넘칠 수 있다. 주의를 방해하는 것들과 싸울 필요가 없기 때문에 산만할 때보다 에너지를 덜 사용하기 때문이다.

그럼에도 하이퍼포커스는 시간과 에너지라는 제한적인 자원을 필요로 하는 상태라는 것은 틀림없다. 하이퍼포커스 상태에 계속 머무는 것에 거부감이 든다면, 여러분에게 재충전이 필요하다는 신호일 수도 있다.

하이퍼포커스의 효과

이 책에 등장하는 아이디어는 전부 주의력을 더 신중하게 관리하도록 돕기 위해 설계한 것이다. 주의력은 매우 한정적이기 때문에 수요가 많을 때는 주의력을 신중하게 관리해야 한다는 발상이 꼭 필요하다.

그중 몇 가지 아이디어를 간단하게 살펴보자.

- 한 걸음 물러서서 무엇이 실제로 중요한지 살펴보자.
- 주의력의 한계를 인지하면서 우리가 그 순간에 집중할 수 있는 것이 얼마나 적은지 의식하자.
- 매일 강하게 목적을 설정하여 가장 생산적인 일을 하자.
- 주의를 빼앗는 것이 없는 상태와 최대한 적은 상태를 조성하자.
- 업무 및 생활 환경을 단순하게 만들면 주변에서 주의를 빼앗는 요소를 찬찬히 살펴봄으로써 더 명확하게 생각할 수 있다.
- 기다리는 일 목록과 업무 목록, 걱정거리 목록을 이용해서 마음을 청소하면, 명확하게 일할 수 있고 해결되지 않은 정신적 회로가 온종일 집중을 방해하는 일을 막는다.
- 주의력 범위를 확장하고 필요할 때는 일을 더 복잡하게 만듦으로써 주의집중 영역을 돌보는 좋은 관리인이 되자. 그러면 한정적인 주의력을 적절하게 관리할 수 있다.

기억할지 모르겠지만, 이 책을 시작하면서 나는 목적의식을 가지고 주의집중 영역을 관리하면 얼마나 큰 변화를 이룰 수 있는지 자신 있게 주장했다. 지금까지의 조언을 따랐다면, 여러분도 나와 같은 발견을 하게 될 것이다. 조언을 실천함으로써 일과 생활이 긍정적으로 변했다는 발견을 말이다.

5장까지 나온 조언을 실천하면서 여러분이 더 생산적이고 일과 삶에 더 열중하고 더 명백하고 차분하게 생각하는 사람이 됐기를 바란다. 어쩌면 여러분은 더 많은 것을 기억하고 일과 삶을 더 의미 있게 바라보게 될 것이다. 더 긴 시간을 의도적으로 보내고 한 곳에 앉아서 더 오래 집중할 수 있으며 예전만큼 마음이 의도를 벗어나 방황하지 않게 될 것이다.

5장까지 나는 가장 잘 집중하는 방법에 관한 풍부한 연구들을 최선을 다해서 실용적이고 전략적으로 요약했다. 행복하고 생산적인 삶을 사는 데 들어가는 가장 중요한 재료는 주의력이라는 것을 이제 여러분도 동의할 수 있을 것이다.

방황하는 마음의 힘

지금까지는 마음이 방황할 때 생기는 부정적인 효과만 이야기했다. 때때로 집중이 필요할 때, 자유분방한 마음 산책은 생산성을 악화시킬 수 있다.

하지만 마음이 방황하는 상태(집중력과 주의력이 산만해지는 때)는 엄청나게 큰 힘을 발휘할 수도 있다. 사실 너무나도 강력한 나머지 나는 이 책의 2부를 여기에 할애했다. 나는 이 상태를 '스캐터포커스Scatterfocus'라고 부르는데, 이 상태에서는 주의가 분산되며 어느 특별한 것에 집중하지 않는다. 하이퍼포커스에서는 외부에 주의를 집중한다면, 스캐터포커스에서는 내부, 즉 우리 마음속으로 주의를 돌린다.

뇌는 하이퍼포커스 상태에서 가장 생산적이듯, 스캐터포커스 상태에서 가장 창의적이다. 원래 의도가 어딘가에 집중하는 것일 때는 스캐터포커스가 생산성을 빼앗아갈 수도 있지만, 문제를 해결할 창의적인 방법을 떠올리거나 미래를 계획하거나 어려운 결정을 내릴 때는 스캐터포커스로 들어가는 것이 하이퍼포커스로 들어가는 것만큼이나 중요하다. 일부러 마음을 돌아다니게 하는 연습을 하면 스캐터포커스에서 얻는 놀라운 이득에 고삐를 맬 수 있다. 각 상태를 지적으로 사용하는 방법을 배우면 더 생산적이고 창의적이고 행복해질 것이다.

이제 스캐터포커스를 깊이 살펴보자. 금세 깨닫겠지만, 하이퍼포커스와 스캐터포커스는 정말 놀라운 방식으로 서로 연계되어 작동할 수 있다.

2부

창조성의 기술,
스캐터포커스

길을 헤맨다고 해서 모두가 길을 잃은 것은 아니다.

J. R. R. 톨킨 J. R. R. Tolkien

6

숨은 창의성
찾기

스캐터포커스란

2부에서는 마음을 방황하게 둘 때 발휘되는 힘에 관해 다룬다.

이상하게 보일지도 모른다. 1부에서는 이런 사고 유형을 버리라고 하더니, 이제는 마음이 방황할 때 좋은 점을 설명하려는 참이다. 물론 집중하는 것이 목적일 때 딴생각에 빠지면 생산성을 파괴할 수 있다. 하지만 문제를 해결하거나, 더 창의적으로 생각하거나, 새 아이디어를 브레인스토밍하거나 재충전하는 것이 목적이라면 이른바 몽상이나 딴생각은 엄청난 잠재력이 있다. 창의성을 북돋우려는 측면에서는 마음이 방황하는 것이 월등히 유리하다.

최근 창의적인 통찰이 떠올랐던 때를 생각해 보자. 아마 하이퍼포커스 상태로 들어가서 한 가지에 집중하지는 않았을 것이다. 사실 중요한 일에 전혀 집중하지 않았을지도 모른다. 평소보다 길게 샤워를 하거나, 점심시간에 산책하거나, 박물관을 방문하거나, 책을 읽거나, 술을 한두 잔 마시며 해변에서 쉬는 중이었을 것이다. 아침에 커피를 홀짝이는 중이었을 수도 있다. 그러다 번개가 치듯 기발한 아이디어가 불쑥 떠올랐을 것이다. 뇌는 이상하게도 이 순간, 즉 쉬면서 재충전하는 때를 선택해서 머릿속을 빙빙 도는 몇 무리의 점을 잇는다('점'이란 여러분이 기억하는 모든 생각이나 정보 조각이라고 생각하자).

스캐터포커스로 들어가기는 쉽다. 그저 마음을 그대로 두면 된다. 의도적으로 하나의 대상에 주의를 기울여 하이퍼포커스 상태에 들어갔던 바로 그때처럼, 일부러 마음을 방황하게 두어 스캐터포커스 상태에 들어갈 수 있다. 현재 하는 일로부터 주의집중 영역을 해방할 때마다 스캐터포커스로 들어갈 수 있다. 달리기를 하든, 자전거를 타든, 주의집중 영역을 가득 채우지 않는 일에 시간을 투자하든 말이다.

생산성 및 창의성 측면에서 볼 때 스캐터포커스 상태에서는 강력한 일을 한 번에 3가지나 할 수 있다.

첫째, 목적을 정하고 미래를 계획할 수 있다. 현재에 몰두할 때는 미래의 목적을 정하기란 불가능하다. 한 걸음 물러서서 주의를 내부로 돌려야만 자동조종 기능을 끄고 다음에 무엇을 할지 고민할 수 있다. 여러분이 쉴 때 뇌는 저절로 미래를 계획한다. 그저 여유와 시간만 주면 된다.

둘째, 스캐터포커스 상태에서는 정신력을 재충전할 수 있다. 온종일 일에 집중하면 정신력을 상당히 소모한다. 주의집중 영역을 아무리 관리하고 방어해도 마찬가지다. 따라서 스캐터포커스 상태에서 정신력을 보충하면 더 오래 집중할 수 있다.

셋째, 스캐터포커스 상태에서는 창의성이 발달한다. 옛 아이디어를 연결하고 새 아이디어를 고안하기가 더 수월하고, 품고 있던 생각이 주의집중 영역으로 떠오르고, 문제와 해법을 결합할 수 있기 때문이다. 스캐터포커스 상태에 머물면서 특정한 대상에 집중하지 않으면 점을 연결하는 힘을 뇌에 엄청나게 불어넣을 수 있다. 직업이나 과제 특성상 창의력이 필요할수록 의도적으로 스캐터포커스 상태에 들어가야 한다.

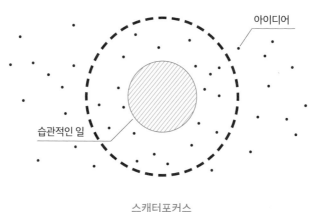

스캐터포커스

스캐터포커스 상태를 꺼리는 이유

이 책과 비슷한 책을 많이 읽었다면 두뇌 회로는 생존과 번식에 적합하게 연결됐으며 매일 지식 노동을 하기에 알맞지 않다는 개념에 익숙할 것이다. 우리는 자연스럽게 특정 집중 대상으로 주의를 돌리며, 그렇게 함으로써 인류는 생존할 수 있었다. 주의를 끌어당기는 대상 중 첫 번째 종류는 이미 논의했다. '새로운 것'이다. 이런 이유로 우리는 스마트폰과 다른 기기를 그토록 유혹적으로 느끼며, 보고서를 작성하는 일처럼 덜 새로운 업무는 지겹게 느낀다. 그 일을 통해 얼마나 성취할 수 있는가와는 상관없이 말이다.

또 우리는 즐겁거나 위험한 대상에 집중하는 경향이 높다. 생존 본능이 작용하기 때문이다. 성관계를 맺거나 과식할 때 느끼는 쾌락 덕분에 우리는 번성하게 되었고, 음식이 부족할 때를 대비해 각자의 몸에 지방을 축적하게 되었다. 불을 피우던 우리의 먼 조상 근처를 스르르 기어가는 뱀을 비롯하여 주위에 도사리는 위험에 집중한 덕분에 우리는 또 하루를 살아남았다.

우리는 이렇게 새롭고, 즐겁고, 위험한 집중 대상을 갈망하는 성향에 맞춰서 세계를 빚었다. 다음에 텔레비전을 켜거나 유튜브 페이지를 열거나 뉴스 웹 사이트를 읽거나 소셜 미디어를 확인할 때는 이 점을 고려하자. 이런 배출구에서는 새로운 것과 즐거운 것, 위험한 것이 꾸준히 쏟아져 나온다는 것을 말이다.

오늘날에는 이 3가지 집중 대상이 균형을 이루지 않는다. 주변에는 새롭게 주의를 빼앗는 것이 늘 가득하고, 즐거움이 넘치지만 합법적인 위험은 흔치 않다. 과거에 생존 수단으로 당분을 저장하고 성관계를 맺도록 두뇌 회로가 진화해서 이제 우리는 즉석식품과 포르노를 탐닉한다. 위험을 끊임없이 살피는 습성 때문에 우리는 부정적인 이메일 하나를 계속 곱씹고, 상사가 내뱉은 헛소리를 떨쳐내지 못한다. 한때 생존 확률을 높이는 데 도움이 됐던 습성이 현대 사회에서는 생산성과 창의성을 발휘하는 데 방해가 되고 있는 것이다. 이런 습성 때문에 우리는 어떤 일이 매우 시급하면 그 일이 실제보다 훨씬 더 중요하다고 느낀다.

마음을 방황하게 두고 내부로 주의를 돌리면 새롭고, 즐겁고, 위험한 것의 먹이로 전락하기도 쉽다. 가장 큰 위험과 걱정, 두려움은 이제 외부 환경이 아니라 의식 깊은 곳에 자리 잡는다. 마음이 방황하면 예전에 했던 어리석은 말, 이기고 졌던 말다툼, 일 및 돈 관련 걱정거리들에 대해 반복해서 곰곰이 생각하게 된다. 즐거운 생각도 마찬가지다. 환상적인 저녁 식사가 나오는 상상을 하거나, 멋진 휴가를 보냈던 추억을 떠올리거나, 예전에 들었던 말에 재치 있게 대꾸했으면 얼마나 기분이 좋았을지 상상해 보라. 명상을 하기 시작했다면 다음에 명상할 때는 머릿속에 떠다니는 위험하고, 즐겁고, 새로운 생각에 마음이 얼마나 자연스럽게 이끌리는지 주목하자.

사실 마음이 정말 부정적으로 방황하는 일은 그리 자주 일어나지 않는다. 과거에 관해 생각할 때는 마음이 주로 부정적인 방향으로 이동하지만, 과거를 헤매는 시간은 방황하는 시간의 12%에 불과하다. 나머지 시간에 우리는 현재와 미래를 생각하는데, 이런 이유에서 스캐터포커스 상태는 놀랍도록 생산적이다. 우리는 진화를 거치며 새롭고 부정적인 것들에 이끌리게 되었지만 주의를 내부로 돌릴 때마다 엄청난 창의성을 발휘하게 되었다. 나는 이렇게 할 수 있는 능력이야말로 초능력만큼 어마어마한 능력이라고 감히 주장하고 싶다.

다른 포유류와 비교할 때, 우리는 상당히 독특하게도 당장 직면하지 않은 것에 관해서 사고하는 능력이 있다.[1] 이 능력 덕분에 미래를 계획하고, 과거에서 배우고, 자기만의 생각에 빠지고, 놀라운 통찰도 얻을 수 있는 것이다. 외부 상황을 해결할 답을 내부에서 찾는 데도 이 능력이 도움이 된다. 그리고 스캐터포커스로 들어가면 삶에서 한 걸음 물러설 수 있으며, 의도적으로 일하며 생활할 수 있다.

---

1   이 법칙에도 예외는 있다. 한 연구에서 관찰한 바에 따르면 서양 덤불 어치western scrub jay는 먹이를 나중에 먹으려고 숨겨두는데, 예전에 먹이를 도둑맞은 적이 있기 때문이다. 연구에 따르면 이 결과는 '인간만이 미래를 계획하는 능력이 있다는 가설에 도전한다.' 또 다른 연구에서 발견한 바에 따르면 '영양과 도롱뇽은 전에 경험한 적 있는 사건이 어떤 결과를 초래할지 예측할 수 있다.' 그러나 동물이 미래를 계획하고 생각하는 능력은 기초적이고 한정적인 것에 그치는 것으로 보인다.

오, 우리 마음이 향하는 곳이여

이 책을 쓰면서 나는 주의력 관리와 관련된 연구 논문을 수천 편은 아니어도 수백 편은 읽을 기회가 있었다. 내가 가장 좋아하는 연구는 마음이 방황할 때 어디로 가는지 살펴보는 연구다. 캘리포니아 주에 있는 산타바바라Santa Barbara주립대학교의 벤자민 베어드Benjamin Baird와 조나단 스쿨러Jonathan Schooler, 요크대학교의 조나단 스몰우드Jonathan Smallwood가 이 연구를 진행했다. 이들이 수행한 연구는 스캐터포커스가 유익한 이유를 흥미롭고도 과학적으로 증명한다.

우리의 마음이 방황하면 주로 세 곳을 방문한다. 과거와 현재, 미래다. 따라서 주의를 분산시키면 창의성에 꽃이 피는데, 시간을 여행하면서 예전에 배운 것을 지금 하는 일이나 성취하고 싶은 것과 연결하기 때문이다. 또 미래를 고려하고 그 미래를 현실로 만들기 위해 현재 해야 할 일에 관해 생각함으로써 의도를 더 깊이 염두에 두고 일하게 된다.

스캐터포커스 상태에서 과거를 생각하며 보내는 시간은 12%뿐이지만, 현재나 미래에 관해 생각한 기간보다 과거에 관해 생각한 기간이 기억에 더 잘 남는 경향이 있다(여기 재미있는 사실이 있다. 과거에 관한 생각 중 38%는 그날 더 일찍 일어났던 사건과 관련이 있고, 42%는 전날 일어났던 사건에 관계가 있으며, 20%는 더 먼 과거에 일어났던 일을 반추하는 것이다). 그 부정적인 이메일 한 통을 잊을 수 없는 것처럼, 우리 마음은 위험을 감지할 뿐 아니라 기억하도록 회로를 연결하기 때문이다(덕분에 과거로부터 교훈을 얻기도 하지만 온종일 무작위로 기억이 떠오를 때면 괴롭기도 하다). 이렇게 과거에 대해 생각하다 보면 스캐터포커스가 얼마나 강력한 힘을 발휘하는지 어느 정도 알 수 있다. 몽상에 빠져 있는 동안 생각하는 일이 현실에서 일어나는 듯한 경험을 자주 하는 것만 봐도 그렇다. 또 민망한 기억이 느닷없이 떠올라 주의집중 영역을 장악하면 과거에 어리석게 말하고 행동했던 일 때문에 긴장하기도 한다.[2]

과거에 관해 생각하는 것 외에도, 스캐터포커스 상태에서 보내는 시간의 28%는 현재를 헤맨다. 이렇게 방황하면 일을 진척시키진 못하지만 그래도 생산적이다. 당면한 일에 관해 추상적으로 생각하다 보면 우리가 처한 문제에 접근하는 다른 대안을 고려할 수 있기 때문이다. 동료에게 데오도란트를 써보는 것이 어떻겠느냐는 조심스러운 권유를 하려는데 어떻게 하면 이 어색한 대화를 이끌 수 있을까 같은 문제에도 말이다. 현재 하는 일과 관련하여 이런저런 생각이 떠오르는 시기는 대부분 상당히 생산적이라고 증명됐다. 더 의도적으로 일하려면 일에 관해 곰곰이 생각해야 하기 때문이다. 신경학적으로 봤을 때, 어떤 일에 집중하면서 동시에

---

2 우리 뇌는 기본 연결망(스캐터포커스로 들어가면 작동하는 연결망)이 무척 강력한데, 단지 생각을 현실인 양 경험하게 해주기 때문은 아니다. 이 망이 비정상적으로 활동한다면, 특히 제멋대로 날뛴다면 우울증, 불안, ADHD, 외상 후 스트레스, 자폐증, 조현병, 알츠하이머병, 치매를 의심할 수 있다. 하지만 대개는 이 부위가 활동적일수록 좋다. 한 연구에서 발견한 바에 따르면, 'IQ가 높은 사람은 주의를 풀었을 때 뇌의 기본적인 연결 상태, 특히 장거리를 잇는 상태가 IQ가 평균인 사람의 뇌를 측정했을 때보다 튼튼했다.'

그 일에 관해 곰곰이 생각하기란 불가능하다. 그만큼 스캐터포커스가 중요하다. 스캐터포커스 상태에 들어가지 않고는 미래에 관해 절대 생각할 수 없다. 이메일을 쓰거나 보고서 초안을 작성하거나 예산을 짜는 일에서 한 발자국 물러난 뒤에야 일에 대안적으로 접근하는 방안을 고려할 수 있다.

마지막으로 스캐터포커스 상태에서 보내는 시간의 48%는 미래에 관해 생각하며 방황한다. 과거와 현재에 관한 생각을 합친 것보다 많은 시간이다.[3] 우리는 보통 곧 다가올 미래를 생각한다. 미래에 관한 생각 중 44%는 그날의 더 늦은 시기를 고려하고, 40%는 다음 날에 대해 생각한다. 이런 시간은 대부분 계획을 세우며 사용하는데, 덕분에 스캐터포커스 상태에서는 더 영리하면서도 의도적으로 행동할 수 있다.

우리 삶은 매 순간 모험을 선택해 나가는 여정이다. 끊임없이 주어지는 선택지를 통해 우리는 미래에 갈 길을 결정할 수 있다. 카페에서 맞은 편에 혼자 앉은 매력적인 사람에게 말을 걸어볼지, 다른 회사의 일자리 제안을 받아들일지, 어떤 음식을 주문할지와 같은 선택은 스캐터포커스 상태에서 더 잘 상상할 수 있다. 또 스캐터포커스 상태에서는 각 결정이 초래할 결과를 더 잘 가늠할 수 있다. 미래에 관해 생각할 때 우리는 자동조종 기능을 끄며, 습관적으로 매일 하듯이 결정을 내리기 전에 여유를 갖고 한 걸음 물

---

3 이 비율을 모두 합쳐도 100%가 안 된다는 것을 눈치챘는지 모르겠다. 남은 12%의 시간 동안 우리 마음은 다른 어딘가에 있는데, 예를 들면 아이디어를 연결하는 곳에 있기도 하고, 흐릿하거나 텅 빈 채로 있기도 하다.

러서서 어떻게 행동하고 싶은지 고려한다.

마음이 미래를 헤매는 성향을 연구자들은 '미래 편향성'이라고 부른다. 이런 경향 때문에 우리는 스캐터포커스 시간 중 절반을 앞으로의 일을 계획하는 데에 쓴다.[4] 집중할 때는 미래를 생각하며 보내는 시간이 거의 없지만, 스캐터포커스 상태에서는 미래를 생각할 가능성이 14배 높다.

---

4 미래 편향성은 우리가 마음이 방황하게 두는 것보다 페이스북으로 주의를 흐트러뜨리는 것을 선호하는 또 다른 이유일 수도 있다. 페이스북을 보면 미래를 이해하고 싶어지기 때문이다. 친구의 상태가 업데이트된 것을 보면 친구의 앞일을 훨씬 잘 예측할 수 있다. 마음이 방황하는 현상을 연구하는 연구자가 말하길, 몽상에 빠지는 대신 주의를 빼앗는 자극거리로 그 시간을 채우는 여러 이유 중 하나도 이것이다.

스캐터포커스 상태를 통해 우리는 더 큰 의도를 가질 수 있는데, 우리가 갈망하는 미래와 그 미래를 현실로 만들기 위해 바꿔야 하는 현재 상황을 마음속에서 저절로 비교하기 때문이다. 일에 몰두할 때는 목표에 관해 생각하는 시간이 업무 시간의 약 4%를 차지하지만, 스캐터포커스 상태에서는 약 26%에 이른다. 스캐터포커스로 시간을 보낼수록 더 사려 깊고 생산적으로 행동하게 된다. 연구에 따르면 스캐터포커스 상태에서는 다음과 같은 특징이 있다.

- 자신을 더 잘 의식한다.
- 생각을 더 깊이 있게 한다.
- 생각과 의미 있는 경험을 더 효율적으로 기억하여 처리한다.
- 경험에 어떤 의미가 있는지 되새긴다.
- 더 크게 공감한다.
- 인정이 더 많아진다.

스캐터포커스의 3가지 유형

어떤 면에서 보면 스캐터포커스란 글로 설명하기에는 어중간한 정신 상태다. 마음을 돌아다니게 두는 방법에 관해서는 가르칠 것이 거의 없기 때문이다. 하이퍼포커스를 유지하기는 어렵지만, 우리는 이미 아무 노력도 없이 하루 중 47%를 스캐터포커스와 비슷한 상태로 보낸다. 주의가 돌아가거나 흩어질 때마다 그런 상태가 되기 때문이다.

마음이 방황하는 방식은 2가지다. 바로 비의도적인 방식과 의도적인 방식이다. 비의도적인 방황은 의식할 새도 없이 시작된다. 나는 여기서 그저 산만한 상태와 스캐터포커스 상태 사이에 선을 긋겠다. 스캐터포커스 상태는 늘 의도적인 방황이어야 한다.

주의집중 영역에 대한 통제를 의도적으로 푼다는 것이 이상할 수도 있다. 하지만 실제로 우리가 주의력을 통제하는 힘이 그보다 적을 때도 있다. 하이퍼포커스도 여기에 포함된다.

마음이 방황하는 현상과 관련해서 가장 뛰어난 두 연구자인 조나단 스몰우드와 조나단 스쿨러도 모두 이 관점에 동의했다. 내가 스몰우드와 담소를 나눌 때, 그는 영화를 볼 때의 사례를 들었다.

"당신이 앉아서 〈펄프 픽션Pulp Fiction〉이라는 영화를 본다고 합시다. 쿠엔틴 타란티노Quentin Tarantino 감독은 당신의 생각을 통제할 수 있게 전체 영화를 구성했습니다. 당신은 영화를 보면서 아무것도 할 필요가 없어요. 그래서 아주 편안한 경험을 하죠. 타란티노 감독이 당신의 생각을 줄줄이 이끌어가니까요."

또 연구에서 제안한 바에 따르면 우리가 생각을 인지하며 보내는 시간은 전체의 절반가량이다. 무언가에 집중했을 때는 그보다 훨씬 적게 의식하며 일한다. 스쿨러는 스몰우드보다도 더 멀리 나아가서, 오늘날 방황하는 마음에 대해 우리가 가장 크게 오해하는 부분 중 하나는 '마음은 전부 무의식적이고 비의도적으로 방황한다고 생각하는 것'이라고 주장한다.

스캐터포커스의 강력함은 그 의도성에서 나온다. 이 상태는 언제나 의도적으로 시작되며, 마음의 행방을 인지하려는 일관적인 노력을 수반한다. 나는 스캐터포커스 방식을 몇 가지 유형으로 나누면 유용하다는 사실을 발견했다.

1. 포획 방식

마음을 자유롭게 배회하게 두고 떠오르는 것을 포획하는 유형.

2. 문제 더듬기 방식

생각을 더듬듯 마음속으로 문제를 막연하게 떠올리면서 생각이 문제 주위를 돌아다니게 하는 유형.

3. 습관적인 방식

단순한 일에 열중하되 그 와중에 귀중한 아이디어나 계획이 표면으로 떠오르면 포획하는 유형. 연구에서 발견한 바에 따르면 이 유형이 가장 강력하다.

3가지 유형 중 포획 방식은 마음속에 무슨 생각이 떠오르는지 인지하기에 가장 좋다. 문제 더듬기 방식은 특정 문제나 아이디어에 관해 곰곰이 생각하기에 가장 좋다. 습관적인 방식은 수많은 아이디어를 연결하고 스스로를 재충전할 때 가장 좋다.

포획 방식

5장에서 언급했듯, 마음속에서 개회로를 치우는 것은 생산성을 높이는 강력한 전략이다. 할 일, 달력에 적어둔 약속, 해결되지 않은 채 마음속에 남아있는 의무가 적을수록 집중하려 할 때 주의 집중 영역을 채우는 것도 적어진다.

수년 동안 나는 매주 15분짜리 시간을 한두 번 계획하고 정해서 마음을 자유롭게 풀어둔 다음 귀중하고 쓸 만한 내용을 포획했다. 이 훈련은 단순한데, 커피와 펜 그리고 공책을 두고 앉아서 무언가 의식 표면으로 떠오르길 기다리면 된다. 이 과정이 끝날 때쯤이면 내 공책은 꽉 차기 마련이다. 새로 하거나 다시 하려고 기다리는 일, 다시 연락해야 하는 사람 명단, 문제에 대한 해법, 잊어버렸던 일, 집안일, 설정해야 하는 목표 같은 것들이 그 내용에 포함된다.

4장에서 논의했던 대로 해결하지 못한 업무와 과제, 약속은 우리 마음을 무겁게 짓누르는데, 어쩌면 뇌에서 그것들을 일종의 위험으로 보기 때문일 수도 있다. 포획 방식을 사용하면 풀리지 않은 생각이나 과제가 제일 먼저 마음속에 떠오르므로, 적어두었다가 나중에 해결할 준비를 하자. 이렇게 미해결된 생각을 향해 마음이 이끌리는 경향은 스캐터포커스가 가치 있는 이유를 어느 정도 보여준다. 우리의 주의를 흐트러뜨리는 개회로에 접근하기가 훨씬 쉬워지기 때문이다.

예를 하나 들면, 나는 방금 컴퓨터를 절전 상태로 바꾸고 타이머를 15분에 맞춘 뒤 마음속에 떠오르는 것을 전부 포획했다. 그 짧은 시간 동안 나는 다음과 같은 할 일 목록을 작성했다.

- 이 책을 다 쓰고 나서 일정표 만들기
- 편집자에게 연락해서 감사의 말에 추가할 이름 이야기하기
- 잊지 말고 오늘 신원조회서 발급받기(여름 캠프 자원봉사용)
- 주말에 신원조회서 들고 오타와 Ottawa 가기
- 오늘 저녁에 수강할 코딩 수업에서 다음 단원 끝내기
- 이번 주말에 마사지 예약하기
- 오늘 마쳐야 하는 굵직한 일 목록 만들기

이런 일을 포획하는 데 더해 내 마음은 대부분 미래와 현재로 향했고, 과거에 대해서도 잠시 생각했다. 나는 며칠 뒤에 똑같은 포획 의식을 반복하면서도 공책을 몇 쪽이나 채울 수 있었다.

스캐터포커스로 들어가는 3가지 유형 중에서 여러분은 포획 방식을 가장 꺼릴 것이다. 적어도 처음에는 말이다. 많은 사람이 이 과정을 지루하다고 여기지만, 이 방법을 쓸 때야말로 마음이 자유롭게 돌아다닐 수 있으며 주의집중 영역 표면으로 아이디어가 떠오를 공간이 생긴다. 주의를 흐트러뜨리는 것들을 차단하면 자연스럽게 내부로 주의를 돌리게 되는데, 외부 환경에 있는 그 무엇보다 자신의 생각이 더 흥미로워지기 때문이다.

문제 더듬기 방식

문제 더듬기 방식은 문제를 해결하거나 브레인스토밍을 할 때 가장 유용하다.

이 방식을 사용하려면 마음속으로 문제를 떠올린 다음 생각이 문제 주위를 돌아다니고, 문제를 뒤집고, 다른 각도에서 조사하도록 두면 된다. 생각을 더듬듯 말이다. 마음이 문제와 관련 없는 것을 찾아 모험을 떠나거나 어느 지점에서 꼼짝도 안 할 때면, 원래 생각하려고 의도했던 대상이나 해결하려고 의도했던 문제를 향해 부드럽게 주의를 돌리자.

문제 더듬기 방식을 사용하면 복잡한 문제를 더 창의적으로 푸는 데 도움이 된다. 펜과 종이를 가지고 논리적으로 브레인스토밍하면 다차원적인 해법이 우연히 떠오른다. 습관적인 일을 할 때는 스캐터포커스 상태로 들어간다고 해서 문제 해결을 비롯한 수많은 혜택을 더 많이 경험하지는 않으므로, 문제 더듬기 방식은 아껴서 사용하길 추천한다. 가장 큰 문제를 처리할 때를 위해 남겨두자. 예를 들어, 문제 더듬기 방식을 전개하기 좋을 때는 다음과 같다.

- 새로운 입사 제의를 수락하고 현재 직장을 떠날지 고민할 때
- 회사 상부에 보낼 이메일을 신중하게 작성할 때
- 연인과 헤어져야 할지 고민할 때
- 사업을 어떻게 확장할지 브레인스토밍할 때

- 집 세 채 중에서 어느 것을 살지 결정할 때
- 후보자 몇 명 중에서 팀에 영입할 사람을 고를 때

나는 이 책의 얼개를 짤 때도 늘 문제 더듬기 방식을 사용했다. 카누를 티러 가거나 시내를 걸어다닐 때 주머니에 작은 수첩만 넣고 다니곤 했다. 구조를 잡고 원고를 편집자에게 넘기기 전에 내 손에 남은 것은, 전혀 정리하지 않은 약 2만 5000단어짜리 연구 노트였다. 머릿속에서는 생각이 마구 뒤섞였다. 그래서 연구 결과를 실험해 보기로 마음먹었고 주의를 흐트러뜨림으로써 포획한 아이디어를 연결하는 데 필요한 공간을 머릿속에 확보하고자 했다. 나는 연구 노트를 프린트했는데, 문제 더듬기 방식을 사용하기 전에 문제를 다시 훑어보기에 유용했기 때문이다. 그러고서는 자연을 거닐거나 음악을 듣거나 비행기를 탈 때 1~2시간씩 문제 주변으로 마음이 돌아다니게 했다. 몇 주가 지나는 동안 연구 노트를 서서히 재구성해서 책 비슷하게 얼개를 잡았다.

문제 더듬기 방식을 사용하면 생각을 크게 도약시킬 수 있는 자유와 여유가 생긴다. 구체적이고 다차원적인 문제를 전통적인 방식으로 풀기 어려울 때 이 방법을 사용해 보자. 나는 보통 한 번에 30분에서 1시간 정도 이 방식으로 생각한다. 시간이 그 이상 지나면 초조해지기 때문이다. 시험해 보고 여러분에게는 어떤 효과가 있을지 알아보자.

습관적인 방식

습관적인 스캐터포커스는 가장 강력한 유형이며, 나는 이 방식을 가장 자주 연습하길 추천한다.

다른 방식과 마찬가지로, 습관적으로 스캐터포커스에 들어가기는 상당히 쉽다. 주의력을 완전히 소모하지 않는 일을 하기만 하면 된다. 그러면 마음이 방황하고 아이디어를 연결할 공간이 생긴다. 이렇게 하는 것이 이득인 이유는 수없이 많다.

우선, 여러분이 좋아하는 습관적인 활동을 할 때는 스캐터포커스 상태에 머무는 것이 정말로 재미있다. 한 가지 아이디어를 중심으로 이런저런 생각을 하거나 떠오르는 생각을 포획하는 일은 때로는 지루할 수도 있다. 하지만 커피를 사러 걸어가기, 숲 거닐기, 수영 레인 왕복하기 등 습관적으로 즐기는 일을 할 때는 스캐터포커스가 훨씬 즐겁다. 스캐터포커스 상태에 더 즐겁게 머물수

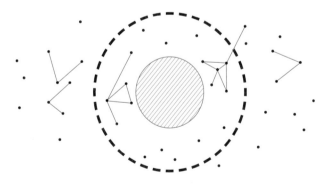

습관적인 스캐터포커스

록 더 큰 결과를 수확할 수 있다. 기분이 좋은 상태에서는 주의 집중 영역이 실제로 넓어지기 때문에 더 발전적으로 생각할 수 있다.

스캐터포커스에서도 하이퍼포커스만큼 주의집중 영역이 중요하다. 뇌가 아이디어를 연결할 때 기억 장치로 사용하기 때문이다. 기분이 긍정적일 때도 마음은 더 생산적으로 방황한다. 부정적인 과거에 덜 머무르기 때문이다. 즐거운 일을 하면 미래에 관해서도 더 자주 생각하게 되며, 뇌는 미래 지향성이 훨씬 강해진다. 게다가 단순하고 즐거운 활동을 할 때는 노력과 자기 통제력이 거의 들지 않으므로 주의를 분산시키는 동시에 재충전할 수 있다.

더 재미있기만 한 것이 아니라 습관적인 일을 할 때면 창의적인 통찰을 훨씬 많이 얻는 것으로 드러났다. 또 다른 시급한 일로 전환하거나, 쉬거나, 어떤 형태로도 휴식을 취하지 않은 때보다 말이다. 문제에서 조금 물러설 때 특히 그렇다. 단편 소설을 쓰는데 결말을 짓기가 난처하거나 중요한 보고서에 문장을 어떻게 쓸지 고민하는 등 여러 상황에서 활용할 수 있다.

습관적인 일을 할 때는 생각을 계속 의식하기도 더 쉬운데, 주의집중 영역이 더 넓어서 생각을 의식해야겠다는 의도를 수용할 수 있기 때문이다. 다시 말하지만, 의식하는 것이 중요하다. 창의적인 생각이 떠올라도 의식할 새 없이 사라지면 소용이 없다. 습관적인 일을 하면 우리의 마음을 계속 방황하도록 할 수 있다. 습관은 마치 '닻'처럼 일을 끝낼 때까지 마음을 안내한다.

습관적인 스캐터포커스를 연습하려면, 여러분이 즐기는 단순한 일을 고르자. 그러고는 다른 일은 말고 그 일만 하면서 마음을 방황하게 두자. 일은 단순할수록 더 좋다. 음악을 듣거나 책을 읽을 때보다는 산책할 때 더 큰 통찰을 얻고 더 많은 아이디어를 연결할 것이다. 좋은 생각이 마음의 표면으로 떠오르려면 주의집중 영역에 공간이 있어야만 한다.

마음이 과거나 또 다른 비생산적인 곳을 헤맨다고 느끼더라도 그대로 방황하게 두자(원한다면 비생산적인 곳으로 가버린 마음이 다른 생각을 하도록 유도해도 된다). 여기서 문제 더듬기 방식과 습관적인 방식이 어떻게 다른지 드러난다. 문제 더듬기 방식을 쓸 때는 고민하는 문제로 생각을 되돌려야 한다. 습관적인 방식을 쓸 때는 마음이 자유롭게 어슬렁거리게 완전히 풀어둔다.

이미 일상에서 의무처럼 하는 일을 할 때도 습관적인 스캐터포커스를 연습할 수 있다. 커피를 한 잔 마시거나, 직장까지 걸어가거나, 세탁기를 돌리는 등 쉬운 일을 한 번에 하나씩 하는 단순함은 아름답다. 특히 스캐터포커스로 들어갈 때 가장 중요한 순간은 일과 일 사이에서다. 자극적인 기기와 주의를 빼앗는 것들은 집중력을 앗아갈 뿐 아니라, 일정 사이로 난 틈에 스며서 우리가 보통 미래를 계획하거나 아이디어를 연결할 때 사용했을 귀중한 시간과 주의력을 훔쳐간다.

대부분의 사람들이 에너지를 전부 소진했다고 느끼는 주된 이유는 절대로 주의를 풀지 않기 때문이다. 오늘은 이렇게 해보자. 커피를 사거나 점심을 먹으러 가는 길에 스마트폰을 가져가지 않는 것이다. 이렇게 단순한 결정 하나로도 눈에 띄는 효과가 생긴다. 저녁 식사 자리에서 데이트 상대가 식탁을 떠나 화장실에 갔어도 스마트폰을 확인하지 않는다면, 그 식사는 더 의미가 깊어지고 기억에 오래 남을 것이다. 주의력을 사용하길 멈추면 지금까지 나눴던 대화와 상대방이 얼마나 의미 있는 존재인지가 주의집중 영역에 투영될 것이다.

습관적인 스캐터포커스를 연습할 때 가장 중요한 점은 주의집중 영역에 어떤 생각과 아이디어가 있는지 자주 확인하는 것이다. 습관적으로 스캐터포커스에 들어갈 때는 더 많은 것들이 주의집중 영역에 들어오려고 경쟁하기 때문에 이 점이 특별히 중요하다. 습관적인 일을 선택했는데 자꾸 거기에 몰두하게 되면 이 조언을 염두에 두자. 나는 가끔 아이패드로 단순하고 반복적인 비디오 게임을 하면서 습관적인 스캐터포커스로 들어간다. 게임을 통해 마음을 자유롭게 풀어두고 긍정적인 생각을 하면 그 과정에서 놀랍도록 많은 아이디어가 떠오른다(누가 비디오 게임이 비생산적이라고 했는가?). 나는 습관에 기대어 게임을 할 수 있으므로 주의집중 영역에 여유가 있다. 하지만 꼭 잊지 말고 주의집중 영역에 무엇이 있는지 끊임없이 확인해야 하는데, 게임은 아주 새롭고 즐거운 집중 대상이기 때문이다. 이렇게 주기적으로 확인하지 않으면, 경험의 대부분이 시간과 주의력을 낭비한 꼴이 될 뿐이다.

다른 2가지 유형으로 스캐터포커스 상태에 들어갈 때처럼 습관적인 방식을 사용할 때도 수첩을 꼭 근처에 두자. 반드시 필요할 것이다.

아직 시도해 보지 않았다면, 스캐터포커스 상태를 경험할 시간을 마련하자. 이 책을 유용하게 사용하는 법은 책에 나오는 조언을 시험해 보는 것이다.

달력에 시간을 표시해 두고 포획 방법이나 문제 더듬기 방법을 써서 스캐터포커스에 들어가거나, 매일 좋아서 하는 단순한 일이나 꼭 해야 하는 즐거운 일을 골라서 습관적인 스캐터포커스 상태에서 마음을 돌아다니게 두자. 그리고 가치 있는 생각이 떠오르면 포획하고 아이디어도 연결해 보자. 이미 온종일 마음이 방황했다고 해도 그 시간은 대부분은 재미있지도 않고, 의도에 따른 것도 아니었을 것이다. 오늘은 단 몇 분이라도 의도적으로 스캐터포커스에 들어간다는 목표를 세우자. 조나단 스쿨러도 이 의견에 동의한다. 스쿨러는 내게 말했다.

"저는 모든 사람이 스캐터포커스에 일부러 들어가는 방법을 알았으면 합니다. 우리 마음은 저마다 다르게 방황하죠. 그리고 마음이 방황할 때 얻는 효과도 제각각이에요. 방황하는 마음이 삶에 어떻게 도움이 되는지 알아내야 더 큰 이득을 얻을 수 있습니다. 자기 자신을 남몰래 관찰하고 성찰하는 경험을 할 수 있다는 점도 멋지죠."

하이퍼포커스가 스캐터포커스에 도움이 되는 이유

의도적으로 스캐터포커스 상태를 연습할 때, 마음이 훨씬 더 생산적으로 방황할 수 있도록 인도할 방법은 수없이 많다. 운이 좋게도 여러분은 그 방법을 전부 1부에서 배웠다!

하이퍼포커스와 스캐터포커스는 여러 면에서 극단적으로 다르게 보인다. 하이퍼포커스는 하나의 대상에 집중하지만, 스캐터포커스는 특정한 대상에 집중하지 않는다. 하이퍼포커스는 외부에 주의를 기울이지만, 스캐터포커스는 내부로 주의를 돌린다. 하나는 주의를 집중하는 것이고 하나는 주의를 분산시키는 것이다. 신경학적으로 볼 때 하이퍼포커스와 스캐터포커스는 반대의 상관관계를 가진 것으로 나타난다. 스캐터포커스를 조성하는 두뇌망이 활성화되면 하이퍼포커스를 조성하는 망은 급격히 비활성화되며 그 반대도 마찬가지다.[5] 모든 사실을 고려할 때, 뇌의 이 2가지 상태는 서로를 보강한다. 특히 의도적으로 각 상태에 들어가면 더욱 그렇다. 따라서 두 상태를 의식적으로 연습하는 것이 중요하다.

하이퍼포커스를 연습하고 신경 써서 주의력을 관리하면 다양

---

5 궁금한 사람들을 위해 이야기하자면, '일에 긍정적'인 두뇌망은 하이퍼포커스를 돕고, '일에 부정적'이거나 '기본 상태'인 두뇌망은 스캐터포커스를 돕는다. 외부에 있는 어떤 대상에 집중하면 일에 긍정적인 망이 활성화되고, 내부에 깊이 집중하면 기본 상태인 망이 활성화된다.

한 혜택을 볼 수 있다. 주의집중 영역이 넓어져서 동시에 더 많은 일에 집중할 수 있고, 기억력이 증가하고, 머릿속을 날아다니는 생각들을 더 잘 의식할 수 있다. 결과적으로 이 3가지 혜택은 스캐터포커스 상태에서도 도움이 된다.

주의집중 영역의 크기는 스캐터포커스 시간이 얼마나 유익할지를 결정하는 가장 큰 요인이다. 더 넓을수록 더 좋은데, 스캐터포커스 상태에 머무는 동안 더 많은 것들을 담을 수 있기 때문이다. 주의집중 영역은 두 상태 모두에 꼭 필요하다. 하이퍼포커스 상태에서는 여러분이 하는 일로 주의집중 영역이 가득 찬다. 스캐터포커스 상태에서는 주의집중 영역을 통해 아이디어를 새로 구상하고 미래에 관해 일관적으로 생각할 수 있다.

주의력을 의도적으로 관리하면 기억할 수 있는 양도 많아진다. 주기적으로 하이퍼포커스를 연습하면 도움이 되는 두 번째 이유가 여기에 있다. 집중했을 때 정보를 더 많이 모으거나 기억할수록, 스캐터포커스 상태에서 아이디어나 미래에 일어날 일을 더 잘 구상할 수 있다. 과학 전문 잡지인 「네이처Nature」에 최근에 실린 한 비평에 따르면 '뇌는 기본적으로 미래 지향적인 신체 기관으로 보는 것이 유용하며, 과거와 현재에서 정보를 얻어서 미래를 전망하도록 설계됐다. 기억이란 미래 지향적인 두뇌가 미래에 발생 가능한 사건을 모의실험하는 데 사용하는 도구로 볼 수 있다.'

미리 주의를 기울이지 않았던 아이디어와 정보를 짜맞추기란 불가능하듯 과거를 기억하면 미래를 상상하는 데 도움이 된다. 집중할 때 주의력을 잘 관리할수록, 집중하지 않을 때 의지할 정보가 더 많아진다. 무엇을 습득하고 어디에 주의를 기울일지 선택하는 것이 얼마나 중요한지는 뒤에서 다룰 것이다. 몸이 무엇을 먹느냐에 따라 달라지듯 정보를 습득하는 문제와 관련해서도 무엇에 집중하기로 선택했는가에 따라 달라진다. 전반적으로 가치 있는 내용을 습득하면 스캐터포커스 시간을 훨씬 더 생산적으로 보낼 수 있다.

세 번째 발상은 우리가 이미 다뤘는데, 상위 자각을 하면서 주의집중 영역에 무엇이 있는지 계속 확인하는 일이 중요하다는 것이다. 그러면 더 깊이 집중할 수 있을 뿐 아니라 스캐터포커스로 들어가는 데 도움이 된다.

이미 경험했을지도 모르지만 심지어 명상하는 동안에도 마음이 방황했다는 것을 알아채기까지는 몇 분이 걸린다. 조나단 스쿨러가 수행했던 연구에 따르면 우리는 마음이 방황했다는 사실을 매시간 평균 5.4회밖에 인지하지 못한다. 앞서 다룬 수치에 따르면 우리 마음은 하루 중 47%를 방황한다. 종합해 보자면 이 수치들은 우리가 인식하지 못하는 새에도 마음이 얼마나 오랫동안 방황하는지 보여준다. 우리 마음이 방황하는 것을 인지하기까지 시간이 걸리는 데는 흥미로운 이유가 있다. 한 연구에서 지적했듯, 방황하는 마음은 '뇌에서 마음이 방황하는 것을 인지하는 바로 그 부위를 납치한다.' 그러니 주의집중 영역을 무엇이 차지하고 있는지 주기적으로 확인하는 것이 두 배로 중요하다.

더 자주 확인할수록 마음이 방황하는 시간은 더 생산적일 것이다. 과거의 생각에서 벗어나서 현재의 아이디어와 미래에 관해 생각하기가 더 수월해질 것이다. 주의집중 영역을 넓힐 때와 마찬가지로 상위 자각하는 연습을 하면 스캐터포커스 상태를 훨씬 더 생산적이고 건설적으로 만들 수 있는 것으로 나타났다.

지루함에 관해 다시 생각하기

이 질문에 솔직하게 답해보자. 최근 지루했던 적이 언제인가?

정말로 생각해 보자. 기억할 수 있나?

아마 아주 오래전, 어쩌면 우리를 반기는 전자 기기들이 삶에 들어오기 전일 것이다. 지금처럼 많은 대상에 주의를 분산시키던 때는 인류 역사상 없었다. 늘 무언가를 할 수 있으니 당장은 이득처럼 느낄 수도 있지만, 주의를 빼앗는 기기들은 기본적으로 삶에서 지루한 느낌을 제거한다는 단점이 있다. 여러분은 이렇게 물을지도 모른다. 권태에서 벗어나는 것은 긍정적인 변화가 아닐까? 반드시 그렇지는 않다. 우리는 자극 수준이 낮아질 때 지루함을 가장 자주 느낀다. 일요일 오후에 무언가 할 일을 찾아다니는 자기 모습을 발견했을 때나 이메일을 쓰다가 딱딱한 회의에 참석했을 때 말이다.

항상 손을 뻗으면 기기에 닿을 수 있거나 주의를 빼앗는 웹 사이트에 방문할 수 있으니 우리가 지루함을 느끼지 못하는 것도 당연하다. 그 순간 우리를 즐겁게 해줄 것이 항상 있으니 말이다. 결과적으로 더 낮은 자극 수준에 적응해야 할 때는 별로 없다. 오히

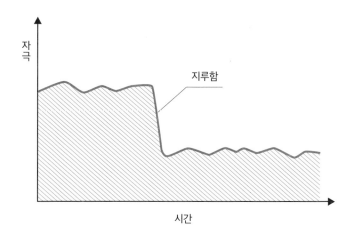

자극

지루함

시간

려 어떤 일을 정말로 끝내야 해서 이런 기기들로부터 억지로 주의
를 돌려야 할 때가 많다.

나는 스스로 실험해 보길 정말 좋아하는데, 겉보기엔 그럴싸한
많은 조언이 실제로는 효과가 없기 때문이다. 그래서 권태감이 긍
정적일 수 있는지 알아보는 실험을 했다. 지루함을 조금 느끼면
생산성에 도움이 될까? 스캐터포커스와는 어떻게 다를까? 지루함
에서 벗어나려고 저항하는 것이 옳을까?

한 달 동안 실험하면서 나는 의도적으로 하루를 지루하게 보냈
다. 그렇게 나는 한 달간 주의를 빼앗는 것을 전부 차단하고 괴로
울 만큼 지겨운 일에만 주의를 기울이며 시간을 보냈다. 지루하게
지내는 방법은 정말로 다양했다. 나는 독자들이 내 웹 사이트에
제안한 30가지의 이상한 아이디어에서 도움을 받았다.

1. 아이튠즈 이용 약관 읽기

2. 천장 응시하기

3. 아침에 교육 채널 시청하기

4. 공항 수화물 담당 부서에 전화하여 연결될 때까지 기다리기

5. 오후에 교육 채널 시청하기

6. 내 거북이 에드워드가 수조에서 헤엄치는 모습 구경하기

7. 천천히 회전하는 선풍기 날개 응시하기

8. 작은 캔버스를 하나의 색으로만 칠하기

9. 물감이 마르는 것을 지켜보기

10. 사무실에서 창밖을 내다보기

11. 핀셋으로 딸기 씨를 빼서 세어보기

12. 잔디가 자라는 것을 지켜보기

13. 기차에서 창밖 응시하기

14. 온라인 체스 경기 구경하기

15. 하늘에서 구름 하나만 쳐다보기

16. 병원에서 기다리기

17. 수도꼭지에서 떨어지는 물방울 쳐다보기

18. 내가 가진 옷 전부 다림질하기

19. 원주율 1만 자리까지 0이 몇 개 나오나 세어보기

20. 여자친구가 책 읽는 모습 바라보기

21. 종이에 점 찍기

22. 식당에서 책이나 스마트폰 없이 혼자 밥 먹기

23. 위키피디아에서 빗줄에 관한 설명 읽기

24. 시계 보기

25. 다른 폴더로 파일이 이동하는 것을 지켜보기(그리고 다시 되돌리기)

26. 감자 5개의 껍질 벗기기

27. 물 끓는 것을 지켜보기

28. 교회에서 라틴어 설교 시간에 참석하기

29. 밤에 교육 채널 시청하기

30. 작은 돌을 한 장소에서 다른 장소로 반복해서 옮기기

1시간마다 몇 차례씩 나는 머릿속에 돌아다니는 것을 임의로 추출했다. 생각이 긍정적인지 부정적인지 중립적인지, 마음이 어딘가에 집중하고 있는지 아니면 방황하는지, 생각이 얼마나 건설적인지, 느낌은 어떤지, 이전에 머릿속에서 표본을 채집했을 때부터 시간이 얼마나 지난 것 같은지 등을 말이다.

이 실험을 통해 발견한 사실 중 일부는 놀랍지 않았다. 외부 환경이 덜 자극적으로 변하자 나는 자연스레 주의를 내부로 돌렸는데, 내가 하는 생각이 훨씬 더 흥미롭고 자극적이었기 때문이다. 이런 측면에서 볼 때, 지루함을 느끼는 상태는 원치 않게 스캐터 포커스에 머문다는 것에 불과하다. 나는 습관적인 스캐터포커스에 들어갔을 때처럼 여전히 미래를 계획하고, 아이디어를 처리하고, 과거와 현재와 미래를 이리저리 오갔지만, 이 과정이 그리 즐겁거나 계속하고 싶다고 생각하지는 않았다.

실험에서는 예상치 못했던 부작용도 몇 개 나타났다. 나를 불안하게 만들었던 사실 하나는 자극이 사라지자 주의집중 영역을

채울 만한 기분전환 거리를 본능적으로 찾아다녔다는 점이다. 집게로 딸기 씨앗을 제거하거나 위키피디아에서 밧줄에 관한 설명을 억지로 읽고 있자니, 이 일이 아닌 다른 할 일을 찾을 수밖에 없었다. 청소할 거리든 가까운 곳에 있는 기기든 머릿속 생각으로부터 주의를 돌릴 만한 일이면 무엇이든 좋았다. 그때 나한테 전기 충격을 줄 수 있었다면, 나는 그렇게 했을지도 모른다. 우리 마음은 지속적인 자극에 익숙하기 때문에, 마음에 자극을 자꾸 주는 것을 보편적인 선 마냥 갈구하는 성향이 있다. 그렇지 않은데도 말이다.

이 책에 나온 다양한 전략이 일과 삶을 덜 자극적으로 만드는 일을 수반하는 것은 우연이 아니다. 덜 자극받을수록 더 깊게 생각할 수 있다. 지루함을 피하려고 자극을 쫓을 때마다 우리는 계획을 세우거나, 마음속에 품고 있던 아이디어를 발굴하거나, 나중에 더 활기차고 목적의식 있게 일하기 위해 재충전하는 일에 실패한다.

권태감이 전적으로 유용하다는 말은 아니다. 습관적으로 스캐터포커스에 들어갈 때와는 달리 권태감은 우리를 불안하고, 초조하고, 불편하게 만든다. 나도 실험 내내 이런 느낌을 받았다. 나는 누구든 더 권태롭길 바라지 않는다. 하지만 마음은 더 방황하길 바란다. 다행히 스캐터포커스 상태에서든 지루함을 느낄 때든 마음은 같은 곳을 방황하므로, 스캐터포커스 상태에서 얻는 긍정적인 면은 똑같다. 게다가 스캐터포커스 상태에서는 마음이 자극을 덜 받으면서 방황하되 목적의식까지 지니고 있다.

예전에 모든 컴퓨터가 천천히 회전하는 하드 디스크와 함께 출시되던 시절, 윈도우 컴퓨터에는 전부 디스크 조각모음이라는 프로그램이 사전에 설치돼 있었다. 컴퓨터가 느리게 작동할 때면 이 프로그램을 이용해서 떨어져 있는 파일 블록을 드라이브에 물리적으로 더 가깝게 차곡차곡 재배치했다. 그러면 컴퓨터 속도가 눈에 띄게 빨라졌는데, 플래터platter 곳곳에 흩어져 있는 해당 파일 요소를 찾기 위해 드라이브가 미친 듯이 회전하지 않아도 됐기 때문이다.

전문가든 비전문가든 이 프로그램을 사용하면 늘 이상하게 만족스럽고 시각적으로도 즐거웠는데, 프로그램이 작동하는 동안 직사각형에 흩어져 있는 세로줄이 차곡차곡 다시 배치되고 정돈되는 모습이 보였기 때문이다.

우리 마음도 비슷하게 작동한다. 그러니 일하는 틈틈이 시간을 마련해서 생각을 '조각모음' 해야 한다. 그러면 더 명확하게 생각하는 데 도움이 되며 인간관계와 경험, 아이디어, 이해할 수 없는 문제를 처리할 주의집중 공간이 추가로 생긴다. 이런 순간마다 지루함과 스캐터포커스는 강력한 힘을 발휘하는데, 유익하게 자기성찰을 할 수 있기 때문이다.

이렇듯 활동 사이에 생긴 틈은 그 활동만큼이나 귀중하다는 의견에 여러분도 동의하길 바란다. 이제 그 틈을 되찾을 시간이다.

휴식을 취한다고 해서 게으름을 피우는 것은 아니며,
여름날 나무 밑 풀밭에 누워서 속삭이는 물소리를 듣거나
푸른 하늘에 떠다니는 구름을 바라본다고 해서
시간을 낭비하는 것은 아니다.

존 러벅John Lubbock, 『인생에 관한 17일간의 성찰 The Use of Life』

7

주의력 재충전

주의력 재충전이 필요할 때

스캐터포커스 상태에서는 의도를 더 자주 의식할 수 있으며 창의성이 높아질 뿐만 아니라 재충전하는 데도 도움이 된다.

에너지 수준은 집중력에 영향을 미친다. 어쩌면 최근 잠을 몇 시간 못 잤거나 쉬는 시간 없이 일했을 때 이 사실을 느꼈을 것이다. 그때는 주의력의 질을 평가하는 3가지 척도의 점수가 모두 떨어졌을 것이다. 전보다 오래 집중하지 못하고, 다른 일이나 흥밋거리 때문에 더 자주 주의가 흐트러지거나 옆길로 새고, 자동조종 상태로 일하고 있다고 느꼈을 것이다.

이 장의 교훈은 단순하다. 스캐터포커스 상태에서 정신력을 보충할수록 가장 중요한 일에 투입할 에너지를 더 확보할 수 있다는 것이다. 정신력은 하루를 보내는 동안 꾸준히 고갈되므로 집중력도 마찬가지다. 재충전은 중요하며, 시간을 투자할 가치가 있다.

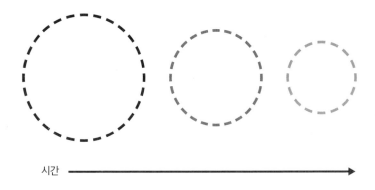

시간

시간의 흐름에 따른 주의집중 영역의 변화

연구에 따르면 주의집중 영역은 정신력의 양과 비례하여 팽창하거나 수축한다. 예를 들어 잠을 충분히 자면 주의집중 영역을 58%나 넓힐 수 있으며 자주 휴식을 취해도 마찬가지의 효과를 얻을 수 있다. 그러면 생산성에도 영향을 준다. 주의집중 영역이 약 60% 더 넓으면 생산성도 그만큼 증가할 수 있는데, 시급한 일을 처리할 때는 더욱 효과적이다. 잘 쉴수록 더 생산적으로 되는 것이다.

하이퍼포커스 상태에 머물면 상당히 지칠 수 있다. 행동을 통제해야 하는데, 그러면 한정적인 에너지가 꾸준히 새어나가기 때문이다. 마침내 에너지가 바닥을 드러내면 마주한 일에 집중하기 더 어려워진다. 그렇기 때문에 여러분의 주의집중 영역이 수축할 때는 재충전이 필요한 것이다.

에너지가 바닥났으니 스캐터포커스에 들어가서 재충전해야 한다고 알리는 신호는 다음과 같다.

- 하던 일을 자주 바꾸고 한 가지 일에 계속 집중하기 어렵다.
- 의도를 잊어버리고 더 수동적으로 일한다.
- 눈에 띄게 느린 속도로 일을 마치고 일의 내용 파악이 어렵다.
- 덜 중요하고 더 생각 없이 할 수 있는 일을 선택한다.
- 의도하지 않았음에도 산만한 상태에 빠진다.

더 상쾌한 휴식 취하기

많은 사람이 자신을 행복하게 만들어 주지 않는 일에 시간을 과도하게 쏟는다. 좋아하는 일을 하면 관심 없는 일을 할 때보다 훨씬 덜 피곤하다. 후자는 항상 더 억지로 집중하는 느낌을 주기 때문이다. 관심 있는 일일수록 집중력은 느리게 줄어들 것이다. 연구에 따르면 즐거운 일을 할 때는 우리의 마음도 덜 방황한다.

스캐터포커스를 연습하면 다른 혜택도 볼 수 있지만, 행동을 제한하지 않고 소소하게 시간을 보냄으로써 에너지를 회복하고 한정적인 정신력을 다시 채운다는 장점이 가장 크다.

일하는 사이에 갖는 상쾌한 휴식에는 3가지 특징이 있다.

- 노력이 거의 들지 않으며 습관적이다.
- 정말로 하고 싶은 일이다.

• 허드렛일이 아니다(허드렛일을 정말로 즐기지 않는 한 말이다).

즉, 휴식 시간에는 유쾌하면서도 노력이 들지 않는 무언가를 해야 한다. 재밌고 느긋하게 쉬는 시간을 보내면 습관적인 스캐터 포커스에 들어갔을 때와 똑같이 놀라운 혜택을 얻을 수 있다. 아이디어와 통찰을 더 많이 담을 만큼 주의집중 영역이 넓어지면 마음이 미래를 향하게 될 것이다. 또 재밌게 쉬는 시간을 보내면 활기차게 일을 재개할 수 있다.

업무 중 쉬는 시간은 대체로 본래 의도만큼 기운을 북돋아 주지 않는데, 곧바로 소셜 미디어나 뉴스를 확인하는 등 마음이 정말로 방황할 수 있도록 한 발자국 뒤로 물러나는 대신 다른 방식으로 주의를 산만하게 만들기에 여념이 없기 때문이다. 이런 '휴식'은 그저 업무와 상관없는 활동을 이르는 암호명이나 다름없다. 이렇게 쉬면 여전히 주의력을 사용하기 때문에 진정으로 재충전할 기회가 전혀 없다. 일을 재개했을 때 명확하고 의도적으로 생각하기는 하나, 자동조종 상태로 일하게 되면서 새 이메일을 확인하거나 주의를 흐트러뜨리는 불필요한 일을 할 정도의 에너지밖에 못 모은다.

직장에서 하루에 한두 번 할 수 있는 좋아하는 활동을 고르자. 내일은 그 활동을 하는 것으로 하자. 예를 들면 사무실 근처 산책하기, 가까이에 있는 헬스장 이용하기, 활력을 주는 동료와 시간을 보내기 등이 있다. 이런 활동은 마음이 진정으로 휴식을 취할 수 있는 아주 좋은 방법이다. 이렇게 소소하게 시간을 보내는 동안은 정신없이 다른 데로 주의를 돌리고 싶은 충동에 저항하자. 내가 업무 중 휴식을 취하는 방법은 약 1시간마다 일에서 한 걸음 물러나 마음을 재충전할 기회를 만드는 것이다. 나는 스마트폰 없이 근처 카페를 걸어서 갔다 오거나, 헬스장에서 운동을 하거나, 동료 1~2명과 근황을 이야기하거나, 팟캐스트 방송을 듣는 것도 좋아한다.

여기 나를 비롯해 내가 상담했던 사람들에게 효과가 있던 휴식 활동이 있다.

- 자연 속 거닐기[1]
- 밖에서 달리거나 헬스장 가기
- 명상하기(회사에 쉼터가 있으면 더욱 좋다.)
- 업무와 관련없는 재미있는 글 읽기
- 음악이나 팟캐스트 방송 혹은 오디오북 듣기
- 동료나 친구와 시간 보내기
- 그림이나 목공예, 사진과 같이 창의적인 취미에 시간 투자하기

---

1 집중력을 촉진하는 데 도움이 되는 요소들을 하나하나 다룬다면 이 책이 1000쪽도 넘어가겠지만, 자연 속에서 시간을 보내면 편안히 재충전하기에 좋다는 사실은 강조할 만한 가치가 있다. 이 활동을 하면 창의적으로 문제를 해결하는 일을 최대 50%까지 더 잘하게 되고, 체내 스트레스 호르몬 수준을 약 16% 낮추고, 더 차분해지며 기분이 좋아진다. 심지어 한 연구에서 발견한 바에 따르면 '나무가 더 많은 곳에 사는 사람들의 심장 건강과 신진대사가 그보다 소득이 2만 달러 높은 사람들이 경험하는 수준만큼 증진됐다.' 우리는 콘크리트 정글이 아니라 자연 속에서 잘 살도록 진화했다.

좋아하는 휴식 활동을 선택하는 것만으로도 쉬면서 재충전하는 동안 습관적으로 스캐터포커스에 들어갈 때 얻는 혜택을 얻을 수 있다.

쉬는 시간을 가늠하기

그렇다면 언제, 얼마나 자주 일에서 한 걸음 물러나야 할까?

사람은 각자 다 다르므로 휴식을 얼마나 오래, 자주 취할지는 수없이 많은 요인에 따라 달라진다. 주의를 빼앗는 것이 없는 상태를 자기에게 알맞게 만들기 위해 다양한 대안을 시도했던 것처럼, 자신이 어떤 일에서 가장 활력을 얻는지 알아내려면 실험이 필요하다. 예를 들어, 성격이 내향적인 사람이 큰 집단과 사회적으로 상호 작용하는 업무가 많다면 더 자주 쉬어야 할 수도 있다.

특정 과제나 업무 전반에서 의욕을 얻지 못할 때도 더 자주 재충전해야 할 것이다. 또 주의를 빼앗고 유혹하는 것에 저항하거나 일을 마무리하려고 스스로 채찍질하느라 행동을 더 엄격하게 절제할수록 더 자주 재충전해야 한다(이런 이유로 마감은 무척 유용하기도 하다. 어떤 일에 집중하도록 만들기 때문이다). 근본적으로 흥미 있는 일을 할 때는 노력을 안 해도 집중하게 되며, 여러분이 자기 일을 지긋지긋해 한다면 세상 그 어떤 생산성 전문가의 조언도 도움이 안 된다.[2]

여러분의 직급이 관리자라면, 회사의 가치에 진심으로 신경 쓰는 사람을 채용하는 것이 여러분이 내릴 수 있는 가장 좋은 결정이다. 의외로 관리자들은 업무에는 아주 능숙하지만 단지 월급 때문에 일하는 사람을 채용해 버리는 경우가 허다하다.

휴식이 얼마나 가치 있는가에 관한 연구에서는 2가지 단순한 규칙을 시사한다.

1. 적어도 90분마다 쉬자.
2. 대략 업무 1시간당 15분씩 쉬자.

8시간 동안 근무하면서 너무 많이 쉬는 것처럼 보일 수도 있지만 점심시간 1시간과 오전 및 오후에 15분짜리 휴식 시간을 한 번씩 보내는 정도와 같다. 대부분의 상황에서 이 2가지 규칙은 현실적이며 업무 일정에 영향을 주지 않고 실천할 수 있다.

왜 90분마다 쉬어야 할까? 우리의 정신력은 90분 주기로 진동한다. 잠을 잘 때도 90분 주기 동안 얕은 수면기, 깊은 수면기,

---

2 흥미로운 관찰 결과가 있다. 돈에서 동기를 적게 얻는 사람일수록 결국엔 돈을 더 많이 벌게 된다는 것이다. 돈과 명성, 권력은 외적인 목표다. 외부에 있는 목표는 성장하고 사람들과 교류하고 남을 돕는 일과 같이 내적인 목표보다 동기부여에 훨씬 덜 효과적이다.

렘REM 수면기를 오간다. 잠에서 깬 다음에도 우리 에너지는 같은 리듬을 계속 쫓는다. 약 90분 동안 기운이 넘치다가 약 20~30분가량 짧게 피로를 느낀다. 90분 정도마다 짧게 휴식을 취하면, 선천적으로 고점과 저점을 오가는 에너지 주기를 활용하는 것이다. 집중력이 떨어진다고 느끼거나 큰 과제를 끝내고 난 뒤에는 쉬도록 하자. 그렇게 하면 마음이 돌아다니게 허락함으로써 주의 잔류물을 덜 만들어 낼 것이다.

전략적으로 휴식을 취하면 더 큰 정신력 주기를 이용할 수 있으므로 생산성을 극대화할 수 있다. 그리고 자연적으로 떨어진 에너지도 보충한다. 연구에서 보여주는 바에 따르면 우리는 에너지가 떨어진 시기에 더 창의적인데, 그동안에는 뇌가 덜 통제받아서 아이디어가 더 많이 표면으로 올라오기 때문이다. 따라서 에너지가 적은 순간은 스캐터포커스로 들어가기에 최적이다. 오전부터 에너지 수준이 올라가고 내려가는 데 주의를 기울이면서, 에너지가 떨어지기 시작한다고 느끼면 일에서 한 발자국 물러서려고 일관되게 노력하자. 오후에는 에너지 수준이 다소 평준화되기 때문에 에너지가 떨어지는 시기를 예측하기가 더 어렵다. 하지만 오전과 비슷한 리듬을 유지하는 것이 좋다.

그렇다면 왜 업무 1시간당 15분을 쉬어야 할까? 이 주제에 관해서 학술적인 연구는 별로 없지만, 한 회사에서 이 숫자를 시험해 본 적이 있다. 데스크타임DeskTime이라는 시간 추적 애플리케이션을 이용하면 컴퓨터에 실행해 둔 프로그램을 자동으로 추적하기 때문에 하루를 마감하면서 얼마나 생산적으로 일했는지 확인할 수 있다. 회사 연구진은 이 애플리케이션 사용자 중 가장 생산성이 높은 10%가 어떻게 휴식을 취했는지 데이터를 분석했다. 그러자 사용자들은 평균 52분 일할 때마다 17분씩 쉬는 것으로 나타났다.

업무 일정에 쉬는 습관을 들이는 섯이 좋다. 아침에 차나 커피를 두 번 마신다면, 90분 일한 다음에 두 번째 커피를 마시면서 마음에 합법적으로 휴식을 주자. 컴퓨터 앞에서 서둘러 점심을 먹는 대신, 진짜 점심을 먹자. 오후를 위해 정당하게 재충전하며 식사하는 것이다. 점심시간에 달리거나 책을 읽는 동안 스마트폰은 사무실에 두고 스캐터포커스에 들어감으로써 품고 있던 생각이나 아이디어를 확실하게 포획하자. 오후에는 디카페인 커피를 마시거나 직장 내 수면실이나 명상 공간, 헬스장을 이용하자.

휴식을 취하기에 가장 좋을 때는 휴식이 필요하기 전이다. 어떤 사람은 이미 탈수 상태에 이르러서야 목마름을 느끼듯이, 피곤함을 느끼게 될 때쯤에는 이미 집중력과 생산성이 약해지기 시작했을 가능성이 높다.

잠자기

휴식 이야기를 하면서 잠에 대해 논의하지 않는다면 나는 태만한 사람일 것이다.

휴식과 관련해 내가 개인적으로 지키는 원칙이 있는데, 잠에 관해서는 이 원칙을 따를 가치가 있다고 생각한다. 잠을 1시간 못 잘 때마다 다음 날 2시간짜리 생산성을 잃는다고 믿는 것이다. 휴식을 취할 때와 마찬가지로 우리의 신체는 모두 다르지만 수면의 양은 중요한 문제다. 특히 지식 노동과 관련해서는 더욱 그렇다. 더 오래 일하려고 잠을 덜 자면 얻는 것보다 잃는 것이 많다.

잠이 부족하면 주의집중 영역이 60%까지 줄어들 수 있으며 피곤할 때는 복잡한 일을 하는 데 두 배 이상 더 오래 걸릴 수 있다. 또 덜 의식적으로 지내고 주의집중 영역을 덜 자주 살피게 된다. 주의집중 영역이 줄어든 채로 일하면, 자료를 엑셀에 입력하는 일처럼 생각이 필요 없는 업무는 괜찮을지 모르지만 복잡한 일에 집중하려 할 때는 생산성이 떨어진다. 대부분의 상황에서는 피곤한데도 온종일 일하려고 하기보다 일을 몇 시간 덜 하고 충분히 자는 것이 좋다. 일부 사람은 다른 사람보다 덜 자고도 생활할 수 있다고 주장하지만, 아마 그런 사람들은 상대적으로 단순한 일을 하거나, 푹 쉬었으면 지금보다 더 많이 성취할 수 있었을 것이다. 더 위험한 것은 수면 부족일 때 우리가 스스로의 생산성을 실제보다 높게 인식한다는 점이다.

우리는 기본적으로 삶의 3분의 1을 정신없이 잠에 빠진 채로 보내면서도, 자는 동안 무슨 일이 벌어지는가에 관해서는 거의 알지 못한다. 여기에는 다양한 이유가 있다. 수면 시 뇌의 활동을 알아보고 싶어도 우선 뇌를 스캔하는 장비의 가격이 비쌀 뿐더러, 이를 확보하더라도 이 장비에서 발생하는 소음이 피실험자가 나중에 얕은 수면 단계에 들어갔을 때 방해가 되는 경향이 있다. 하지만 자는 동안 뇌에서 무슨 일이 일어나는지 엿볼 수 있게 해준 연구들을 살펴보면 흥미롭다. 수면과 스캐터포커스가 얼마나 유사한지 측정한 연구라면 더욱 말이다.

꿈을 꾸는 사람과 몽상에 빠진 사람의 뇌를 뇌 스캔 기계로 검사한다면 이상한 점을 눈치챌 것이다. 두 사람의 뇌는 소름 돋게 비슷할 것이다. 자면서 꿈을 꿀 때와 스캐터포커스 상태에서 몽상에 빠졌을 때는 같은 뇌 부위가 활성화되는데, 다만 자는 동안이 더 활발할 뿐이다. 신경학적으로 보면 꿈을 꾸는 상태는 스테로이드를 복용한 스캐터포커스 상태라고 볼 수 있다.

두 상태에 관해 곰곰이 생각해 보면 이해가 가는 결과다. 우리는 잠을 자거나 스캐터포커스 상태에 머물고 나서 재충전된 느낌을 받는다. 잠을 잘 때나 몽상에 빠졌을 때 우리 마음은 같은 곳을 많이 돌아다닌다. 과거를 후회하고, 미래에 관해 환상을 품거나 걱정하기도 하고, 다른 사람과의 관계를 생각하기도 한다(다만 꿈을 꿀 때는 이런 생각들이 훨씬 갑자기 전환된다). 수면 중이나 방황하는 동안 마음은 생각을 '조각모음' 할 기회를 얻을 뿐 아니라, 습득해서 처리 중인 정보를 더 강화한다. 각 상태에서 뇌는 무작위적으로 상상력을 불태우다가 획기적인 아이디어를 떠올리기도 한다(쓸데없는 생각도 무작위적으로 떠오른다). 그러니 잠을 자면서 위대한 아이디어를 떠올린 일화가 수없이 많을 만도 하다. 폴 매카트니Paul McCartney는 '예스터데이Yesterday'라는 노래의 멜로디를, 드미트리 멘델레예프Dmitri Mendeleev는 주기율표를, 잭 니클라우스Jack Nicklaus는 새롭게 개선된 골프 스윙 방법을 꿈에서 떠올렸다. 수면 부족 상태로 일하면 생산성에 손해를 입는 것 외에도 큰 대가를 치른다. 연구에서 나타난 바에 따르면 우리는 잠을 덜 잘 때 이렇게 된다.

- 업무에 대한 압박을 더 크게 느낀다.
- 집중 시간이 짧아진다(심지어 40초 이하가 되기도 한다).
- 소셜 미디어 사이트를 더 자주 열어본다.
- 더 부정적인 기분을 경험한다.
- 덜 시급한 문제를 활발하게 찾아다닌다(줄어든 주의집중 영역에 넣지 못하게 된 일은 제거한다).
- 온종일 온라인상에서 보내는 시간이 늘어난다.

이런 현상은 19~29세 사이에서 더욱 잘 나타나는데, 이 연령대 인구는 다른 연령대 집단보다 더 늦은 시간인 평균 12시경에 잠자리에 들기 때문이다. 대부분의 사람에게 수면이 8시간가량 필요하다는 점을 고려할 때, 늦게 일어나는 융통성을 발휘할 수 있는 것이 아니라면 12시에 잠자리에 드는 행위는 다음 날을 생산적으로 보내기 위한 준비가 아니다.

잠을 더 많이 자면서 수면의 질을 높이는 아주 좋은 방법은 굳건한 잠자리 의식을 개발하는 것이다. 하루가 끝날 무렵이면 에너지 수준이 대폭 하락한 상태기 때문에 자동조종 상태로 시간을 많이 보낸다. 일정한 일과를 만들어서 잠들기 전 마음을 편히 하자. 독서나 명상, 혼자 있기, 허브차 마시기 같은 습관을 들이거나 침실에서 텔레비전을 치우기만이라도 하자. 텔레비전은 집중하기 편한 대상이며 잠을 자는 것보다 훨씬 자극적이다. 충분히 자려면 적당한 시간에 잠드는 것이 가장 좋은 방법이다. 우리 대부분은 정해진 시간에 일어나야 하는데도, 평소에 저녁 일과를 유동적으로 보낸다.

휴식은 게으름이 아니다

할 일은 남았는데 시간이 부족하면, 한 발자국 물러서서 쉰다는 것이 가끔은 옳지 않다고 느껴지곤 한다. 양심의 가책까지 느껴질지도 모른다. 자기 회의감이 그 못생긴 얼굴을 쳐드는 순간이다. 휴식의 기회비용을 생각한다면, 휴식 대신 해야 하는 온갖 일이 떠오르기 시작할 것이다. 휴식은 일을 끝내는 것보다 확실히 덜 생산적으로 느껴지며, 덕분에 한 발자국 물러나는 생각만 해도 잘못하는 듯한 느낌이 든다.

실상은 전혀 타당하지 않은 논리다. 사실, 휴식은 여러분이 할 수 있는 가장 생산적인 일 중 하나다. 앞서 논의했듯 뇌는 에너지가 한정적이어서 저장량이 고갈되고 나면 집중력과 생산성도 바닥을 드러낸다. 휴식을 취하면 재충전할 수 있을 뿐 아니라 급격한 피로를 예방할 수 있다.

쉴 때마다 우리는 시간을 써서 에너지를 얻는다. 휴식을 취하면서 쉬든 숙면을 하면서 쉬든 상관없이 이것은 사실이다. 휴식에 투자한 시간은 허공으로 증발하지 않으며, 사실 여러분은 휴식을 취하지 않을 때 죄책감을 느껴야 한다.

이 책에서 나는 여러분이 자기 일과 삶을 자주 되돌아보길 권했다. 예를 들면 언제 가장 집중했고 창의적이라고 느꼈는지를 생각해 보라고 제안하기도 했다. 그렇게 했던 이유가 있다. 조금이라도 자기 성찰을 하면 많은 것을 배울 수 있기 때문이다.

사실을 말하자면, 여러분은 더 생산적이거나 창의적이거나 일에 몰두하고 싶을 때 마음대로 사용할 수 있는 자료를 이미 엄청나게 많이 갖고 있다. 언제 가장 생산적이거나, 창의적이거나 행복했는지 곰곰이 생각해 보고 어떤 조건에서 그 상태에 이르게 되는지 고민해 보기만 하면 된다.

여기서도 비슷한 연습을 해보는 것이 좋다. 최근 가장 열정적으로 일에 접근했던 때가 언제인지를 돌이켜보자. 아마도 그 시기에는 시간을 더 길게 썼을 것이다. 점심시간에 운동하는 습관이 있었거나, 평소보다 더 자주 쉬었을지도 모른다. 그런 날에는 얼마나 많은 것을 성취했나?

더 많이 쉴수록 더 영리하게 일하면서 더 많이 성취할 수 있다. 얄궂게도 바쁠수록 휴식이 더 많이 필요하다. 바쁜 시기에는 당황해서 안절부절못하기 쉬운데, 이때 한 걸음 물러나서 스캐터포커스로 들어가면 도움이 될 것이다.

이번 장은 이 책에서도 짧은 축에 속하는데, 주제가 단순하기 때문이다. 스캐터포커스는 하이퍼포커스로 들어가는 능력을 재충전하는 데 도움이 될 뿐 아니라 미래에 관해 계획하고 더 창의적으로 생각하기에도 좋다.

나는 그렇게 똑똑하지 않다.
단지 문제를 더 오래 고민할 뿐이다.

알버트 아인슈타인 Albert Einstein

8

머릿속 점 잇기

창의력 키우기

스캐터포커스 상태에서는 창의력을 더 발휘할 수 있다. 스캐터포커스를 이용해 창의력을 높이는 방법은 2가지다. 첫째, 점을 더 많이 연결한다. 둘째, 더 귀중한 점을 수집한다. 후자에 관해서는 다음 장에서 다룰 예정이다.

하이퍼포커스 상태에서는 하나에만 집중한다. 그러면 뇌는 생산성이 올라가고, 정보와 경험을 암호화했다가 나중에 기억해 내고, 주변 세상과 관계를 돈독히 한다. 스캐터포커스는 반대다. 시야를 줌아웃시키고 머릿속에 있는 점 무리를 잇는다(앞에서도 언급했지만, '점'이란 머릿속에 떠오르는 정보 조각이다).

신경학적 관점으로 보면, 뇌는 점으로 가득한 망이 모인 집합체다. 우리는 새로운 경험을 할 때마다 계속해서 점을 추가한다. 사랑하는 사람과 추억을 만들면서 점을 모으고, 역사를 공부하거나

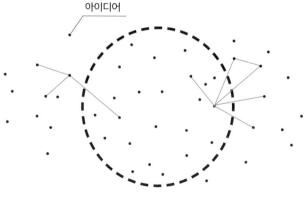

아이디어

스캐터포커스

오늘날 우리가 사는 세상을 탄생시킨 일련의 사상을 이해하기 위해 그 역사를 겪었던 사람들의 일대기를 읽을 때도 점을 모은다. 실수를 통해 교훈을 얻을 때마다 점을 축적하며, 열린 마음으로 자기 잘못을 인정할 때는 쓸모없는 점을 마음속에서 없애고 새 점으로 대체한다. 지식이 많거나 세상을 다르게 보는 사람과 깨달음을 얻는 대화를 나눔으로써 그들 마음속에 있는 점 무리를 들여다볼 때도 점을 수확한다. 각 점은 나중에 사용할 수 있도록 암호화하여 저장한다.

스캐터포커스에 들어갔을 때 뇌가 어떤 모습인지 설명하자면 '그때그때 다르다'는 말이 가장 적절하다. 스캐터포커스 상태로 들어가면 우리가 아무 데도 집중하지 않을 때 되살아나는 기본망에 불이 들어온다.[1] 이 망은 뇌 곳곳에 분포하는데, 우리가 암호로 바꿔서 저장한 정보가 이 망에 저장되기 때문이다. 스캐터포커스를 통해 창의적인 통찰을 많이 얻을 수 있는 이유 중 하나는 뇌가 흩어져 있던 점들을 자연스럽게 연결할 수 있기 때문이다.

우리는 생각 사이를 이동할 때 주의집중 영역을 늘 의식하지는 않는다. 빙산 대부분이 물속에 잠겨 있는 것처럼 이 과정도 대부분이 의식 깊숙한 곳에서 진행된다. 우리가 한 번에 집중할 수 있는 정보량은 적기 때문에, 마음속에서 활발하게 연결한 아이디어 중 극소수만이 주의집중 영역으로 진입한다. 그리고 이 순간에 누구를 고용할지 깨닫거나, 나중에 어떤 목적을 정할지 계획하거나, 불현듯 깨달음을 얻을 만한 통찰에 도달한다.

통찰이 떠오르는 계기

끝나지 않은 업무와 과제는 끝낸 업무보다 더 무겁게 마음을 짓누른다. 그러나 정말 집중하려면 이렇게 주의를 흐트러뜨리는 개회로를 닫아야 한다. 우리는 완료한 일보다 진행 중인 일을 더 잘 기억하기 때문이다. 심리학계에서는 이 현상을 자이가르닉 효과Zeigarnik effect라고 부르는데, 이 개념을 처음으로 연구했던 블루마 자이가르닉Bluma Zeigarnik의 이름을 땄다. 집중하려고 할 때

---

1 스캐터포커스를 돕는 기본망 역시 우연히 발견됐다. 처음에는 이 망을 무시했다. 그 다음에는 실험 오차로 여겨서 누락시켰는데, 뇌 스캔 기계에서 발생하는 배경 소음일 뿐이라고 여겼기 때문이다. 마침내 과학자들은 자신들이 저지른 실수를 발견했고, 그 이후로 이 기본망은 신경과학 분야에서 주요 연구 주제로 부상했다.

는 자이가르닉 효과가 성가실 수도 있지만, 주의를 분산시킬 때는 그 반대다. 사실 자이가르닉 효과 덕분에 우리는 품고 있는 문제에 관해 놀라운 통찰력을 발휘하기도 한다.

여러분은 아마 깨달음의 순간을 이미 몇 번 경험해 봤을 것이다. 아침 식사를 준비하거나, 편지를 받거나, 미술관을 둘러보다가 그 순간을 맞이했을 수도 있다. 두뇌는 지난 몇 시간 동안 생각지 않던 문제의 답을 갑자기 예기치 못하게 찾았을 것이다. 그 순간 퍼즐 조각은 아주 매끄럽게 모여 제자리에 맞아 들어갔다.

2가지는 사실이었을 것이다. 첫째, 그 순간 부딪혔던 문제에 부응하는 통찰이 떠올랐다. 둘째, 완전히 주의를 기울이지 않아도 되는 일을 하면서 마음이 방황하고 있었을 것이다.

자이가르닉 효과 덕분에 우리는 현재 발목을 잡는 문제들을 마음속 최전방에 저장한다. 완성하지 못한 보고서든, 매듭짓지 못한 결정이든, 답장을 쓰고 있는 중요한 이메일이든 해결하지 못한 문제는 뇌가 간절하게 닫고자 하는 개회로다. 그 결과 우리는 새로운 경험을 할 때마다 미해결된 문제와 연관 지음으로써 새 해법을 발굴하려고 한다. 습관적으로 스캐터포커스에 들어가면 이 연결고리를 주의집중 영역으로 불러올 수 있다. 또 통찰을 부르는 잠재적 계기가 두 곳에서 발생한다. 방황하는 마음 그 자체와 외부 환경이다.

통찰을 부르는 계기가 얼마나 놀라운지는 아무리 강조해도 모자라지 않다. 예를 들어 새가 과자 봉지를 쪼는 모습을 보고 살을 5kg 더 빼려면 간식으로 먹던 감자 칩을 부엌에서 치워야겠다고 깨달을지도 모른다. 아침에 샤워하면서 의도적으로 몽상에 빠져 있는 동안 지난번에 업무 분쟁을 어떻게 해결했는지 떠올리고 오늘도 같은 방식으로 해결할 수 있겠다는 걸 깨닫는다. 서점을 둘러보다가 요리책이 눈에 띄자, 부엌 용품을 바꿀 계획을 세우고 있었다는 것이 생각난다. 모퉁이를 돌면 부엌 용품을 파는 가게가 있다는 점도 생각난다. 환경이 다채롭고 경험이 많을수록 통찰을 더 많이 얻을 수 있다.

역사상 가장 위대했던 깨달음의 순간을 몇 가지 떠올려 보자. 유명한 사상가들은 문제 때문에 난관에 봉착했지만, 외부 신호로부터 자극을 받은 뒤 해결책을 떠올렸다. 아르키메데스Archimedes는 목욕물이 넘치는 것을 눈치챘을 때 모양이 일정치 않은 물체의 부피를 계산하는 방법을 알아냈다. 뉴턴은 사과가 나무에서 떨어지는 모습을 보고 중력이론을 떠올렸다. 이 일화는 통찰을 얻은 계기 중에서 아마 역사상 가장 유명할 것이다.

점들을 더 많이 연결하기

습관적으로 스캐터포커스 상태에 들어가기만 해도 내가 지금까지 다뤘던 놀라운 혜택을 경험할 수 있을 것이다. 하지만 수준을 더 높이고 싶다면, 그렇게 할 수 있는 6가지 방법이 여기 있다.

더 다채로운 환경에서 주의를 분산하자

자신의 마음을 의식하고 환경을 통제하는 일은 여러분이 내디딜 수 있는 가장 생산적인 발걸음 중 하나다. 1부에서 논의했던 단계를 이용해서 집중하기 좋은 환경을 조성하는 데 더해, 여러분은 의도적으로 새로운 신호를 접함으로써 스캐터포커스 상태에서 통찰이 마음의 표면에 떠오르도록 촉진할 수 있다.

통찰을 유발하는 잠재적 계기를 갖춘 상황에 몰두하는 연습은 강력한 효과를 발휘한다. 다채로운 환경에서는 사람과 아이디어, 관점을 끊임없이 새롭게 접한다. 서점을 둘러보거나 식당에서 사람들을 구경하며 보내는 휴식은 새로운 잠재적 신호를 만나지 않는 휴식보다 훨씬 가치 있다. 몇몇 활동을 하면 마음이 방황하면서 점들을 연결할 여유가 생기고, 다른 활동을 하면 마음이 새로운 아이디어를 포착했다가 나중에 연결할 수 있는데, 이런 활동들을 적절히 섞어서 사용하자.

끝내야 할 일을 전부 포착하는 데도 신호를 사용할 수 있다. 수첩을 가지고 집 안을 돌아다니면서 끝마쳐야 하는 일들을 목록으로 작성하자. 이 목록은 외부 신호를 대변한다. 사무실에서 똑같이 시도하거나 컴퓨터에서 각 폴더를 살펴보면 가치 있는 정보를 포획할 것이다. 처음에는 이 활동을 정신없게 느낄지도 모르지만, 여러분은 눈앞에 있는 모든 일을 더 잘 정리하여 우선순위를 정하게 될 것이다. 친구와 관계를 더 돈

독히 다지고 싶다면 스마트폰으로 연락처 애플리케이션을 훑어보면서 한동안 누구와 연락이 뜸했는지 알아내자. 전문적인 관계를 깊게 발전시키고 싶다면 비즈니스 인맥 관리 사이트인 링크드인LinkedIn에서 연락처를 훑어보자. 일부러 새로운 신호를 마주하면 이런저런 방식으로 도움을 받을 수 있다.

해결하려는 문제를 적어두자

나는 이 책을 쓰기 위해 수집했던 2만 5000단어짜리 연구 노트를 읽으면서 큰 난관에 봉착했다. 어떻게 하면 컴퓨터 속에 아무렇게나 모아둔 내용을 책과 비슷하게 다시 정리할 수 있을까? 내가 개요를 잡아둔 문서는 기본적으로 2만 5000단어짜리 연구 보고서나 다름없었다. 나는 이 문서를 프린트해서 주기적으로 재검토했다. 문서의 맨 위에는 내가 부딪힌 가장 큰 어려움을 적어뒀는데, 어떻게 하면 책을 실용적으로 만들고, 원고의 얼개를 짜고, 어떤 연구 사례로 책을 흥미롭게 만들 수 있을지 따위였다.

이뿐만 아니라 나는 문서 자체도 주기적으로 검토하면서 마음속에 과제를 새롭게 새겼다. 또 습관적인 스캐터포커스로 자주 들어가서 잠재적 해결 신호를 주위에 둘렀다. 예를 들면 어느 날엔 오후 동안 약 100여 권에 달하는 책의 목차를 훑으면서 그 구조를 파악했다. 나는 다채로운 환경에서 주의를 분산시켰다. 그러자 마침내 정답을 만났다.

직장이나 집에서 씨름 중인 문제를 자세하게 적어두면 마음 한 구석으로 그 문제를 계속 곱씹는 데 도움이 된다. 앞으로 해야 할 업무와 과제, 그 밖의 할 일을 적어두면 그 문제들에 관해 생각하길 멈추고 다른 일에 집중할 수 있다. 하지만 지금 문제를 해결하는 중이라면 반대 상황이 벌어진다. 해당 문제를 종이에 적어두면 더 명확하게 처리하고 기억하는 데 도움이 된다.

큰 과제를 수행할 때도 같은 기법을 사용할 수 있다. 학위 논문은 어떻게 쓸지, 부엌은 어떻게 리모델링 할지, 새 팀원은 어떻게 채용할지에 대한 개요를 작성하면 마음 한구석으로는 이 생각들을 곱씹으면서 이 문제와 관련된 새로운 점들을 계속 수집하고 연결하는 데 도움이 된다.

더 작은 골칫거리를 깨부수려 할 때 아주 효과적으로 사용할 수 있는 또 다른 방법이 있다. 일을 마감하면서 다음 날 달성하려는 목적 3개를 설정하는 데 더해, 지금 처리 중인 가장 큰 문제를 적어두는 것이다. 그러면 다음 날 아침까지 놀라울 만큼 많은 것을 생각해 낼 것이다.

자면서 문제에 관해 생각하자

앞서 언급했듯, 꿈을 꾼다는 것은 스테로이드를 복용하고 스캐터포커스 상태로 들어가는 것과 마찬가지다. 잠을 자는 동안 여러분은 마음속으로 끊임없이 점을 연결한다.

꿈을 꾸다가 깨달음으로 이어지는 통찰을 얻은 사례는 수없이 많다. 잠이 발휘하는 힘을 이용하기 위해 토머스 에디슨은 구슬을 한 줌 쥐고서 잠자리에 들곤 했고, 살바도르 달리는 열쇠 한 묶음이 달랑거리도록 손에 들고서 낮잠을 자곤 했다. 두 사람은 얕은 단계의 수면기 동안에는 물건을 계속 들고 있다가 더 깊은 단계로 들어가면서 물건을 떨어트렸고, 그 바람에 잠에서 깼다. 이렇게 함으로써 그 순간에 마음속에 떠오른 통찰을 포획할 수 있었다. 들리는 바에 따르면 에디슨은 이에 관해 인상 깊은 말을 남겼는데, 그는 '잠재의식에 요청할 것이 없는 채로 잠을 자면 안 된다'고 했다.

렘수면 단계에서 꿈을 꿀 때면 형태가 자유롭고 깊게 연결된 정보 조합이 특히 강하게 떠오른다. 문제를 품고 있는 참가자들을 조사했던 한 연구에서는 렘수면 동안 참가자가 '따로 떨어진 정보를 더 강력하게 통합하는 모습'을 발견했는데, 이 통합은 해결책을 찾는 데 도움이 된다.

수면은 기억력을 증진하는 데도 도움이 된다. 잠을 자는 동안에는 하루를 보내며 축적했던 점들을 장기 기억으로 굳히고 개중에서 덜 중요하고 관계없는 점들을 의도적으로 잊어버린다. 여러분은 온종일 수많은 '소음'을 흡수하는데, 뇌는 수면을 통해서 마음속에 있는 다른 점들과 연결할 가치가 없는 점들을 제거할 기회를 얻는다.

충분한 숙면에 투자하고 수면이라는 도구를 유익하게 사용하려면, 잠자리에 들기 전에 당면한 문제뿐 아니라 기억에 저장하려는 정보까지 검토해야 한다. 그러면 쉬는 동안 마음속에서는 계속 그 일을 처리할 것이다.

물러서자

1부에서 등장했던 전략(특히 명상)을 따랐다면, 여러분의 주의 집중 영역이 넓어졌을 것이다. 이에 따라 의도적으로 주의를 분산 시키기 위해 스캐터포커스로 들어가는 일이 점점 더 중요해졌을 것이다.

주의집중 영역이 넓을수록 여러분은 복잡한 문제의 답을 찾지 못해 막혀 있을 때 우직하게 노력할 가능성이 크다. 그런데 이때 는 하이퍼포커스보다 스캐터포커스가 훨씬 유용하다. 스캐터포커 스 상태에서는 복잡하고 다차원적인 문제에 대한 해결책을 훨씬 잘 종합할 수 있다. 집중하는 데 더 능숙할수록 마음이 방황하는 경향이 덜하게 되므로, 의도적으로 집중하지 않는 것이 더 중요해 질 것이다.

창의적인 업무 때문에 생긴 문제를 풀 때는 시간을 들이는 것 도 좋다. 마감이 임박하지 않은 한, 창의적인 결정을 의도적으로 연기하면 잠재적으로 더 가치 있게 점들을 연결할 수 있다. 예를 들어 중요한 이메일에 답장하기 전에 더 오래 뜸을 들일수록 답장 을 더 명확하게 잘 쓸 가능성이 크다. 채용 후보 몇 명을 두고 결 정을 내리거나, 회사 로고 디자인을 수정하기 위해 브레인스토밍 하거나 강의 개요를 짤 때도 마찬가지다.

의도적으로 일을 미완성으로 남겨두자

창의적인 일을 갑자기 중단할수록 다른 일을 시작했을 때 중단한 일이 더 많이 생각날 것이다. 주의집중 영역에 잔류물을 조금 남겨서 처음 하던 일을 마음속으로 계속 곱씹자. 예를 들면 복잡한 보고서에 문장을 쓰다 말고 멈춰보자.

일을 부분적으로만 완성한 채 남겨두면 그 일을 마음속에서 제일 먼저 떠올리는 데 도움이 된다.

더 가치 있는 점들을 이용하자

무엇을 받아들이느냐에 따라 우리의 삶은 달라진다. 신중하게 정보를 소화할수록 스캐터포커스를 더 유익하게 이용할 수 있다. 새로운 점들을 만든다는 것은, 복잡한 문제를 풀 때 사용할 수 있는 새로운 정보와 계기를 풍부하게 마주했음을 드러낸다.

나는 이 발상에 관해 설명하는 데 다음 장을 할애했다. 이 점들은 우리가 집중하는 대상에 엄청난 영향을 끼치고, 창의성과 생산성을 높이거나 떨어뜨리고, 세상을 바라보는 렌즈 역할을 한다.

연결하는 점들이 더 이질적일수록
종종 더 가치 있는 연관성이 탄생한다.

9

가치 있는
생각 수집하기

그룹 짓기

다양한 '점'을 모으면 스캐터포커스 상태에서 더 큰 창의력을 발휘할 수 있다. 귀중한 점은 많이 모일수록, 더 많이 연결해야 한다.

실제로 점을 모으고 연결하는 일은 무척 중요한데, 우리는 이미 알고 있는 것들을 통해 집중하기 때문이다. 바다를 응시할 때, 생물학자는 바다 밑에 도사리는 온갖 생물들에 관해 곰곰이 생각할 것이고, 예술가는 바다를 색칠할 때 어떤 색을 사용할지 고민할 것이고, 선원은 바람과 파도의 상태에 주목할 것이고, 작가는 바다를 묘사할 만한 단어를 떠올리려 할 것이다.

특정 주제에 관해 전문가가 되려면, 경험하고 지식을 쌓고 모범 사례를 접함으로써 그 주제와 관련된 점을 충분히 많이 모으고 연결해야 한다. 우리 뇌는 본디 관련된 점을 모아 그룹으로 만들게 프로그램되어 있다. 간단한 예를 들자면 글씨 쓰는 법을 처음 배웠을 때를 떠올려 보자. 낱자부터 배우기 시작했을 것이다. 모양은 어떻고 발음은 어떻고 하는 것들을 말이다. 이 주제와 관련해서 여러분이 처음 축적한 점들은 이렇다.

'ㄱ, ㄴ, ㄷ, ㄹ…'

이 무렵 뇌는 점을 잇고, 순서대로 정리해서 그룹 짓고, 자음과 모음을 구별하고, 각 음절을 어떻게 발음하는지 배웠을 것이다.

'가, 나, 다, 라…'

그다음에는 더 나아가 이 점들을 단어 형태로 그룹 짓기 시작했을 것이다. 새로운 발상을 더 깊이 이해하기 위해 다양한 그림뿐 아니라 주변 세상에 있는 물체와도 연결했을 것이다.

'가다, 나누다, 다정하다, 라면…'

이 시점이 지나면, 단어와 개념을 함께 묶어서 구와 문장, 문단을 만들기 시작했다.

'우리는 편의점에 가서 라면을 다정하게 나누어 먹었다.'

여러분은 구와 문장, 문단에 관한 지식을 마음속 깊이 새기고 있으므로 이 책을 보는 동안 의식하지 않고서도 읽기라는 행위를 하게 됐다. 여기에 관해서는 이제 생각할 필요가 없는 것이다.

읽기는 점을 수집하고 연결하는 일이 얼마나 강력한 힘을 발휘하는지 보여주는 설득력 있는 사례다. 새로운 것을 배우면, 점을 외부 환경으로부터 기억 속으로 옮겼다가 나중에 연결하고 사용한다. 태어난 순간부터 죽는 날까지 뇌는 항상 이 과정에 열중한다.

해당 주제와 관련된 점을 더 많이 그룹 지을수록 우리는 자연스럽게 전문성을 개발하는데, 그러면 주의집중 영역도 더 잘 관리하게 된다. 신기하게도 우리가 어떤 주제에 관해 더 많이 알수록 해당 정보는 주의집중 영역을 적게 차지한다. 주의집중 영역에 한 번에 담을 수 있는 정보는 약 네 덩이라는 사실을 기억해 내자. 점을 더 많이 그룹 지을수록 주의집중 영역을 더 효율적으로 사용할 수 있다. 정보 조각을 묶음으로써 더 많이 수용하고 처리할 수 있기 때문이다. 우리는 글자를 하나씩 처리하기보다 단어와 문장을 처리함으로써 더 효율적으로 글을 읽는다. 피아노를 몇 주밖에 치지 않은 사람과 비교할 때 전문 피아니스트는 음악 작품을 구성하는 멜로디, 화음, 박자 등의 요소를 더 수월하게 처리한다. 주의집중 영역을 더 효율적으로 사용할 수 있기 때문이며, 어쩌면 이 피아니스트는 연주하면서 몽상에 빠지기도 할 것이다.

업무와 연관된 점을 더 많이 수집하고 관련 지식과 기술을 쌓는 데 투자하는 일도 마찬가지다. 이렇게 하면 축적한 정보를 사용하여 하이퍼포커스로 업무를 수행하든, 스캐터포커스 상태에서 새로운 아이디어를 조립할 때든 주의집중 영역을 더 효율적으로 사용할 수 있다. 이미 상당히 주의를 기울여서 이런 정보를 그룹 지었다면, 더 전문적이고 창의적으로 일할 수 있다.[1]

일하는 데 사용할 수 있는 정보가 많을수록 직관적인 결정을

---

1 업무 분야와 관련해서 사기꾼이나 허풍쟁이가 된 듯한 느낌을 받아본 적이 있다면 여러분만 그런 것이 아니다. 다음에 그런 느낌이 들 때는, 해당 주제와 관련해서 자신이 다른 사람보다 점을 얼마나 많이 축적하고 연결했는지 가만히 헤아려 보자. 누구와 비교하든 여러분도 그 주제가 얼마나 미묘하고 복잡한지 이해하고 있을 것이다.

내리는 데 도움이 된다. 기억 속에 이미 존재하던 지식을 반쯤 무의식적으로 끄집어 낼 수 있기 때문이다. 의식적으로 인지하지 못할 때조차도 우리는 이런 정보에 자극을 받아 상황에 적절하게 대응한다. 예를 들면 대화를 나누는 중에도 물어보진 않았지만 팀원 중 한 명이 화가 났으며 무언가를 말하지 않고 있음을 직감할 수 있다. 우리는 이 직감이 사실임을 알고 있는데, 과거에 같은 상황을 경험해 봤으며 이 팀원이 불안할 때 보이는 신호를 어느 정도는 기억하고 있기 때문이다. 직감은 이런 식으로 작동한다. 직감이란 기억하고는 있지만, 의식적으로 회상하지는 않은 정보에 따라 행동하는 과정이다.

우리가 어디에 주의를 기울이냐에 따라 상황이나 결과가 달라지며, 과거에 얻은 정보만큼 생산성과 창의성을 좌우하는 것은 거의 없다. 귀중한 점을 많이 축적하면 수없이 많은 방면에서 도움이 된다. 우리가 배웠던 교훈과 문제를 연결할 수 있게 되기 때문이다. 스캐터포커스 상태에서는 귀중한 아이디어를 연결함으로써 생산성을 더 높인다. 새로운 점에 노출되면서 통찰이 떠오르는 계기에 더 잘 반응하게 되면 더욱 그렇다.[2]

---

2 이런 시각에서 보면 지능과 창의성은 매우 유사한 구조를 하고 있다. 지능과 창의성은 모두 점을 연결하는 일을 수반하되, 그 방식이 다르다. 지능을 활용하여 점을 연결하면 주어진 주제를 더 복잡하게 사유할 수 있다. 창의성을 발휘하면 점을 새롭고 신선하게 연결한다. 이런 식으로 볼 때, 지능과 창의성은 타고나는 것이 아니다. 주어진 주제와 관련하여 점을 충분히 수집하고 연결함으로써 습득하는 것이다.

점의 가치

집중을 잘하는 데 한계가 있는 것처럼, 정보를 얼마나 많이 모을 수 있는가에 관해서도 똑같이 말할 수 있다. 뇌 속에는 거의 무한히 넓은 저장 공간이 있지만, 주의력이 미치는 범위는 훨씬 더 제한적이다. 뇌에 정보를 넣는 일은 올림픽 경기용 수영장에 정원용 호스로 물을 채우는 것과 비슷하다. 정보를 대량으로 담을 수 있다고 해도 서서히 채울 수밖에 없다.

따라서 의도적으로 점을 획득하는 것이 중요하다. 똑같은 정보 조각은 없다. 책을 읽거나 자기보다 똑똑한 사람과 열정적으로 대화를 나누면 텔레비전을 시청하거나 가십 잡지를 읽을 때보다 귀중한 점을 더 많이 수집할 수 있을 것이다. 대중문화를 소비하는 일이 재미없다는 말은 아니다. 가끔 한 번씩 넷플릭스를 실컷 볼 수 없다면 삶은 형편없을 것이다. 시간이 날 때마다 두꺼운 책이나 학술 잡지를 읽는 일은 조금 지루한 정도가 아닐 것이다.

동시에, 규칙적으로 습득하는 점은 그 품질을 검사하여 개선하는 것이 좋다. 가장 창의적이고 생산적인 사람은 주의집중 영역을 철저하게 방어하며, 가장 가치 있는 점만 암호화한다.

그러면 점의 가치는 어떻게 측정할까?

첫째, 가장 가치 있는 점은 유용하면서 재미있다. 테드TED 강연처럼 말이다. 유용한 점은 타당성을 오래 유지하며 실용적이기도 하다. 재미라는 가치가 있다면 그 점을 습득하는 데 더 열중하게 된다. 어떤 것이 재밌는지는 이야기하기가 아주 쉽지만, 유용성을 측정하는 방법은 몇 가지가 있다.

유용한 정보는 보통 목표를 달성하는 데 도움이 된다. 예를 들어 텔레비전에서 패널들이 정치 이슈에 관해 떠드는 이야기는 아마 개인적인 목표를 이루는 데 쓸 만하거나 유익하지는 않을 것이다. 게다가 그 이야기를 듣지 않았다면 더 중요한 점을 획득하는 데 쓸 수 있을 시간을 빨아먹는다.

과학책이나 역사 속 인물에 관한 전기를 읽는 일은 훨씬 더 가치 있다. 이런 일은 새로운 관점을 제시하고, 상대적으로 유용하며, 사변적이지 않고, 개인적으로 세워둔 장단기 목표에 도달하는 데 도움이 된다. 이런 책 안에 담긴 정보는 수명도 더 길다.

유용한 점은 유익할 뿐 아니라, 과거에 습득했던 내용과 관련이 있을 수도 있고 전혀 몰랐던 사실에 대한 것일 수도 있다. 이전에 습득했던 내용과 가까운 정보를 얻으면 아이디어 하나를 중심으로 점을 이을 수 있다. 여러분이 소프트웨어 기술자라면, 새 프로그래밍 언어를 배우려고 수업을 듣거나 기술자를 관리하는 법에 관한 책을 읽는 일은 시간과 주의력, 에너지를 명백하게 생산적으로 사용하는 일이다. 현재 보유한 기술을 뒷받침해 줄 정보 조각을 얻는다면 시간을 잘 활용한 것이다. 점 무리를 더 많이 이을수록 더 가치 있는 연관성을 도출할 수 있을 것이다. 이미 아는 사실을 뒷받침하는 정보를 얻을 때, 뇌에서는 쾌락을 유발하는 화학물질인 도파민을 훨씬 많이 분비한다.

동시에, 몰랐던 사실에 관한 점을 습득하는 것 역시 무척 가치 있는 일이다. 새로운 자료를 얻으면 본인이 가진 기존의 믿음을 공고히 하는 정보만 받아들였던 것은 아닌지 자문할 기회가 생기며, 이를 계기로 통찰을 얻을지도 모른다. 다시 말하지만, 뇌는 새로운 정보에 끌리며 그 정보를 기억하도록 회로가 연결되어 있다.

무언가를 습득하는 데 의구심이 든다면 자문해 보자. 그 정보 조각을 얻으면 삶이 어떻게 달라지리라고 생각하나? 이 책에 나온 전략은 모두 주의력을 의도적으로 관리하는 것을 돕기 위한 것이다. 여기서도 마찬가지 원칙을 적용하자. 창의력이 연결한 점의 총합이나 다름없다고 할 때, 자동조종 상태로 정보를 습득하는 것은 가장 비효율적인 활동이다.

더 가치 있는 점 모으기

일반적으로 말해, 실용적인 것이 언제나 재미있지는 않다.

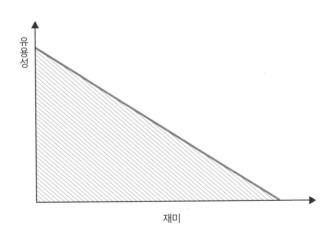

이 그래프가 항상 맞는 것은 아니다. 예를 들면 어떤 책은 내용이 심오하지만, 텔레비전 리얼리티 프로그램보다 더 재밌을 수도 있다. 하지만 여러분이 평소 습득하는 점들은 대부분 이 경향을 따른다.

더 나아가면 우리가 습득하는 것 중 가장 유용한 것과 가장 쓸데없는 것을 나눌 수 있다.

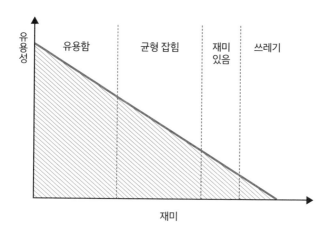

그래프 왼쪽은 우리가 습득한 가장 유용한 점들이 위치한다. 이 정보는 정확하고, 목표를 달성하는 데 도움이 되고, 긴 시간 동안 타당성을 유지한다. 우리가 이미 아는 정보와 관련이 있어서 더 귀중한 점들을 연결하고 그룹 짓는 데 도움이 되거나, 아는 내용과 관계가 없어서 더 우연한 연관성을 도출할 수도 있다. 내 경우에는 비문학 책, 인터넷 강좌, 생산성에 관한 전문 기사가 이 범위에 들어간다.

유용한 정보는 보통 3가지 범주 중에서 가장 밀도가 높다. 책이 좋은 사례다. 어느 때는 책 한 권을 읽는 데 10시간이 채 안 걸리기도 하지만, 책을 쓰는 데는 수십 년이 걸릴 수도 있으며, 저자는 평생 얻은 교훈을 요약해서 책에 담기도 한다. 책을 읽으면 가장 높은 수준으로 사고하는 데 도움이 되며 상당히 많은 주제에 매우 유용하게 사용할 수 있는 점들을 얻을 수 있다.

에너지가 무한히 많아서 유용한 정보를 온종일 습득할 수 있다면 이상적이겠지만, 이것은 명백히 불가능하며 정신력을 자주 재충전해도 마찬가지다. 뇌가 아무리 강력한 점 연결 기계라고 해도, 전혀 재밌지 않은 내용을 소화하면 금방 따분해한다. 따라서 균형 잡힌 점을 찾는 일 역시 중요하다. 유용하면서 재미도 있는 정보를 말이다. 이 범주에 속하는 것들은 수없이 많은데, 소설과 팟캐스트 방송, 다큐멘터리, 테드 강연 등을 예로 들 수 있다. 이런 정보는 재미가 있으므로 열중하기 쉬우며, 그 결과 이런 매체를 계속해서 소비하면서 거기서 제공하는 정보에 활발하게 몰두할 가능성이 더 크다.

마지막으로 우리가 습득한 정보 중 하위 3분의 1을 살펴보자. 여기에는 재미있거나 더 최악은 쓰레기 같은 정보가 있다. 이런 정보는 불량식품과 마찬가지로 습득할 당시에는 재밌을 수 있지만, 밀도가 가장 낮으며, 실용적이지도 않고 삶을 살거나 목표를 달성하는 데 도움이 되지도 않는다. 우리가 탐닉하는 자극적인 텔레비전 프로그램, 생각 없이 읽는 책, 소셜 미디어 웹 사이트 대부분이 이 범주에 속한다. 우리는 보통 이런 매체를 자동조종 상태에서 그저 소비한다. 상위 50% 정도는 진정으로 웃음을 주지만, 하위 절반은 쓰레기 정보이다. 대부분 우리가 쉽게 끌리는, 즉 새롭고 쾌락적이고 위협적인 특징을 갖추고 있다.

일반적으로 우리는 다음 지침을 따라야 한다.

- 더 밀도 있는 정보를 처리할 에너지가 있을 때는 더 유용한 정보를 습득하기
- 에너지가 조금 적을 때는 균형 잡힌 정보를 습득하기
- 재밌는 정보는 어떤 의도가 있거나 에너지가 바닥나서 재충전이 필요할 때 습득하기
- 쓰레기 같은 정보는 덜 습득하기

수집하는 정보의 질을 높이려면 2가지 단계를 거쳐야 한다.

1. 습득한 정보는 전부 찬찬히 점검한다.
2. 의도적으로 더 가치 있는 정보를 습득한다.

더 귀중한 점을 습득하는 목적은 여가를 보낼 때 오직 가치 있는 정보만 습득하는 로봇이 되려는 것이 아니다. 그러면 무슨 재미가 있을까? 여기서 핵심은 마주친 정보에서 한 발자국 물러서서 어떤 정보를 받아들일지 더 의도적으로 결정하게 된다는 것이다. 일과 삶에 관해 먼저 곰곰이 생각해 보지 않으면 더 생산적이거나 창의적인 사람이 될 수 없다.

이것은 가장 생산적인 일을 정의하고, 목적을 설정하고, 마음이 돌아다니게 두는 것이 그토록 강력한 이유다. 어떤 점이 가장 가치 있는지 정의하는 것 역시 이런 전략 중 하나다.

점검을 시작하려면 습득한 정보를 4가지 범주 중 하나에 할당해야 한다. 유용한 것, 균형 잡힌 것, 재밌는 것, 쓰레기 같은 것으로 나누자. 나도 모르게 실행하는 애플리케이션, 일상적으로 방문하는 웹 사이트, 여가를 보낼 때 읽는 책, 텔레비전과 넷플릭스로 시청하는 프로그램 및 영화, 여타 여러분이 받아들이는 적절한 정보를 전부 망라하자. 며칠 동안 수첩을 들고 다니면서 습득하는 정보를 전부 목록으로 정리하면 편리할 것이다(원한다면 얼마나 오랫동안 정보를 받아들였는지를 함께 적어도 좋다). 이 일을 집과 직장에서 하자. 책과 강의, 그 밖에 직업에 도움이 되는 정보를 접했다면 2가지 목록을 만드는 것이 유용하다. 하나는 전문적으로 습득한 것의 목록이고 다른 하나는 개인적인 혜택이나 즐거움을 위해 습득한 것의 목록이다.

그러면 바꾸고 싶은 것들이 금세 몇 가지 눈에 띌지도 모른다. 소셜 미디어 애플리케이션을 이용하거나, 뉴스 웹 사이트를 읽거나, 텔레비전을 시청하는 데 쏟는 시간이 여기에 해당할 것이다. 놀라운 경향성을 발견할 수도 있다. 예를 들면 평범한 미국인은 일주일에 텔레비전을 34시간 시청한다. 여러분이 이런 사람 중

하나라면, 그 많은 시간을 다른 유용한 활동에 쓸 수도 있다는 사실을 알아두자. 또 자신이 결핍된 상태라는 것을 알아챌지도 모른다. 예를 들면 늘 즐겨 읽던 소설조차 안 읽고 있거나, 새 취미를 배우는 데 투자한 지 오래됐을 수도 있다.

점검을 마쳤다면, 이제 10가지 방법을 이용해서 습관을 바꿈으로써 더 귀중한 정보를 의도적으로 습득하자. 여러분이 특히 강하게 끌리는 2~3가지 방법을 먼저 시도해 보자.

■ 관심 있는 정보 중에서도 특히 다른 사람은 거의 관심이 없는 정보를 습득하자

받아들인 정보를 목록으로 작성했다면, 다른 사람은 과소평가하거나 꺼리지만 자신은 즐겁게 습득했던 정보를 발견할 수도 있다. 어쩌면 여러분은 코딩 강의를 들으며 여가를 보내길 좋아할 수도 있다. 그런데 대부분의 사람은 아마 이 활동을 지루하다고 여길 것이다. 또는 생산성에 관한 오디오북을 듣기 좋아할 수도 있다.

재밌다고 생각하는 기술과 지식을 더 열심히 갈고닦자. 또 선호하는 매체를 선택하자. 청각을 통해 가장 잘 학습한다면 물리적인 책보다는 오디오북을 들어보자. 시각적인 매체를 선호한다면 오디오북을 듣기보다는 테드 강연을 시청해 보자.

② 몇 가지 쓰레기를 제거하자

의미 없는 쓰레기는 수동적으로 습득해 봤자 인생에 아무런 도움이 안 된다. 진정한 즐거움을 느낄 수 없는 항목을 2개 골라서 완전히 제거하자. 당시에는 자극적이지만 이후에는 만족감을 주지 않는 대상을 조심하자. 주의력을 철저하게 방어하자. 이를 습득하길 멈출 때마다 삶에 가치를 더해줄 유용한 정보가 들어갈 공간이 생긴다.

③ 가치 있는 정보를 몇 가지 골라서 더하자

정보가 유용하다는 사실을 증명하려면 어떤 유익한 책을 읽거나, 강의를 듣거나, 대화를 나눠야 할까? 여러분은 전문성을 한 단계 높이기 위해 특정 주제에 관해 더 복잡한 정보를 습득할 마음이 있는가? 여러분은 무언가를 개선하길 바라거나, 직장이나 집에 관해 무엇을 더 알게 되기를 바라는가?

쓸모없는 것을 하나씩 제거할 때마다 가치 있는 것을 추가하자. 자신을 격려하자. 여러분이 습득할 수 있는 가장 가치 있는 정보는 쉽게 얻을 수 없으며 대개는 온전히 주의를 기울여야 한다.

④ 자동조종 상태에서 무엇을 습득하는지 인지하자

에너지가 별로 없거나 하나의 일에서 다른 일로 넘어갈 때는 추구하는 대상에 특별히 주의를 기울이자. 이럴 때는 접근이 편리할 뿐 삶에 별 가치를 더해주지 않는 대상에 집중하기 쉽다.

함께 식사하던 친구가 잠시 자리를 비우면, 스마트폰에서 어떤 애플리케이션을 무의식적으로 켜는가? 잠에서 깨자마자 스마트폰으로 손을 뻗는가? 자동조종 상태로 인터넷을 서핑할 때는 어떤 사이트를 방문하는가?

5 의도적으로 느긋하게 쉬자

여러분은 의도를 달성할 때마다 완벽하게 생산적인 사람이 된다. 목표가 교과서 한 장을 읽는 것이든, 〈왕좌의 게임Game of Thrones〉이라는 드라마 네 편을 보는 것이든 마찬가지다.

느긋하게 휴식을 취하려거든 의도적으로 하자. 드라마를 몇 편이나 볼지, 시청하는 동안 무엇을 먹을지, 그다음에는 무엇을 할지 등처럼 앞으로 하려는 일에 기준을 세우자. 이렇게 하면 의도적으로 행동할 수 있을 뿐 아니라 정말로 즐겁게 지내면서도 죄책감을 덜 느낀다.

6 무언가를 습득하면서 재평가하자

무엇을 습득할지 더 선별적으로 고를 뿐 아니라, 동시에 그 내용을 재평가해야 한다. 시간을 쓸 가치가 없는 것들은 건너뛰거나 훑고 지나가자. 자이가르닉 효과 때문에 우리는 시작한 일을 끝내

길 원하면서도, 쓸모없는 일에 시간을 쓰는 만큼 유용한 일에 쓸
시간을 잃는다.

책이나 영화, 텔레비전 드라마를 보기 시작했다면, 그 과정에
서 끝을 봐야 할지 판단해야 한다.

7 주의를 기울일 만한 대상을 입수하자

팟캐스트 방송, 텔레비전 프로그램, 영화, 책에 관한 소개를 우
리의 시간과 주의력을 받아가려는 영업 행위라고 생각하자.

자동으로 다운로드되는 팟캐스트 방송이나 디지털 영상 저장
장치에 저장되는 텔레비전 프로그램, 친구들이 추천해 주는 책을
전부 읽을 필요는 없다. 집중할 만한 가치가 있는 대상인지 결정
하면서 한 단계를 추가로 거치는 셈이지만, 이 결정을 통해 몇 시
간을 아껴서 더 나은 곳에 투자할 수 있다.

8 멀리서 바라보자

무엇을 할지 결정해야 하는 순간에, 시간의 관점으로 이 문제
를 멀리서 바라보자.

소셜 미디어 사이트를 둘러보며 시간을 보낸다면 요리 과정 전
체를 30초 만에 보여주는, 그 이상하게 만족스러운 영상에 아마
익숙할 것이다. 시금치는 1초 만에 5분의 1 크기로 줄어들고, 작
은 닭고기 조각은 2초 만에 익는다. 여러분이 습득할지 고민 중인

내용도 비슷한 방식으로 멀리서 바라보자. 1시간을 마음대로 쓸 수 있다고 가정하자. 그리고 한 걸음 물러나 멀리서 삶을 관찰하자. 이 시간을 빨리 감아서 30초짜리 영상으로 만든다면 자신이 무엇을 하는 모습을 보고 싶은가?

소파에 아무렇게나 누워서 넷플릭스로 드라마 〈셜록〉을 시청하거나 아무 생각 없이 태블릿 PC를 두드리는 자신의 모습이 보고 싶은가? 아니면 수백 쪽짜리 책을 열심히 읽는 모습이 담긴 영상을 보고 싶은가? 멀찍이 떨어져서 나의 행동이 어떤 결과를 초래하는지 관찰하면 더 가치 있는 정보를 습득하는 쪽으로 마음이 기울 것이다.

9 우연히 찾아오는 행운에 투자하자

전문 범위 밖에 있는 어려운 정보를 습득함으로써 더 이질적인 관계를 연결해 보자. 연결하는 점들이 더 이질적일수록 종종 더 가치 있는 연관성이 탄생한다.

인터넷 브라우저 홈 화면에서 위키피디아 문서를 무작위로 열 수 있도록 설정하자. 세계적으로 저명한 전문가들이 평범한 사람들이 묻는 대중적인 질문에 답해주는 레딧Reddit이라는 사이트의 무엇이든 물어보세요Ask Me Anything 부분을 살펴보자. 한 번도 들어본 적 없는 밴드의 공연을 보러 가자. 전혀 모르는 주제에 관한 책을 읽자. 바느질이나 춤이나 대중 연설 같이 늘 궁금해했던 주제에 관한 수업을 수강하자. 이름은 알지만, 그 일생에 관해서는 모르는 역사적 인물의 전기를 집어 들자. 나는 몇 달 전에 아이폰용 애플리케이션 코딩에 관한 온라인 강좌를 등록했다. 지금 그 강좌를 듣는 일은 내가 가장 좋아하는 여가 생활 중 하나다.

🔟 가치 있는 곳에 더 노력을 기울이자

여러분에게는 세상 사람 대다수보다 더 잘 알고 있는 주제와 더 잘하는 일이 몇 개 있다. 이 특정 주제나 기술 주변으로 점을 더 많이 모을수록 당신은 더 전문가가 될 것이다.

가치 없는 것들을 제거할 때마다 이미 잘하는 일이나 많이 아는 주제에 노력을 더 많이 기울이자. 예를 들어 여러분이 선생님이라면 퇴근 후 자동조종 상태로 넷플릭스를 실행하는 대신 강의를 수강하며 새로운 전문 기술에 투자하는 것을 고려하자. 이미 성취한 일에 더 노력을 기울이면 놀라울 만큼 생산성과 창의성이 높아질 것이다.

마법 같은 결과

특정 주제를 중심으로 점 무리를 계속해서 조립하면, 그것들이 서로 쌓여서 생각을 구축하기 시작한다. 결과적으로 생각들은 마법이 된다.

나는 영국의 SF 소설가 아서 C. 클라크Arthur C. Clarke가 남긴 말을 좋아한다.

'고도로 발달한 기술은 마법이나 다름없다."

나는 이 말에 빗대어, 매우 복잡한 결정이나 생각 역시 마법이나 다름없다고 주장하고 싶다. 어떤 결과를 초래하는 점들이 복잡한 망으로 얽혀서 이해할 수 없을 때면, 우리는 마법 같은 재능이나 천재성을 그 결과에 대한 원인으로 지목한다.

내가 기억하는 한 나는 마술을 광적으로 좋아했는데, 마술 자체를 보는 것보다 그 복잡한 환상 뒤에 숨은 작동 원리를 이해하는 데 훨씬 만족감을 느낀다. 원리를 발견한 순간부터 환상은 신비하지 않다. 하지만 원리를 알아내면, 뒤죽박죽으로 섞인 퍼즐 조각이 제자리를 찾아가듯이 그 자체로 깨달음을 얻은 듯한 느낌을 받는다.

마술사의 마술과 마찬가지로 천재가 통찰과 아이디어를 얻는 방법은 비밀스럽다. 그 방법으로 이어지는 복잡한 연결망을 풀지 못하는 한 말이다. 마술사와 천재는 더 많은 경험을 쌓으며, 의도적으로 훈련하는 데 더 시간을 많이 쓴다. 그리고 무엇보다도 그 누구보다 점을 더 많이 연결한다. 작가인 말콤 글래드웰Malcolm Gladwell이 말했듯 '훈련은 잘하게 된 다음에 하는 것이 아니다. 잘하게 되려고 하는 것이다.'

알버트 아인슈타인은 의심할 여지가 없는 천재다. 아인슈타인은 그 누구보다 더 많은 점을 더 독특한 방식으로 연결해 통찰을 얻고 문제를 해결했다. 천재인 그도 우리 모두와 똑같은 정신적 한계에 묶여 있었을 것이다. 다만 아인슈타인은 일반 상대성 이론

같은 발상을 떠올리기 위해 놀라우리만치 많은 점을 모아서 연결했다. 자연에서 얻은 발상을 수학적 개념과 이었고, 다른 사람은 만들지 못했던 연관성을 구축했다. 아인슈타인은 마음이 돌아다니게 하려고 몇 시간 동안 바이올린을 연주했다.[3] 아인슈타인은 천재성을 얻기 위해 노력했다. 그는 이렇게 말했다. "저는 특별한 재능이 있는 것이 아니라 열정적으로 호기심이 많을 뿐입니다."

아인슈타인은 '광선과 나란히 달리면 어떨까?' 등의 질문을 던지며 점을 연결한 복잡한 그물을 회전시켰고, 결국엔 상대성 이론을 만들어 냈다. 그런 업적을 세웠음에도 불구하고 아인슈타인은 가면 증후군imposter syndrome[4]에 시달렸는데, 한 번은 호텔 방 밖에서 수천 명이 모여 환호하는 소리를 들으며 아내에게 '유감이지만 우리는 사기꾼이다. 결국엔 감옥에 갈 것이다'라고 말하기도 했다.

우리가 고독하고 투지 넘치는 천재 이야기에 열광하는 동안, 모든 천재는 위대한 성취를 이루기 위해 시간과 노력을 쏟아붓는다. 8살에 첫 교향곡을 작곡했던 모차르트도 마찬가지다. 『뇌의 왈츠This Is Your Brain on Music』 저자 대니얼 레비틴Daniel Levitin은

---

3 생각을 연결하기 위해 마음이 방황하게 둔 사람의 사례는 수없이 많다. 브로드웨이에서 탄생한 최고 작품이라고 할 수 있는 <해밀턴Hamilton>을 쓰기 위해, 작곡가인 린 마누엘 미란다Lin-Manuel Miranda는 컴퓨터 프로그램으로 반복되는 음악을 만들어 놓은 다음 가사가 떠오를 때까지 스캐터포커스 상태로 돌아다니곤 했다.
4 옮긴이 주: 자신이 달성한 업적이 노력이나 능력을 통해 이룩한 것이 아니라 운 때문이라고 믿으며 언젠가 무능함이 드러날까 걱정하는 심리.

모차르트의 음악적 천재성을 설명하는 이론을 제시했다. 레비틴이 저술한 바에 따르면 '모차르트가 얼마나 많이 훈련했는지는 모르겠지만, 2살 때부터 일주일에 32시간씩 연습했다고 가정하면(모차르트의 아버지는 엄격한 선생으로 유명하므로 상당한 가능성이 있다), 8살 무렵에 처음으로 1만 시간을 달성한다.'

'1만 시간의 법칙'은 유명하다. 어떤 이는 1만 시간 동안 열심히 훈련하면 특정 기술을 전문가 수준으로 수행할 수 있다고 말한다. 모든 사례에 이 법칙을 적용할 수 있는 것은 아니지만(세계 최고의 초콜릿 바 먹기 전문가가 되는 데는 아마 그보다 시간이 덜 걸릴 것이다), 상당히 믿을 만한 척도이기는 하다. 특정 주제나 기술 주변으로 점 무리를 전문가처럼 풍부하게 형성하기에 1만 시간은 충분한 기간이다.

스캐터포커스 습관

지금쯤이면 스캐터포커스 상태에서 얻을 수 있는 놀라운 혜택을 여러분도 이해했길 바란다. 스캐터포커스 상태에서는 이질적인 생각과 경험 사이에서의 유용한 관계를 발견하고, 재충전하고, 미래를 계획할 수 있다. 이런 혜택을 거두려면 그저 마음이 평온하게 거닐도록 하면 된다. 특히 습관적인 일을 하는 동안 말이다.

주의를 얼마나 자주 분산시켜야 하는지는 수많은 요인에 따라다를 것이다. 우선 하이퍼포커스 능력을 얼마나 자주 사용하며,

그래서 얼마나 자주 재충전해야 하는지와 묶여 있을 것이다. 하이퍼포커스 상태에서는 정신력을 소모하는 반면 스캐터포커스 상태에서는 에너지를 회복한다.

일하면서 더 복잡하고 이질적인 생각을 연결해야 할 때 주의를 분산시키면 특히 도움이 될 것이다. 예를 들어 자신이 책임지고 실험을 설계해야 하는 연구원이거나 줄거리를 구상해야 하는 비디오 게임 디자이너라면 더 자주 주의를 분산시켜야 한다. 창의력을 더 발휘해야 하는 직업일수록, 더 자주 스캐터포커스 상태에 들어가야 한다. 오늘날 지식 노동을 하는 상황에서는 대부분 창의성을 발휘하는 만큼 혜택이 따른다.

얼마나 자주 주의를 분산시킬지 결정할 때는 일에 올바르게 접근하는 방법을 찾는 것이 얼마나 중요한지 고려해야 한다. 내가 가장 좋아하는 또 다른 명언은 에이브러햄 링컨Abraham Lincoln이 남겼는데, 그는 '내게 나무를 벨 수 있는 6시간을 준다면, 처음 4시간은 도끼를 가는 데 쓸 것이다'라고 말했다. 주택 개조 프로젝트를 계획하든, 팀 예산을 할당하든, 연구를 설계하든, 무엇을 하든 간에 당면한 과제에 어떻게 접근할지 결정하는 일은 중요하다. 계획을 세울 때 스캐터포커스 시간을 더 많이 집어넣을수록 나중에 시간을 아끼게 될 것이다.

뇌가 하이퍼포커스와 스캐터포커스를 오가려면 시간이 조금 필요하다. 따라서 온종일 시간을 작은 덩어리로 쪼개서 이용하려고 할 때보다 적어도 15분씩은 스캐터포커스 상태에서 쉴 때 더 나은 결과가 나올 것이다. 하지만 짧은 휴식으로도 창의성을 높일 수 있다. 복잡한 통찰을 엮어낼 만큼의 휴식 시간이 충분하지는 않더라도, 다음에 무엇을 할지 목적을 설정하고, 쉬고, 마음속에 떠오른 개회로를 포획하기에는 충분할 것이다. 3가지 스캐터포커스 유형(포획 방식, 문제 더듬기 방식, 습관적인 방식)은 기간이 짧을 때나 길 때나 모두 효과를 발휘하지만, 기간이 길수록 혜택이 더 많이 따를 것이다.

업무 중 쉬는 시간에 스캐터포커스로 들어가는 것 외에도, 하루 동안 스캐터포커스 상태에 들어갈 기회는 수없이 많다.

- 오후 8시부터 오전 8시까지는 인터넷에 접속하지 말자.
- 일이 끝나는 시점을 신호 삼아서 잠시 주의를 분산시키자.
- 잠에서 깨자마자 스마트폰 때문에 주의가 흐트러지지 않도록 저렴한 알람 시계를 마련하자.
- 수첩만 가지고 커피를 사러 가자.
- 온종일 스마트폰을 집에 남겨두는 일에 도전하자.
- 샤워를 더 길게 하자.
- 5분만 지루한 채로 있으면서 떠오르는 생각을 인식해 보자.
- 집중을 방해하는 것을 억제하고 환경을 단순하게 바꿈으로써 다음에 창의적인 취미 활동을 할 때는 주의집중 영역이 넘치지 않도록 하자.
- 재밌는 것을 시청하기보다는 음악을 들으면서 요리를 하자.
- 자연 속을 거닐자.
- 미술관을 방문하자.
- 음악이나 팟캐스트 방송을 듣지 않고 운동하자.

객관적으로 볼 때 스캐터포커스는 상당히 비생산적으로 보일 수도 있다. 버스에서 창밖을 내다본다. 자연 속을 거닐거나 헤드폰 없이 달린다. 대기실에서 스마트폰을 건드리는 대신 수첩에 무언가를 적는다. 이런 일을 할 때는 겉으로는 바쁘지 않지만, 마음속으로는 틀림없이 바쁘게 된다.

스캐터포커스 상태는 뇌가 가장 창의적인 상태다. 하이퍼포커스와 마찬가지로 스캐터포커스도 최대한 시간을 들여 연습할 만한 가치가 있다.

하이퍼포커스와 스캐터포커스에 동시에 머무를 수는 없다.
그러나 협력 작용을 일으킬 만한 훌륭한 기회가 많다.
우리는 집중할 때 점을 습득하고 수집하며,
주의를 분산시킬 때 이 점들을 연결한다.

10

몰입과 방황의
시너지 효과

하이퍼포커스와 스캐터포커스

하이퍼포커스와 스캐터포커스는 여러 면에서 완전히 다르다. 어느 때건 우리는 주의를 외부에 기울여 어떤 일을 하거나, 내부에 기울여서 어떤 생각을 한다. 그러나 하이퍼포커스와 스캐터포커스에 동시에 머무를 수는 없다.

두 상태는 모든 면에서 다르지만, 협력 작용을 일으킬 만한 훌륭한 기회가 많다. 우리는 집중할 때 점을 습득하고 수집하며, 주의를 분산시킬 때 이 점들을 연결한다. 하이퍼포커스 상태에서는 더 많이 기억할 수 있으며, 덕분에 스캐터포커스 상태에서 귀중한 연관성을 구축할 수 있다. 스캐터포커스 상태에서는 재충전할 수 있으며, 덕분에 하이퍼포커스 상태에서 사용할 에너지를 더 모을 수 있다. 스캐터포커스 상태에서 발굴한 통찰은 나중에 더 영리하게 일하는 데 도움이 된다. 이런 면에서 볼 때, 주의력을 신경 써서 관리하면 복합적인 혜택을 볼 수 있다.

여러분은 몇 가지 전략을 써서 하이퍼포커스와 스캐터포커스를 더 한껏 이용할 수 있다. 이런 전략들은 어떤 상태에 있든지 간에 도움이 될 것이다.

행복에 투자하기

행복이라는 주제를 다루는 여러 책과 논문, 그 밖의 조사 자료를 훑어본다면 존재하는 조언의 양 그 자체만으로도 우울해질 것이다. 어떤 조언은 유용하지만, 공수표를 남발하는 것도 많다.

행복에 합리적으로 투자하는 일과 단순히 긍정적으로 생각하는 일을 구분하는 것은 중요하다. 직설적으로 말하면, 긍정적인 사고는 여러분을 행복하게나 생산적으로 만들어주지 않는다. 연구에서 보여주는 바에 따르면 오히려 역효과를 낳는다. 한 조사에 따르면 과체중 여성은 날씬해진 모습에 환상을 가질수록 1년 동안 몸무게가 덜 줄었다. 또 다른 조사에 따르면, 수술을 받고 난 환자는 회복한 모습에 환상을 가질수록 상태가 느리게 호전됐다. 그 밖의 조사에 따르면, 미래에 관해 긍정적으로 환상을 갖는 참가자들은 시험 성적이 더 낮았고, 새로운 연인 관계를 발전시킬 확률이 감소했으며, 일상생활에 대한 통제력이 떨어졌고, 심지어 자선단체에 기부도 덜 했다.

긍정적인 생각을 하면 그 순간에는 성공한 듯한 느낌이 들지만, 성공하기 위해선 실제 계획부터 세워야 한다. 사실 긍정적인 사고와 희망 사항에 불과한 생각 사이에는 거의 차이가 없다.

무엇이 행복 수준을 올리는 데 효과가 있을까? 긍정적인 정서의 수준, 즉 기분이 좋은 정도를 높이는 일에 시간을 쏟아야 한다. 많은 실태 조사에서는 행복할수록 주의력을 관리하는 데 도움이 된다고 설명할 뿐 아니라, 행복 수준을 높일 수 있는 증명된 방법들을 제안한다. 흥미롭게도 행복에 더 많이 투자할수록 하이퍼포커스 상태에서는 더 생산적이고 스캐터포커스 상태에서는 더 창의적인 사람이 된다.

그 이유를 말하기에 앞서, 이 책에 나온 조언들만 실천해도 더 행복해질 가능성이 있다는 점에 주목하자. 의지와는 반대로 마음이 방황하면 중립적인 주제를 생각할 때조차 훨씬 덜 만족스럽다. 긍정적인 주제의 겉을 그저 맴돌 뿐이라면 지루한 일에 집중할 때 정도로만 행복하다. 주의를 빼앗는 것을 줄이고 하이퍼포커스를 실천하면 현재에 더 주의를 집중하는 데 도움이 된다. 의도적으로 마음이 방황하게 두면 그 과정에서 죄책감과 회의감, 스트레스 등을 느끼지 않는다. 마음을 풀어놓길 선택한 것이지 의사에 반해서 그런 일이 벌어진 것이 아니기 때문이다. 일반적으로 볼 때, 마음이 방황해도 행복이 줄지 않으려면 흥미 있거나 유용하거나 참신한 주제에 관해 생각해야 한다. 스캐터포커스 상태에서는 의도적으로 마음이 돌아다니게 두므로 이 3가지를 모두 경험할 수 있다.

행복에 투자하면 왜 생산성과 창의성이 발달하는 것일까?

우선, 무엇보다도 어떤 상태에 있는가와 상관없이 기분이 긍정적이면 주의집중 영역이 넓어진다.

행복할 때는 뇌에서 논리를 담당하는 부분의 도파민이 증가하면서 일에 더 힘차고 활기차게 접근한다. 일에 사용할 수 있는 주의집중 영역도 더 넓어지므로, 더 깊이 집중하고 많이 성취하는 데 필요한 자원을 갖춘 셈이다. 또 기분이 좋은 상태에서는 상황에 맞춰서 정보를 잘 기억해 낼 수 있다. 정보를 습득할 때도 더 적극적이다. 더 행복할수록 아이디어를 새롭고 흥미로운 방식으로 조립할 가능성이 크며, '기능적 고착functional fixedness'[1] 상태를 더 잘 극복하고, 맥가이버MacGyver처럼 익숙한 것에서 새로운 용도를 발견한다. 또 행복하면 다양성을 추구할 용기가 생긴다. 단, 위험한 것까지 추구하지는 않는다.

반면, 기분이 부정적이면 주의집중 영역이 좁아진다. 불행한 사람은 덜 생산적이다. 이것으로 얘기가 끝난다. 덜 행복할수록 마음은 의지와 달리 더 자주 방황하며, 당면한 문제에 주의를 덜 기울이게 된다. 행복을 덜 느낄수록 주의를 빼앗는 요인을 억제하는 일이 더 중요한데, 그런 것에 저항할 에너지가 적고 주의집중 영역도 좁기 때문이다. 부정적인 감정을 느낄 때면 마음이 방황하는 곳도 다르다. 먼 과거까지 거슬러가서 당시 일어났던 사건을 곰곰이 생각할 가능성이 더 크다.[2] 머릿속으로 과거를 다시 경험하면 때로는 혜택을 얻기도 하지만, 단기적으로는 생산성이 하락

---

1 옮긴이 주: 어떤 대상을 가장 일반적인 용도로만 사용하도록 제한하는 인지적 편향성을 말한다.

한다. 마음이 과거에서 많이 방황할수록, 미래를 덜 계획하고 생산적인 아이디어를 덜 조립하게 된다. 원치 않게 마음이 방황하는 기간이 늘어남과 동시에 기분은 덜 유쾌해지고 생산성은 떨어지게 된다. 따라서 기분이 부정적일 때는 여러분이 씨름 중인 문제가 무엇인지 알아내는 것이 무척 중요하다. 끔찍한 기분이 드는 때는 주로 심각한 문제를 많이 처리해야 하는 때다. 자이가르닉 효과 때문에 처리하지 못한 문제가 마음속에서 맨 앞자리를 차지하면 그 문제에 관해 더 많이 생각할 수밖에 없다.

또 불행한 사람은 방해받은 뒤에 다시 집중하기까지 더 오래 걸리며 실패를 더 자주 곱씹는다. 한 연구에 따르면, 마음챙김이나 명상 등을 통해 뇌가 덜 방황하도록 단련하는 습관을 들이면 우울증 환자가 회복 중이다가 재발하는 사례를 줄이는 데도 효과적이다.

행복할 때 주의집중 영역이 정확히 얼마큼 확장되는지에 관한 연구는 거의 없지만, 행복 전문가이자 하버드대학 출신 심리학자인 숀 아처Shawn Achor가 발견한 바에 따르면 행복한 사람은 중립적이거나 부정적인 상태에 있는 사람보다 31% 더 생산적이다. 행

---

2 연구원들이 이런 경향을 실험실에서 측정한 방식은 참가자들에게 행복하거나 슬픈 음악을 들려주면서 긍정적이거나 부정적인 말을 하게 하는 것이었다. 일부 참가자들은 모차르트의 <소야곡Eine kleine Nachtmusik>처럼 기분이 좋아지는 음악을 들으면서 '나는 나를 완전히 믿는다'와 같은 말을 했다. 다른 참가자들은 바버Barber의 <현을 위한 아다지오Adagio for Strings>처럼 더 슬픈 음악을 들으면서 '내가 상황이 좋아진다고 생각할 때면, 무언가 다른 일이 잘못된다'와 같은 말을 했다.

복하면 스캐터포커스 상태에서 창의성을 높이는 데도 도움이 된다. 마음 상태가 긍정적일 때는 문제에 대한 통찰력 있는 해결책을 경험하기가 쉽다. 놀랍지 않은 것이, 뇌가 더 넓은 주의집중 영역과 많은 에너지를 가지고 일하기 때문이다.

그렇다면 과학적인 발견을 이용해서 어떻게 행복에 투자할 수 있을까?

내가 가장 좋아하는, 우리가 딴생각을 하며 보내는 시간이 47%라는 사실을 발견한 바로 그 연구에서는 참여자 수천 명을 대상으로 온종일 표본 조사를 하며 2가지 질문을 던졌다. 표본 조사 당시에 무엇을 하고 있었는지(참가자들은 스마트폰 알림을 받았다), 그 일을 하며 얼마나 행복했는지 물었다. 연구를 발표할 무렵에는, 조사 대상 수천 명으로부터 응답을 25만 개 이상 받았다. 여기 참가자들을 가장 행복하게 만들었던 활동 5가지가 있다.

5위. 음악 듣기
4위. 연주하기
3위. 대화하고 연애하기
2위. 운동하기
1위. 섹스하기

섹스를 할 때 마음이 가장 덜 방황한다는 사실은 주목할 만하다. 또 이때는 다른 어떤 일을 할 때보다 더 행복하다. 그 무엇보다도 말이다.

이런 활동 외에도 사람들을 행복하게 만든다고 증명된 습관은 수없이 많다. 행복 분야에서 내가 가장 좋아하는 연구자 중 한 명은 『행복의 특권The Happiness Advantage』 저자이자, 앞서도 언급했던 숀 아처다. 숀은 저서와 테드 강연을 통해 행복을 강화할 수 있는 전략을 과학에 근거하여 제시했다. 다음은 숀의 주요 제안 중 몇 가지다.

- 하루를 마감할 때마다 감사한 일 3가지 떠올리기
  (3장에서 논의했던 '3의 규칙'과 함께 사용하기 좋은 전략이다.)
- 하루를 마감할 때마다 좋았던 경험을 하나 뽑아서 일기 쓰기
- 명상하기(5장 참고)
- 무작위적으로 친절 베풀기

기분과 태도는 여러분이 집중하고 기억할 수 있는 점과 아이디어는 아닐지라도, 주의집중 영역에 든 것을 인지하고 이해하는 데 큰 영향을 미치며 주의집중 영역의 크기 자체에도 영향을 준다. 행복이란 주의집중 영역에 씌우는 장밋빛 렌즈로, 우리가 경험을 더 생산적이고 창의적인 방식으로 연관 짓도록 도와준다.

스스로 격려가 필요하다면 위의 두 목록에 나온 항목을 몇 가지씩 골라서 시험해 보자. 그리고 어떤 변화가 생기는지 되돌아보자. 이렇게 9가지 아이디어를 전부 시도해 보고 효과가 있는 것은 계속하자. 하루가 끝날 무렵 이 전략들은 여러분을 행복하게 만들어 줄 뿐 아니라, 더 생산적이고 창의적으로 만들어 줄 것이다.

에너지 수준에 맞춰 일하기

여러분도 경험해 봤겠지만 에너지 수준은 하루 동안 전혀 일정하지 않다. 언제 가장 몸에 힘이 넘치는지(예를 들면 아침형 인간인지 올빼미형 인간인지), 얼마나 자주 운동하는지, 무엇을 먹는지, 잠은 충분히 자는지에 따라 요동친다.

에너지 수준과 마찬가지로 집중력과 생산성도 일관적이지 않다. 에너지가 풍부한 시기에 가장 복잡하고 의미 있는 일에 열중할 때 가장 생산적이다.

하이퍼포커스가 가장 큰 효과를 발휘하는 때는 에너지가 정점을 찍는 동안이다. 나는 이 시기를 생물학적 황금 시간대Biological Prime Time, BPT라고 부르는데, 하루 중 언제가 황금 시간대인지는 사람마다 다르다(1~2주 동안 자신의 에너지 수준을 표로 기록해 보면, 고유한 패턴을 알아볼 수 있을 것이다). 이 시기에 더 생산적인 일을 할수록, 더 생산적인 사람이 된다.

스캐터포커스와 관련해서는 그 반대로 생각해 봐야 한다. 스캐터포커스가 가장 큰 힘을 발휘하는 때는 에너지가 가장 적을 때다. 이 기간에 뇌는 가만히 있질 못하고 생각을 마구 쏟아낸다. 분석적인 문제는 주의를 집중해야 풀 수 있지만, 창의적인 문제에 대한 해법은 수많은 발상을 연결할 때 떠오른다. 한 연구에서 발견한 바에 따르면 우리는 하루 중 최상이 아닌, 본래 더 피곤한 시간에 통찰문제insight problems[3]를 27.3% 더 많이 풀 수 있다.

나는 에너지가 가장 적은 이 시기를 창의성 황금 시간대Creative

Prime Time, CPT라고 부른다.

많은 연구에서 평소에 에너지가 가장 많은 시기를 조사했다. 대부분의 사람은 이 시기가 늦은 오전(오전 11시경)과 오후 중반(오후 2시나 3시)이다. 보통 점심시간 직후에 에너지가 가장 적다.

에너지 수준은 일주일 단위로도 요동친다. 우리는 보통 월요일에 가장 지루함을 느끼며 일에 열중하지 못하고, 금요일에 가장 몰두한다.[4] 물론 사람마다 다르다. 여러분이 새벽 5시에 침대를 박차고 나오는 아침형 인간이라면 집중하기에 가장 좋은 시간은 하루 중 더 일찍 찾아올 것이고, 오후는 생산적인 일을 하기에 가장 좋은 시간일 것이다. 마찬가지로 올빼미형 인간이라면 다른 사람은 이미 잠든 지 오래인 시간에 가장 생산적일 것이다.

영리하게 일하는 아주 좋은 방법은 주의를 집중해야 하는 일은 BPT에, 창의력을 더 발휘해야 하는 일은 CPT에 하도록 일정을 짜는 것이다. 달력에 이 2가지 일을 하는 시간을 나눠두자.

3 옮긴이 주: 차근차근 단계를 밟지 않고 단번에 해답을 떠올려야 하는 문제.
4 이 연구에서는 재밌는 결과를 예기치 못하게 하나 더 발견했다. 우리는 목요일에 반복 작업을 가장 많이 한다(일주일 동안 수행하는 일상 업무의 약 3분의 1에 달했다). 자신이 이런 패턴에 빠진 듯하다면, 목요일을 '회복하는 날'로 생각해도 좋을 것이다. 집중하지 않는 것이 낫겠다 싶은 일을 전부 목요일에 처리하자.

알코올과 카페인 섭취

여러분은 알코올의 이완 효과가 아마 익숙할 수도 있다. 피곤할 때와 아주 비슷하게도, 술을 마시면 창의적인 문제를 더 잘 해결하는 것으로 나타났다(이 이론을 시험하기 위해, 나는 소다수를 탄 보드카에 라임즙을 짜 넣은 칵테일을 홀짝이며 이번 장 일부를 고쳐 썼다. 다른 장보다 더 나은 점이 있는지 판단은 여러분에게 맡기겠다).

이 책을 쓰면서 마음에 드는 연구 하나를 만났는데, 참가자들이 애니메이션 영화인 〈라따뚜이Ratatouille〉를 시청하는 동안 가볍게 술에 취하도록 만든 연구였다. 연구자들은 참가자를 두 집단으로 나누었다. 한 집단은 베이글을 먹으면서 보드카와 크랜베리 주스를 섞은 음료를 몇 잔 마셨다. 각 참가자가 섭취한 음식의 양은 몸무게에 따라 달랐다. 이 조사 대상들은 영화를 보는 동안 술을 마셨다. 두 번째 집단은 아주 운이 없었는데, 영화를 보긴 했지만 그 과정에서 어떤 음식이나 음료도 섭취하지 못했다.

연구 결과는 놀라웠다. 영화를 본 뒤, 술이 약간 취한 참가자들은 멀쩡한 참가자들보다 창의적인 낱말 퍼즐을 38% 더 많이 풀었다. 그뿐 아니라 더 빨리 풀기까지 했다! 아마 짐작했겠지만, 술취한 참가자들은 논리 퍼즐을 더 잘 풀지는 못했다. 다시 말해, 창의적인 문제를 풀 때는 주의력을 덜 통제할수록 좋다.

알코올 섭취를 옹호하려는 의도는 아니다. 물론 알코올 섭취에는 단점이 있다. 라따뚜이 연구에서는 창의력만 사용한 뒤 성취도를 측정했는데, 대부분 일을 할 때는 창의력과 집중력을 섞어서 사용해야 한다. 어떤 대상에 집중해야 할 때 알코올은 분명 생산성을 해칠 것이다.

명상을 좋아한다면, 다음번 저녁 명상 시간 전에 술을 한두 잔 마시고 실험해 보자. 그러면 이런 효과를 직접 경험할 것이다. 알코올을 섭취하면 상위 자각 능력이 감소하는 동시에 마음이 더 자주 방황한다. 알코올은 2가지 측면에서 집중 상태의 질에 영향을 준다. 집중 시간은 더 짧아질 뿐 아니라 마음이 방황하고 있음을 알아차리기까지 더 오래 걸릴 것이다.

과음한 상태에서는 주의집중 영역의 크기도 감소하며 거의 모든 것에 집중하기 어렵다. 술을 마실수록 마음은 더 방황하며, 이런 방황을 멈추려는 자각은 덜하고, 주의집중 영역도 좁아진다. 술을 몇 잔 마시고 나면 당연히 기억력도 떨어진다. 처음에 무엇에 주의를 기울였는지 기억하기란 불가능하다.

실제로 알코올을 섭취할 가치가 있는 일은 매우 한정적이다. 하루를 마칠 무렵 브레인스토밍을 하고 싶을 때는 맥주를 마시면 도움이 될 것이다. 하지만 맥주가 도움이 되는 이유는 바로 주의력에 대한 통제력을 떨어뜨리기 때문이라는 사실을 염두에 두자.

나는 다음 날로부터 에너지와 행복을 빌려오는 방법이 알코올 섭취라고 생각한다. 그 값은 가끔은 치를 만하지만(오랫동안 만나지 못했던 친구와 시간을 보낼 때를 예로 들 수 있다), 대개는 전혀 그렇지 않다. 술을 마신다면 전략적으로 마셔야 한다. 이후에 중요한 계획이 없는 상황에서 마음을 자유롭게 돌아다니도록 풀어놓고 싶거나 내일로부터 행복을 약간 훔쳐오고 싶을 때 아주 가끔

술을 마시자.

카페인은 전략적으로 섭취하길 고려해야 하는 또 다른 약물이
다. 주의력을 관리하는 문제와 관련해서 카페인은 알코올과 정반
대 효과를 낸다. 알코올은 스캐터포커스로 들어가길 돕지만, 카페
인은 하이퍼포커스로 들어가길 돕는다.

연구 결과는 확실하다. 카페인을 섭취하면 정신과 육체의 수행
능력이 거의 모든 방면에서 높아진다.

- 일의 단순성과 복잡성에 관계없이 좁은 범위에 깊이 집중함으로써 더
  수월하게 하이퍼포커스로 들어가서 일할 수 있다(하지만 스캐터포커스
  상태로 들어가긴 더 어렵다).
- 일이 길고 지루할 때 더 끈기 있게 노력할 수 있다(카페인은 우리가 얼마
  나 피곤하고 지쳤든 투지를 북돋아 준다).
- 언어 기억력이나 짧은 반응 시간, 공간 추론 능력(예를 들면 직소 퍼즐을
  맞출 때 필요한 능력)이 필요한 일을 더 잘 수행할 수 있다.

대체로 이런 효과는 카페인 섭취량이 약 200mg을 넘어가면서
부터 줄어든다(커피 한 잔에는 카페인이 약 125mg 들어있다). 400mg
이상은 섭취하면 안 되는데, 그 정도 양을 섭취하면 더 불안해지
기 시작하고 수행 능력도 손상된다. 다시 말지만, 이 조언은 여
러분에게 해당할 때만 받아들이길 권한다. 우리는 저마다 카페인
에 다르게 반응한다. 누군가는 카페인을 빨리 대사시키며 내성도
강하지만 다른 누군가는 몇 모금만 마셔도 온몸이 떨린다. 생산성

관련 조언 대부분과 마찬가지로, 가장 중요한 점은 실제로 얼마나 효과가 있는지 인지하면서 개별 전략을 실행하는 것이다.

카페인을 섭취하면 육체노동이나 운동을 할 때도 효율을 높일 수 있다. 고된 환경에서 더 잘 활동할 수 있고, 근력 운동의 효율이 향상하며 운동하면서 느끼는 고통에 대한 내성이 증가한다.

알코올과 마찬가지로 카페인도 단점이 있으며, 홍차나 녹차처럼 설탕이 거의 없는 더 건강한 카페인 음료를 마실 때조차 마찬가지다. 신체가 카페인을 대사 작용을 통해 밖으로 배출하면 에너지가 떨어지고 생산성이 하락한다. 카페인은 수면을 방해하기도 하는데, 그러면 다음 날 생산성이 떨어질 수 있다.

이런 비용들을 고려하자. 정신과 육체의 수행 능력을 향상시키려면 실제로 도움이 될 때 카페인을 선택하자. 너무 늦은 시간이 아니라면 다음에는 하이퍼포커스 상태로 일하거나 헬스장에서 강도 높게 운동을 하기 직전에 카페인을 약간 섭취하자.[5] 일어나자마자 커피를 마시는 대신 직장에 도착할 때까지 기다렸다가 마시면 가장 생산적인 일을 할 때 수행 능력이 증강되는 효과를 볼 것이다. 아침에 브레인스토밍 회의로 일과를 시작한다면 카페인 섭취를 그 이후로 미루자. 그리하여 주의집중 영역을 둘러싼 벽을 낮게 유지하고 아이디어가 흘러넘치게 하자. 한편 회의 시간에 다른 사람을 설득해야 한다면 반대로 하자.

---

[5] 거의 즉각적인 향상 효과가 필요하다면 카페인 껌을 씹자. 인체는 구강 조직을 통해 카페인을 더 빨리 흡수한다.

개방형 사무실

나는 다양한 업무 현장에서 생산성 관련 강의를 하는데, 시간이 지나면서 더 많은 기업이 개방형 사무실 계획을 채택하고 있음을 알게 되었다. 집중 및 생산성과 관련한 문제에서 개방형 사무실은 장단점이 뒤섞여 있다.

우리는 통제할 수 있는 환경에서 일할 때 가장 집중하기 쉬운데, 개방형 사무실에서는 환경을 통제하는 능력이 명백하게 떨어지며 집중력도 마찬가지다. 연구가 말하는 바는 이렇다. 개방형 사무실에서는 다른 환경에 비해 64% 더 자주 스스로 주의를 흐트러뜨리며, 다른 사람에게도 더 자주 방해받는다. 주의를 집중해야 하는 일이 많다면 개방형 사무실은 생산성을 심각하게 훼손한다.

개방형 사무실도 나름대로 장점이 있다. 한 가지 과제를 더 오래 수행한 뒤에 다른 과제로 넘어가도록 도와준다. 여기에는 흥미로운 이유가 있다. 개방형 사무실에서 동료들은 더 자주 우리를 방해하되, 방해할 때를 더 신중하게 엿보게 된다. 우리가 일하는 모습을 관찰할 수 있으므로 회의를 마치고 자리로 돌아오거나 통화가 끝나거나 무언가를 끝내고 자리에서 일어서는 때처럼 자연스럽게 업무를 중단하는 시점을 알아챈다. 이런 환경에서는 일을 전환할 때 방해받으므로 다시 집중하는 데 시간과 에너지가 많이 필요하진 않다.

이 책은 개인의 생산성에 초점을 맞추긴 하지만, 우리는 혼자서 일하지 않는다. 우리가 당면한 과제는 대개 다른 사람이 하는 일과 엮여 있다. 고도로 협업할 때는 다른 사람으로부터 정보를 더 빨리 받고 다른 사람에게 정보를 더 빨리 넘겨줄수록, 즉 더 잘 협동할수록 전체 체계가 더 생산적인 팀이 될 것이다.

개방형 사무실과 관련해서 가장 중요한 점은 이렇다. 여러분과 팀이 고도로 협업하거나 수없이 많은 창의성을 발휘하고 아이디어를 연결해야 한다면, 단점을 감수하고도 개방형 사무실을 사용할 만할 것이다. 하지만 방해받지 않고 집중하는 것이 더 이득인 업무가 다수라면, 개방형 사무실은 생산성에 해를 끼칠 수 있다.

여러분이 관리자라면 개방형 사무실을 계획하기 전에 팀이 어떤 일을 하는지 고려해 보자. 이 설계가 생산성이 희생되는 잠재적 비용을 감수할 만하다고 생각되면 방해 요소 관리 방법에 관해 반드시 직원들을 교육하자. 한 연구에서 발견한 바에 따르면, 방해받았을 때 얼마나 큰 대가를 치르는지에 대해 이해하고 나자 팀원들 간의 방해 횟수가 30% 감소했다.

여러분과 팀이 대부분 같은 원인 때문에 방해받는지 조사하는 것도 좋다. 예를 들어 여러분이 프로그래머 팀을 이끈다면, 기능을 추가해 달라는 요청이나 제품에 관한 질문 때문에 자주 방해받게 될 것이다. 그렇다면 팀원이 아니어도 새 기능을 제안할 수 있는 프로그램을 개발하고 설명서를 더 유용하게 만들자. 그럼 방해를 받더라도 더 드물게 받을 것이고, 희생도 크지 않을 것이다. 개방형 사무실 계획을 어쩔 수 없이 도입해야 한다면, 조용한 공간을 지정해서 직원이 방해받지 않고 하이퍼포커스 상태에 머무를 수 있게 하자.

집중 의식 만들기

지금까지 하이퍼포커스와 스캐터포커스를 삶 속에 통합하고 매일 각각의 상태에 들어가는 습관을 들이는 방법에 대해서 다뤘다.

적어도 하루에 한 번은 하이퍼포커스 상태로 들어가서 가장 생산적인 일을 하자. 주의를 빼앗는 것을 제거하고 중요한 일 하나에만 집중하자. 스캐터포커스 상태, 특히 습관적인 상태에 하루에도 여러 번씩 머물면서 미래를 계획하고, 생각을 연결하고, 하이퍼포커스 능력을 재충전하자. 집에서도 마찬가지로 하이퍼포커스 상태에서 의미 있는 경험과 대화를 나누고, 스캐터포커스 상태에서 계획하거나 쉬거나 생각을 하자.

몇 주 동안 실천해 보면 여러분은 어떤 상태가 자신에게 가장 필요한지 느끼게 될 것이다. 내가 가장 좋아하는 주간 일과 중 하나는 집중 의식인데, 매주 일요일 저녁이나 월요일 아침에 한 주를 계획하려고 마련한 시간이다. 이 의식을 치르는 동안 나는 그 주에 달성할 목적 3개를 정하고, 하이퍼포커스와 스캐터포커스 시간이 얼마나 필요할지 미리 평가한다. 내가 각 상태에 얼마나 머무를지 계획하면서 시간을 많이 안 썼다면 거짓말일 것이다. 나처럼 하지는 말길 바란다. 그래서 나는 그 주에 어느 상태가 더 유용한가에 관해서도 간략하게 고려한다.

여러분도 각자 일정에 맞춰 이런 계획을 세운다면, 다음과 같이 자문해 보길 바란다.

- 이번 주에는 생산성과 창의성이 얼마나 필요한가? 마감이 다가오는데 평소보다 하이퍼포커스에 더 많이 들어가야 하는가? 아니면 미래를 계획하고 생각을 연결할 여유가 더 많은가?
- 향후 일정 중 하이퍼포커스나 스캐터포커스 시간을 방해할 만한 것이 있는가?(예를 들면 출장이나 소모적인 세미나, 지나치게 많은 회의) 그런 방해물은 어떻게 미리 대처할 수 있는가?
- 하이퍼포커스 및 스캐터포커스 시간을 얼마나 자주 보낼 수 있는가? 이런 시간을 달력에 표시해 두고 지킬 수 있는가?

인지하기

마지막 장에서는 주의력을 훨씬 더 유용하게 사용할 수 있는 아이디어를 살펴봤다. 행복에 투자하고, 에너지 수준에 맞춰서 일하고, 알코올과 카페인을 전략적으로 섭취하고, 사무실 환경을 고려하고, 한 주를 계획하면서 하이퍼포커스과 스캐터포커스 시간을 모두 고려하면, 주의력을 한층 더 의도에 맞게 관리할 수 있을 것이다.

주의력을 잘 관리하는 데 가장 중요한 마지막 개념도 잊지 말아야 한다. '인지하기' 말이다.

주의집중 영역에 무엇이 있는지, 에너지가 얼마나 남았는지, 주의집중 영역이 얼마나 찼는지 더 잘 인지할수록 상황 변화에 더 기민하게 적응할 것이다. 예를 들어 문제를 풀다가 난관에 부딪혔을 때, 자신의 상태를 인지하면 이 문제를 분석 혹은 창의적 통찰을 통해 해결할 수 있을지 판단할 능력이 생긴다. 그러면 그 판단에 따라 하이퍼포커스나 스캐터포커스에 들어갈 수 있다.

더 잘 인지하도록 뇌를 훈련시키는 아주 좋은 전략은 3장에서 논의했던 자각의 종을 매시간 울리는 것이다. 종이 울리면, 주의집중 영역에 무엇이 있는지뿐 아니라 주의력이 어떤 상태인지 살펴보자. 아마 여러분은 이 책에 나온 아이디어를 전부 실험해 보진 않았을 텐데, 아직 하나도 안 해봤다면 먼저 자각의 종을 시도해 보자. 매시간 자각의 종이 울리게 해두는 것뿐 아니라 집과 직장에서 매일 마주하는 신호를 몇 개 정해서, 그 신호를 볼 때마다 주의집중 영역을 점검해야 한다는 것을 떠올리도록 하자.

인지한다는 개념은 이 책에 나온 전략 대부분을 엮는 '실' 역할을 한다. 무엇에 주의를 기울이고 있는지 인지할 때, 여러분은 더 중요하고 의미 있는 일로 다시 주의를 돌릴 수 있다. 그러면 더욱 목적의식 있게 일하고, 더 길게 집중하고, 딴생각을 덜 함으로써, 집중 상태의 질과 삶의 질이 향상될 것이다.

인지한다는 것은 그저 상황을 알아차리는 과정일 뿐이지만, 여러 가지를 인식해야 한다는 점을 명심해야 한다. 나는 여러분 각자가 주의력이 작동하는 신기한 방식을 많이 발견했길 바란다. 어쩌면 여러분은 집중 상태의 질이 어떤지 인지했을 것이다. 의식적으로 보내는 시간, 집중하는 시간, 마음이 방황한다는 사실을 의식하기까지 걸리는 시간을 말이다. 새롭거나 즐겁거나 위험한 대상에 한눈을 판 적이 얼마나 많은지도 아마 인지했을 것이다. 집중 대상이 얼마나 빨리 주의집중 영역을 통과하는지도 인지했을 것이다.

무엇보다도 나는 여러분이 더 생산적이고, 창의적이고, 목적 지향적이길 바란다.

주의력을 잘 관리했을 때의 효과

주의력을 효과적으로 관리할 때 따르는 혜택은 수없이 많다.

우선 자동조종 기능을 끄고 의도적으로 주의력을 관리하므로 자기 통제감을 느낄 수 있다. 주의력의 한계를 이해하게 되어 그 한계 내에서 더 잘 작업할 수 있게 된다. 언제 멀티태스킹을 할 수 있고 없는지를 배우는 것이다. 삶도 더 의미 있게 변하는데, 의미 있는 경험을 훨씬 더 주의 깊게 처리하기 때문이다. 이런 면에서 볼 때, 우리는 의미를 찾으려고만 할 것이 아니라 인지하려고 노력해야 한다. 중요한 일에 실제로 집중할 수 있으므로 일도 더 많이 끝낸다. 더 명확하게 생각할 수 있고 일에 더 열중하게 된다. 미래를 계획하고 의도를 더 자주 설정한다. 한 걸음 물러났을 때 죄책감을 덜 느끼고 더 편히 쉰다. 더 궁금한 주제에 관해 마음속에 생각 더미를 쌓아 올리는 동시에 그 생각들을 더 많이 연결한다. 이렇게 함으로써 창의성을 고취하고, 더 영리하게 직관적으로 일하며, 과제를 더 생산적이고 창의적으로 수행한다.

하이퍼포커스 상태에서는 상대적으로 짧은 시간에 대단히 많은 일을 끝낼 수도 있다. 스캐터포커스 상태에서는 아이디어를 연결할 수 있는데, 이는 숨은 통찰을 발견하고, 창의성을 높이고, 미래를 계획하고, 휴식을 취하는 데 도움이 된다. 이 모든 것을 통해 여러분은 목적을 가지고 일하며 생활할 수 있다.

주의력은 더 생산적이고, 창의적이고, 목적의식 있게 일하고 생활하는 데 사용할 수 있는 가장 강력한 도구이다. 주의력을 잘 관리하면 가장 결의에 찬 일에 시간과 에너지를 더 많이 쓸 수 있고, 더 자주 의도를 가지고 일할 수 있으며, 더 오래 집중할 수 있고, 원치 않는 딴생각에 전보다 적게 빠질 수 있을 것이다.

나는 여러분이 주의력을 현명하게 사용하길 바란다.

0 잃어버린 집중력을 찾아서

1 Gloria Mark et al., "Neurotics Can't Focus: An *in situ* Study of Online Multitasking in the Workplace," in *Proceedings of the 2016 CHI Conference on Human Factors in Computing Systems*(New York: ACM, 2016).

2 Shi Feng, Sidney D'Mello, and Arthur C. Graesser, "Mind Wandering While Reading Easy and Difficult Texts," *Psychonomic Bulletin & Review* 20, no. 3 (2013).

0.5 이 책에 더 몰입하는 7가지 방법

1 David Mrazik, "Reconsidering Caffeine: An Awake and Alert New Look at America's Most Commonly Consumed Drug" (third-year paper, Harvard University, 2004).

1부 초집중의 기술, 하이퍼포커스

1 자동조종에서 벗어나기

1 Erik D. Reichle, Andrew E. Reineberg, and Jonathan W. Schooler, "Eye Movements During Mindless Reading," *Psychological Science* 21, no. 9 (2010).

2 Wendy Wood, Jeffrey Quinn, and Deborah Kashy, "Habits in Everyday Life: Thought, Emotion, and Action," *Journal of Personality and Social Psychology* 83, no. 6 (2002).

1 Adam D. Baddeley, *Essentials of Human Memory* (Hove, England: Psychology Press, 1999).

2 Daniel J. Levitin, "Why the Modern World Is Bad for Your Brain," *Guardian*, January 18, 2015.

3 Edward K. Vogel and Steven J. Luck, "The Capacity of Visual Working Memory for Features and Conjunctions," *Nature* 390, no. 6657 (1997).

4 Eyal Ophir et al., "Cognitive Control in Media Multitaskers," *Proceedings of the National Academy of Sciences of the United States of America* 106, no. 37 (2009): 15583–87.

5 Ferris Jabr, "Does Thinking Really Hard Burn More Calories?" *Scientific American*, July 2012

6 Giorgio Marchetti, "Attention and Working Memory: Two Basic Mechanisms for Constructing Temporal Experiences," *Frontiers in Psychology* 5 (2014).

7 Gloria Mark et al., "Neurotics Can't Focus: An in situ Study of Online Multitasking in the Workplace," in *Proceedings of the 2016 CHI Conference on Human Factors in Computing Systems* (New York: ACM, 2016).

8 Gloria Mark, Yiran Wang, and Melissa Niiya, "Stress and Multitasking in Everyday College Life: An Empirical Study of Online Activity," in *Proceedings of the SIG-CHI Conference on Human Factors in Computing Systems* (New York: ACM 2014).

9 Jennifer C. McVay, Michael J. Kane, and Thomas R. Kwapil, "Tracking the Train of Thought from the Laboratory into Everyday Life: An Experience- Sampling Study of Mind Wandering Across Controlled and Ecological Contexts," *Psychonomic Bulletin & Review* 16, no. 5 (2009).

10 Jonathan Smallwood and Jonathan W. Schooler, "The Science of Mind Wandering: Empirically Navigating the Stream of Consciousness," *Annual Review of Psychology* 66, no. 1 (2015).

11 Jonathan Smallwood, Merrill McSpadden, and Jonathan W. Schooler, "When Attention Matters: The Curious Incident of the Wandering Mind," *Memory & Cognition* 36, no. 6 (2008).

12 Klaus Oberauer, "Design for a Working Memory," *Psychology of Learning and Mo-*

tivation 51 (2009): 45–100.

13 Matthew A. Killingsworth and Daniel T. Gilbert, "A Wandering Mind Is an Unhappy Mind," *Science* 330, no. 6006 (2010).

14 Nelson Cowan, "The Magical Mystery Four: How Is Working Memory Capacity Limited, and Why?" *Current Directions in Psychological Science* 19, no. 1 (2010)

15 Nelson Cowan, "The Magical Number 4 in Short-term Memory: A Reconsideration of Mental Storage Capacity," *Behavioral and Brain Sciences* 24, no. 1 (2001).

16 Robert Knight and Marcia Grabowecky, "Prefrontal Cortex, Time, and Consciousness," *Knight Lab, Cognitive Neuroscience Research Lab*, 2000.

17 Shi Feng, Sidney D'Mello, and Arthur C. Graesser, "Mind Wandering While Reading Easy and Difficult Texts," *Psychonomic Bulletin & Review* 20, no. 3 (2013).

18 Sophie Leroy, "Why Is It So Hard to Do My Work? The Challenge of Attention Residue When Switching Between Work Tasks," *Organizational Behavior and Human Decision Processes* 109, no. 2 (2009).

19 TED, "Mihaly Csikszentmihalyi: Flow, the Secret to Happiness," YouTube, October 24, 2008, www.youtube.com/watch?v=fXIeFJCqsPs.

20 Timothy Wilson, *Strangers to Ourselves: Discovering the Adaptive Unconscious* (Cambridge, MA, Belknap Press, 2004).

3 하이퍼포커스의 힘

1 Allan Blunt, "Task Aversiveness and Procrastination: A Multi-dimensional Approach to Task Aversiveness Across Stages of Personal Projects"(master's thesis, Department of Psychology, Carleton University, 1998).

2 Claire M. Zedelius et al., "Motivating Meta-awareness of Mind Wandering: A Way to Catch the Mind in Flight?" *Consciousness and Cognition* 36 (2015).

3 Gloria Mark, Victor Gonzalez, and Justin Harris, "No Task Left Behind? Examining the Nature of Fragmented Work," in *Proceedings of the SIGCHI Conference on Human Factors in Computing Systems* (New York: ACM, 2005).

4 Gordon D. Logan and Matthew J. C. Crump, "The Left Hand Doesn't Know What the Right Hand Is Doing: The Disruptive Effects of Attention to the Hands

in Skilled Typewriting," *Psychological Science* 20, no. 10 (2009).

5 Jonathan W. Schooler et al., "Meta-awareness, Perceptual Decoupling and the Wandering Mind," *Trends in Cognitive Sciences* 15, no. 7 (2011).

6 Matthew A. Killingsworth and Daniel T. Gilbert, "A Wandering Mind Is an Unhappy Mind," *Science* 330, no. 6006 (2010).

7 Peter M. Gollwitzer, "Implementation Intentions: Strong Effects of Simple Plans," *American Psychologist* 54, no. 7 (1999).

8 Peter M. Gollwitzer and Veronika Brandstätter, "Implementation Intentions and Effective Goal Pursuit," *Journal of Personality and Social Psychology* 73, no. 1 (1997).

9 Shi Feng, Sidney D'Mello, and Arthur C. Graesser, "Mind Wandering While Reading Easy and Difficult Texts," *Psychonomic Bulletin & Review* 20, no. 3 (2013).

10 Sian L. Beilock et al., "When Paying Attention Becomes Counterproductive: Impact of Divided Versus Skill-Focused Attention on Novice and Experienced Performance of Sensorimotor Skills," *Journal of Experimental Psychology: Applied* 8, no. 1 (2002).

11 Wendy Hasenkamp et al., "Mind Wandering and Attention During Focused Meditation: A Fine-Grained Temporal Analysis of Fluctuating Cognitive States," *Neuroimage* 59, no. 1 (2012).

4 주의력 도둑 잡기

1 Adrian Furnham and Anna Bradley, "Music While You Work: The Differential Distraction of Background Music on the Cognitive Test Performance of Introverts and Extraverts," *Applied Cognitive Psychology* 11, no. 5 (1997).

2 Agnes Si Qi Chew et al., "The Effects of Familiarity and Language of Background Music on Working Memory and Language Tasks in Singapore," *Psychology of Music* 44, no. 6 (2016).

3 Andrew K. Przybylski and Netta Weinstein, "Can You Connect with Me Now? How the Presence of Mobile Communication Technology Influences Face to Face Conversation Quality," *Journal of Social and Personal Relationships* 30, no. 3

(2013).

Ashish Gupta, Ramesh Sharda, and Robert A. Greve, "You've Got Email! Does It Really Matter to Process Emails Now or Later?" *Information Systems Frontiers* 13, no. 5 (2011).

Chris Bailey, "The Five Habits of Happier, More Productive Workplaces" (Zipcar white paper, Oct 19, 2016).

David Mrazik, "Reconsidering Caffeine: An Awake and Alert New Look at America's Most Commonly Consumed Drug" (third- year paper, Harvard University, 2004).

Evan F. Risko et al., "Everyday Attention: Mind Wandering and Computer Use During Lectures," *Computers & Education* 68, (2013).

Faria Sana, Tina Weston, and Nicholas J. Cepeda, "Laptop Multitasking Hinders Classroom Learning for Both Users and Nearby Peers," *Computers & Education* 62, (2013).

Fiona McNab et al., "Age-Related Changes in Working Memory and the Ability to Ignore Distraction," *Proceedings of the National Academy of Sciences* 112, no. 20 (2015).

Florence Williams, "This Is Your Brain on Nature," *National Geographic*, January 2016.

11 Gloria Mark et al.,. "Focused, Aroused, but So Distractible: Temporal Perspectives on Multitasking and Communications," in *Proceedings of the 18th ACM Conference on Computer Supported Cooperative Work & Social Computing*.

12 Gloria Mark et al., "Neurotics Can't Focus: An *in situ* Study of Online Multitasking in the Workplace," in *Proceedings of the 2016 CHI Conference on Human Factors in Computing Systems*.

13 Gloria Mark, Daniela Gudith, and Ulrich Klocke, "The Cost of Interrupted Work: More Speed and Stress," in *Proceedings of the SIGCHI Conference on Human Factors in Computing Systems*.

14 Gloria Mark, Shamsi Iqbal, and Mary Czerwinski, "How Blocking Distractions Affects Workplace Focus and Productivity," in *Proceedings of the 2017 ACM International Joint Conference on Pervasive and Ubiquitous Computing and Proceedings of the 2017 ACM International Symposium on Wearable Computers* (New York: ACM Press, 2017).

자료 313

15 Gloria Mark, Stephen Voida, and Armand Cardello, "A Pace Not Dictated by Electrons: An Empirical Study of Work Without Email," in *Proceedings of the SIGCHI Conference on Human Factors in Computing Systems* (New York: ACM, 2012).

16 Gloria Mark, Victor Gonzalez, and Justin Harris, "No Task Left Behind? Examining the Nature of Fragmented Work," in *Proceedings of the SIGCHI Conference on Human Factors in Computing Systems*.

17 Gloria Mark, Yiran Wang, and Melissa Niiya, "Stress and Multitasking in Everyday College Life: An Empirical Study of Online Activity," in *Proceedings of the SIG-CHI Conference on Human Factors in Computing Systems* (New York: ACM, 2014).

18 Greg Peverill-Conti, "Captivate Office Pulse Finds Summer Hours Are Bad for Business," *InkHouse for Captivate*, June 2012.

19 Infocom, "Meetings in America: A Study of Trends, Costs, and Attitudes Toward Business Travel and Teleconferencing, and Their Impact on Productivity" (Verizon Conferencing white paper).

20 Ioanna Katidioti et al., "Interrupt Me: External Interruptions Are Less Disruptive Than Self- Interruptions," *Computers in Human Behavior* 63, (2016).

21 IORG Forum, "Rhythms of Attention, Focus and Mood with Digital Activity— Dr. Gloria Mark," YouTube, July 6, 2014, https://www.youtube.com/watch?v=0NUlFhxcVWc.

22 Jennifer A. A. Lavoie and Timothy A. Pychyl, "Cyberslacking and the Procrastination Superhighway: A Web-Based Survey of Online Procrastination, Attitudes, and Emotion," *Social Science Computer Review* 19, no. 4 (2001).

23 John C. Loehlin and Nicholas G. Martin, "The Genetic Correlation Between Procrastination and Impulsivity," *Twin Research and Human Genetics: The Official Journal of the International Society for Twin Studies* 17, no. 6 (2014).

24 John Trougakos and Ivona Hideg, "Momentary Work Recovery: The Role of Within-Day Work Breaks," in *Current Perspectives on Job-Stress Recovery*, vol. 7, Research in *Occupational Stress and Well-being*, ed. Sabine Sonnentag, Pamela L. Perrewé, and Daniel C. Ganster (West Yorkshire, UK: Emerald Group, 2009).

25 Kathleen D. Vohs, Joseph P. Redden, and Ryan Rahinel, "Physical Order Produces Healthy Choices, Generosity, and Conventionality, Whereas Disorder Produces

Creativity," *Psychological Science* 24, no. 9 (2013).

26 Laura L. Bowman et al., "Can Students Really Multitask? An Experimental Study of Instant Messaging While Reading," *Computers & Education* 54, no. 4 (2010).

27 Lauren L. Emberson et al., "Overheard Cell-phone Conversations: When Less Speech Is More Distracting," *Psychological Science* 21, no. 10 (2010).

28 Leonard M. Giambra, "Task-Unrelated-Thought Frequency as a Function of Age: A Laboratory Study," *Psychology and Aging* 4, no. 2 (1989).

29 Michael J. Larson, et al., "Cognitive and Typing Outcomes Measured Simultaneously with Slow Treadmill Walking or Sitting: Implications for Treadmill Desks," *PloS One* 10, no. 4 (2015).

30 Morgan K. Ward, Joseph K. Goodman, and Julie R. Irwin, "The Same Old Song: The Power of Familiarity in Music Choice," *Marketing Letters* 25, no. 1 (2014).

31 Rani Molla, "How Apple's iPhone Changed the World: 10 Years in 10 Charts," *Recode*, June 2017.

32 Shalini Misra et al., "The iPhone Effect: The Quality of In Person Social Interactions in the Presence of Mobile Devices," *Environment and Behavior* 48, no. 2 (2016).

33 Shawn Achor, *The Happiness Advantage: The Seven Principles of Positive Psychology That Fuel Success and Performance at Work* (New York: Currency, 2010).

34 Thomas Jackson, Ray Dawson, and Darren Wilson, "Reducing the Effect of Email Interruptions on Employees," *International Journal of Information Management* 23, no. 1 (2003).

35 Victor González and Gloria Mark, "Constant, Constant, Multi-tasking Craziness: Managing Multiple Working Spheres," in *Proceedings of the SIGCHI Conference on Human Factors in Computing Systems*.

5 하이퍼포커스 습관

1 Adam Hampshire et al., "Putting Brain Training to the Test," *Nature* 465, no. 7299 (2010).

2 Benjamin Baird et al., "Inspired by Distraction: Mind Wandering Facilitates Creative Incubation," *Psychological Science* 23, no. 10 (2012).

3 Benjamin Baird, Jonathan Smallwood, and Jonathan W. Schooler, "Back to the

Future: Autobiographical Planning and the Functionality of Mind- Wandering," *Consciousness and Cognition* 20, no. 4 (2011).

4 David W. Augsburger, *Caring Enough to Hear and Be Heard*. (Ventura, CA: Regal Books, 1982).

5 Dianna Quach et al., "A Randomized Controlled Trial Examining the Effect of Mindfulness Meditation on Working Memory Capacity in Adolescents," *Journal of Adolescent Health* 58, no. 5 (2016).

6 E. I. de Bruin, J. E. van der Zwan, and S. M. Bogels, "A RCT Comparing Daily Mindfulness Meditations, Biofeedback Exercises, and Daily Physical Exercise on Attention Control, Executive Functioning, Mindful Awareness, Self- Compassion, and Worrying in Stressed Young Adults," *Mindfulness* 7, no. 5 (2016).

7 Gloria Mark et al., "Bored Mondays and Focused Afternoons: The Rhythm of Attention and Online Activity in the Workplace," in *Proceedings of the SIGCHI Conference on Human Factors in Computing Systems* (New York: ACM, 2014).

8 Gloria Mark, Yiran Wang, and Melissa Niiya, "Stress and Multitasking in Everyday College Life: An Empirical Study of Online Activity," in *Proceedings of the SIGCHI Conference on Human Factors in Computing Systems* (New York: ACM, 2014).

9 Jennifer C. McVay and Michael J. Kane, "Conducting the Train of Thought: Working Memory Capacity, Goal Neglect, and Mind Wandering in an Executive-Control Task," *Journal of Experimental Psychology: Learning, Memory, and Cognition* 35, no. 1 (2009).

10 Jennifer C. McVay, Michael J. Kane, and Thomas R. Kwapil, "Tracking the Train of Thought from the Laboratory into Everyday Life: An Experience- Sampling Study of Mind Wandering Across Controlled and Ecological Contexts," *Psychonomic Bulletin & Review* 16, no. 5 (2009).

11 Jonathan Smallwood and Jonathan W. Schooler, "The Science of Mind Wandering: Empirically Navigating the Stream of Consciousness," *Annual Review of Psychology* 66, no. 1 (2015).

12 Klaus Oberauer et al., "Working Memory and Intelligence: Their Correlation and Their Relation: Comment on Ackerman, Beier, and Boyle (2005)," *Psychological Bulletin* 131, no. 1 (2005).

13 Michael D. Mrazek et al., "Mindfulness Training Improves Working Memory Capacity and GRE Performance While Reducing Mind Wandering," *Psychological*

Science 24, no. 5 (2013).

14 Paul Seli et al., "Mind-Wandering With and Without Intention," *Trends in Cognitive Sciences* 20, no. 8 (2016).

15 Roberto Colom et al., "Intelligence, Working Memory, and Multitasking Performance," *Intelligence* 38, no. 6 (2010).

2부 창조성의 기술, 스캐터포커스

6   숨은 창의성 찾기

1   Amit Sood and David T. Jones, "On Mind Wandering, Attention, Brain Networks, and Meditation," *Explore* 9, no. 3 (2013).

2   Benjamin Baird et al., "Inspired by Distraction: Mind Wandering Facilitates Creative Incubation," *Psychological Science* 23, no. 10 (2012).

3   Benjamin Baird, Jonathan Smallwood, and Jonathan W. Schooler, "Back to the Future: Autobiographical Planning and the Functionality of Mind- Wandering," *Consciousness and Cognition*, no. 4 (2011).

4   Benjamin W. Mooneyham and Jonathan W. Schooler, "The Costs and Benefits of Mind- Wandering: A Review," *Canadian Journal of Experimental Psychology / Revue canadienne de psychologie expérimentale* 67, no. 1 (2013).

5   Dan Pink, *When: The Scientific Secrets of Perfect Timing* (New York: Riverhead Books, 2018).

6   Daniel L. Schacter, Randy L. Buckner, and Donna Rose Addis, "Remembering the Past to Imagine the Future: The Prospective Brain," *Nature Reviews Neuroscience* 8, no. 9 (2007).

7   Gabriele Oettingen and Bettina Schwörer, "Mind Wandering Via Mental Contrasting as a Tool for Behavior Change," *Frontiers in Psychology* 4 (2013).

8   Giorgio Marchetti, "Attention and Working Memory: Two Basic Mechanisms for Constructing Temporal Experiences," *Frontiers in Psychology* 5 (2014).

9   J. R. Binder et al., "Conceptual Processing During the Conscious Resting State: A Functional MRI Study," *Journal of Cognitive Neuroscience* 11, no. 1 (1999).

10 Jessica R. Andrews-Hanna, "The Brain's Default Network and Its Adaptive Role in

Internal Mentation," *The Neuroscientist: A Review Journal Bridging Neurobiology, Neurology and Psychiatry* 18, no. 3 (2012).

11 Jonathan Smallwood et al., "Shifting Moods, Wandering Minds: Negative Moods Lead the Mind to Wander," *Emotion* 9, no. 2 (2009).

12 Jonathan Smallwood, Florence J. M. Ruby, and Tania Singer, "Letting Go of the Present: Mind- Wandering Is Associated with Reduced Delay Discounting," *Consciousness and Cognition* 22, no. 1 (2013).

13 Jonathan Smallwood, Louise Nind, and Rory C. O'Connor, "When Is Your Head At? An Exploration of the Factors Associated with the Temporal Focus of the Wandering Mind," *Consciousness and Cognition* 18, no. 1 (2009).

14 Jonathan W. Schooler et al., "Meta-awareness, Perceptual Decoupling and the Wandering Mind," *Trends in Cognitive Sciences* 15, no. 7 (2011).

15 Mary Helen Immordino-Yang, Joanna A. Christodoulou, and Vanessa Singh, "Rest Is Not Idleness: Implications of the Brain's Default Mode for Human Development and Education," *Perspectives on Psychological Science* 7, no. 4 (2012).

16 Paul Seli et al., "Intrusive Thoughts: Linking Spontaneous Mind Wandering and OCD Symptomatology," *Psychological Research* 81, no. 2 (2017).

17 Paul Seli, Evan F. Risko, and Daniel Smilek, "On the Necessity of Distinguishing Between Unintentional and Intentional Mind Wandering," *Psychological Science* 27, no. 5 (2016).

18 Rebecca L. McMillan, Scott Barry Kaufman, and Jerome L. Singer, "Ode to Positive Constructive Daydreaming," *Frontiers in Psychology* 4 (2013).

19 Sérgio P. C. Correia, Anthony Dickinson, and Nicola S Clayton, "Western Scrub-jays Anticipate Future Needs Independently of Their Current Motivational State," *Current Biology* 17, no. 10 (2007).

20 University of Virginia, "Doing Something Is Better Than Doing Nothing for Most People, Study Shows," *EurekAlert!*, July 2014.

21 Zoran Josipovic et al., "Influence of Meditation on Anti- correlated Networks in the Brain," *Frontiers in Human Neuroscience* 183, no. 5 (2012).

1 Bronwyn Fryer, "Sleep Deficit: The Performance Killer," *Harvard Business Issue*, October 2006; Paula Alhola and Päivi Polo-Kantola, "Sleep Deprivation: Impact on Cognitive Performance," *Neuropsychiatric Disease and Treatment* 3, no. 5 (2007).

2 Florence Williams, "This Is Your Brain on Nature," *National Geographic*, January 2016.

3 G. William Domhoff and Kieran C. R. Fox, "Dreaming and the Default Network: A Review, Synthesis, and Counterintuitive Research Proposal," *Consciousness and Cognition* 33 (2015).

4 Gloria Mark et al., "Sleep Debt in Student Life: Online Attention Focus, Facebook, and Mood," in *Proceedings of the Thirty- fourth Annual SIGCHI Conference on Human Factors in Computing Systems* (New York: ACM, 2016).

5 Gloria Mark, Yiran Wang, and Melissa Niiya, "Stress and Multitasking in Everyday College Life: An Empirical Study of Online Activity," in *Proceedings of the SIG- CHI Conference on Human Factors in Computing Systems* (New York: ACM, 2014).

6 James Hamblin, "How to Sleep," *Atlantic*, January 2017.

7 Jennifer C. McVay, Michael J. Kane, and Thomas R. Kwapil, "Tracking the Train of Thought from the Laboratory into Everyday Life: An Experience- Sampling Study of Mind Wandering Across Controlled and Ecological Contexts," *Psychonomic Bulletin & Review* 16, no. 5 (2009);

8 John Trougakos and Ivona Hideg, "Momentary Work Recovery: The Role of Within- Day Work Breaks," in *Current Perspectives on Job- Stress Recovery*, vol. 7, *Research in Occupational Stress and Well-being*, ed. Sabine Sonnentag, Pamela L. Perrewé, and Daniel C. Ganster (West Yorkshire, England: Emerald Group, 2009).

9 Julia Gifford, "The Rule of 52 and 17: It's Random, but It Ups Your Productivity," The Muse, no date.

10 Kenichi Kuriyama et al., "Sleep Accelerates the Improvement in Working Memory Performance," *Journal of Neuroscience* 28, no. 40 (2008).

11 Paul Seli et al., "Increasing Participant Motivation Reduces Rates of Intentional and Unintentional Mind Wandering," *Psychological Research* (2017).

12 Peretz Lavie, Jacob Zomer, and Daniel Gopher, "Ultradian Rhythms in Prolonged

Human Performance" (ARI Research Note 95 30, U.S. Army Research Institute for the Behavioral and Social Sciences, 1995).

13 Rhymer Rigby, "Open Plan Offices Are Tough on Introverts," *Financial Times*, October 2015.

14 Sophia Dembling, "Introversion and the Energy Equation," *Psychology Today*, November 2009.

8 머릿속 점 잇기

1 Carl Zimmer, "The Purpose of Sleep? To Forget, Scientists Say," *New York Times*, February 2017.

2 Colleen Seifert et al., "Demystification of Cognitive Insight: Opportunistic Assimilation and the Prepared- Mind Hypothesis," in *The Nature of Insight*, ed. R. Sternberg, and J. Davidson (Cambridge, MA: MIT Press, 1994).

3 Denise J. Cai et al., "REM, Not Incubation, Improves Creativity by Priming Associative Networks," *Proceedings of the National Academy of Sciences of the United States of America* 106, no. 25 (2009).

4 E. J. Masicampo and Roy F. Baumeister, "Unfulfilled Goals Interfere with Tasks That Require Executive Functions," *Journal of Experimental Social Psychology* 47, no. 2 (2011).

5 J. Gläscher et al., "Distributed Neural System for General Intelligence Revealed by Lesion Mapping," *Proceedings of the National Academy of Sciences of the United States of America* 107, no. 10 (2010).

6 Jonah Lehrer, "The Eureka Hunt," *New Yorker*, July 2008.

7 Jonathan Smallwood and Jonathan W. Schooler, "The Restless Mind," *Psychological Bulletin* 132, no. 6 (2006).

8 Marci S. DeCaro et al., "When Higher Working Memory Capacity Hinders Insight," *Journal of Experimental Psychology: Learning, Memory, and Cognition* 42, no. 1 (2016).

9 Randy L. Buckner, "The Serendipitous Discovery of the Brain's Default Network," *Neuroimage* 62, no. 2 (2012).

10 S. Dali, *The Secret Life of Salvador Dali* (London: Vision Press, 1976); David

Harrison, "Arousal Syndromes: First Functional Unit Revisited," in *Brain Asymmetry and Neural Systems* (Springer, Cham, 2015).

9 가치 있는 생각 수집하기

1 "Hazards of Prophecy: The Failure of Imagination" in *Profiles of the Future: An Enquiry into the Limits of the Possible* (New York: Harper & Row, 1962, rev. 1973).

2 "The Cross- Platform Report: A New Connected Community," *Nielsen*, November 2012.

3 Annette Bolte and Thomas Goschke, "Intuition in the Context of Object Perception: Intuitive Gestalt Judgments Rest on the Unconscious Activation of Semantic Representations," *Cognition* 108, no. 3 (2008).

4 Daniel Levitin, *This Is Your Brain on Music: The Science of a Human Obsession*, (New York: Dutton, 2008).

5 Elizabeth Kolbert, "Why Facts Don't Change Our Minds," *New Yorker*, February 2017.

6 John Kounios, *The Eureka Factor: Aha Moments, Creative Insight, and the Brain* (New York: Random House, 2015).

7 Malcolm Gladwell, *Outliers: The Story of Success*, (New York: Little, Brown and Co., 2008).

8 Nelson Cowan, "What Are the Differences Between Long- term, Short- term, and Working Memory?" *Progress in Brain Research* 169 (2008).

9 Nick Mojica, "Lin-Manuel Miranda Freestyles Off the Dome During 5 Fingers of Death," *XXL Mag*, October 2017.

10 Walter Isaacson, *Einstein: His Life and Universe* (New York: Simon & Schuster, 2008).

10 몰입과 방황의 시너지 효과

1 Andrew F. Jarosz et al., "Uncorking the Muse: Alcohol In¬toxication Facilitates Creative Problem Solving," *Consciousness and Cognition* 21, no. 1 (2012).

2   Claire M. Zedelius and Jonathan W. Schooler, "Mind Wandering 'Ahas' Versus Mindful Reasoning: Alternative Routes to Creative Solutions," *Frontiers in Psychology* 6, (2015).

3   Edward R. Sykes, "Interruptions in the Workplace: A Case Study to Reduce Their Effects," *International Journal of Information Management* 31, no. 4 (2011).

4   F. Gregory Ashby, Alice M. Isen, and And U. Turken, "A Neuropsychological Theory of Positive Affect and Its Influence on Cognition," *Psychological Review* 106, no. 3 (1999).

5   Gabriele Oettingen, "Future Thought and Behaviour Change," *European Review of Social Psychology* 23, no. 1 (2012).

6   Gabriele Oettingen and Bettina Schwörer, "Mind Wandering via Mental Contrasting as a Tool for Behavior Change," *Frontiers in Psychology* 4, (2013).

7   Gloria Mark et al., "Bored Mondays and Focused Afternoons: The Rhythm of Attention and Online Activity in the Workplace," in *Proceedings of the SIGCHI Conference on Human Factors in Computing Systems* (New York: ACM, 2014).

8   Gloria Mark, Victor Gonzalez, and Justin Harris, "No Task Left Behind? Examining the Nature of Fragmented Work," *Proceedings of the SIGCHI Conference on Human Factors in Computing Systems* (New York: ACM, 2005).

9   Jonathan Smallwood and Jonathan W. Schooler, "The Restless Mind," *Psychological Bulletin* 132, no. 6 (2006).

10 Jonathan Smallwood and Jonathan W. Schooler, "The Science of Mind Wandering: Empirically Navigating the Stream of Consciousness," *Annual Review of Psychology* 66, no. 1 (2015).

11 Jonathan Smallwood and Rory C. O'Connor, "Imprisoned by the Past: Unhappy Moods Lead to a Retrospective Bias to Mind Wandering," *Cognition & Emotion* 25, no. 8 (2011).

12 Jonathan Smallwood et al., "Shifting Moods, Wandering Minds: Negative Moods Lead the Mind to Wander," *Emotion* 9, no. 2 (2009).

13 Karuna Subramaniam et al., "A Brain Mechanism for Facilitation of Insight by Positive Affect," *Journal of Cognitive Neuroscience* 21, no. 3 (2009).

14 Laura Dabbish, Gloria Mark, and Víctor González, "Why Do I Keep Interrupting Myself? Environment, Habit and Self- Interruption," in *Proceedings of the SIGCHI Conference on Human Factors in Computing Systems* (New York: ACM, 2011).

15 Mareike B. Wieth and Rose T. Zacks, "Time of Day Effects on Problem Solving: When the Non- optimal Is Optimal," *Thinking & Reasoning* 17, no. 4 (2011).

16 Matthew A. Killingsworth and Daniel T. Gilbert, "A Wandering Mind Is an Unhappy Mind," *Science* 330, no. 6006 (2010).

17 Michael A. Sayette, Erik D. Reichle, and Jonathan W. Schooler, "Lost in the Sauce: The Effects of Alcohol on Mind Wandering," *Psychological Science* 20, no. 6 (2009).

18 Michael S. Franklin et al., "The Silver Lining of a Mind in the Clouds: Interesting Musings Are Associated with Positive Mood While Mind- Wandering," *Frontiers in Psychology* 4, (2013).

19 R. van Solingen, E. Berghout, and F. van Latum, "Interrupts: Just a Minute Never Is," IEEE Software 15, no. 5 (1998).

20 Shawn Achor, *The Happiness Advantage: The Seven Principles of Positive Psychology That Fuel Success and Performance at Work* (New York: Currency, 2010).

21 Shawn Achor, "The Happy Secret to Better Work," TED.com, 2011, www.ted.com/talks/shawn_achor_the_happy_secret_to_better_work.

22 Tom M. McLellan, John A. Caldwell, and Harris R. Lieberman, "A Review of Caffeine's Effects on Cognitive, Physical and Occupational Performance," *Neuroscience & Biobehavioral Reviews* 71, (2016).

습관적 몰입

1판 1쇄 **인쇄** 2023년 8월 7일
1판 1쇄 **발행** 2023년 8월 23일

지은이 크리스 베일리
옮긴이 소슬기

발행인 양원석 **편집장** 차선화 **책임편집** 박시솔
디자인 남미현, 김미선 **해외저작권** 임이안
영업마케팅 윤우성, 박소정, 이현주, 정다은, 박윤하

펴낸 곳 ㈜알에이치코리아
주소 서울시 금천구 가산디지털2로 53, 20층 (가산동, 한라시그마밸리)
편집문의 02-6443-8890   **도서문의** 02-6443-8800
홈페이지 http://rhk.co.kr
등록 2004년 1월 15일 제2-3726호

ISBN 978-89-255-7617-6 (03190)